JN016636

y-knot

地域とつながる

中小企業論

長山宗広・遠山恭司・山本篤民・許伸江　著

Musubu

有斐閣

デザイン　高野美緒子

はしがき

　新型コロナウイルスのパンデミックが発生した2020年を境に，「新時代」という言葉をよく耳にするようになりました。私たちの身の回りでも何か大きな変化が起きているといった実感が出てきたのでしょう。気候変動は現代の危機を決定づけており，地球規模の脅威が身近な生活の場にも差し迫ってきています。成長の限界を認めざるをえず，SDGs（持続可能な開発目標）にもあるように，「サステナビリティ」が私たちの行動指針として定着してきました。こうしたなか，「モノの豊かさから心の豊かさへ」というように，私たちの価値基準も変わってきています。自分だけの豊かさを追い求めるのではなく，家庭，職場，地域，コミュニティそして地球規模でよりよい社会をつくるという規範のもと，「ウェルビーイング」という概念が広く取り上げられるようになっています。

　本書の分析対象は，中小企業です。これまでの中小企業研究では，大企業と比べ，その問題性や発展性を議論してきました。分析の方法として，おもに経済学と経営学での諸理論や概念を用いてきました。もちろん，本書でも，従来の中小企業論の枠組みを踏襲しています。ただ，それだけにとどまらず，「新時代」を強く意識して，地域や社会との「つながり」のなかで中小企業という存在をとらえようとしました。中小企業を対象とする中小企業論において，分析視角を拡張し，「中小企業と地域・社会とのつながり」それ自体を分析の対象ととらえなおしました。「サステナビリティ」と「ウェ

i

ルビーイング」という概念を用いて，新時代における新しい中小企業論を提示しようといった挑戦です。

　本書の構想は，2020年に長山から遠山にもちかけたことからスタートしました。それから山本と許に声をかけ，本格的な出版企画を始動したのが2021年4月です。著者4名の研究対象は中小企業であり，いずれも日本中小企業学会の役員として旧知の仲でした。とはいえ，それぞれの問題関心は異なり，研究業績も多様なものです。そもそも中小企業という対象が多様ですから，おのずと中小企業研究者の研究課題も多様なものとなります。多様な存在の中小企業を1冊の本で解説するのには，結果的にほどよい陣容となりました。

　われわれ著者4名には，研究上の共通のアプローチがあります。それは現場主義です。中小企業の現場，経営者や従業員，起業家，金融機関や支援機関など，経済・経営の現場，地域，フィールドに赴き，五感をフルに活用して，問題や課題，その構造や本質を探究するアプローチを貫いています。われわれは自分自身が大学生（大学院生）のときに，中小企業の現場で生の声を聞き，それがどのような意味をなし，ビジネスや経済社会・市場の全体のなかで，どのような位置づけにあるかを探る「おもしろさ」と「楽しさ」を知ってしまいました。そうした共通の経験をもっている著者4名ですから，本書にもワクワク感が溢れているかと思います。

　授業の座学やゼミナールでの輪読・議論が，現実の企業行動や経営戦略，地域経済や社会のありようとどのように関係しているのか，既存の理論がどこまで通用するのか，事実がすでに通説を覆す兆しを示していないか，学術と現実社会とのつながりを行き来することは，大学での学びの真骨頂です。読者にも社会科学的な思考法とツ

ールをもって，本書を1つのステップにして，学問的なおもしろさを追体験してもらえれば本望です。読者にもそのような雰囲気を感じてもらいたいと思い，長山の発案で「グラフィック・レコード」を採用しました。著者4名の議論がリアルに伝わるように，本書の全体像と各章の概要について，グラフィック・レコードによる図案化を試み，序章および各部の扉裏に掲載しました。親しみやすさのなかに，われわれが伝えたいことが表現できているとすれば，それは株式会社 cocoroé の皆さまのおかげです。

　本書は中小企業を理解するための大きな枠組みとして5部，それぞれ2章ずつの合計10章で構成されています。授業の予習や理解促進のために，各章扉の簡単な **Quiz** で基礎知識を確認し，**Keywords** と **Chapter structure** で個と全体の把握と相互関係をイメージしやすく工夫しています。事前と事後の学習に役立つと思います。章末の**レポート課題**は，正解が1つとは限らないので，グループ・ディスカッションや反転授業の素材など，さまざまな活用方法が考えられます。大学キャンパスには信頼できる教員やともに学ぶ仲間がすぐそこにいます。本書を通じて，教員と学生，学生同士がいろいろな疑問や仮説について対話するような，知的な相互作用と「つながり」が形成されることを期待しています。また，補論ではフィールドワークの仕方について解説しています。なお，ウェブサポートでは各章の予習課題を提供していますので，併せて活用ください。

　本書は，大学でのテキストとしての利用を前提にしています。しかし，実社会で仕事をするうえでも大いに活用できると思います。本書は，新しい中小企業論のテキストとして，中小企業とかかわるすべての関係者（マルチステークホルダー）を分析対象として拡張しているからです。中小企業の経営者や従業員のみならず，仕入れ先

や取引先・顧客，金融機関や行政などの現場でも本書を手に取って
もらいたいと思います。本書では，「地域とのつながり」という視
点を強調していますので，そこでの知見は地域活性化・地域づくり
に取り組む中小企業支援機関・地域金融機関や地方自治体等の職員
にとって大いに学びとなるはずです。新入職員向けの研修など，ぜ
ひ，本書を利用していただきたいと思います。

　本書の完成まで，企画立ち上げから丸3年かかってしまいまし
た。編集会議は基本的に有斐閣の会議室での対面開催でしたが，コ
ロナ禍にはオンラインも活用し，何度も行われました。お互いに遅
筆のくせに口出しを惜しまないため，編集会議のたびに変更・修正
が必要となりました。結果的に，当初の企画に比べて充実した内容
になったと思います。そのような紆余曲折のなか怠慢な著者を辛抱
強く本書の完成に導いてくれたのは，有斐閣編集部の長谷川絵里氏
です。心より感謝申し上げます。

　最後に，本書の限界，われわれの反省を記しておきたいと思いま
す。本書では，中小企業の多様な実態を知ってもらうため，本文の
ほかコラムにおいて，数多くの事例企業を紹介しています。可能な
限り，多様な業種の企業を取り上げたつもりでしたが，製造業にや
や偏った面があることは否めません。また，新しい時代の中小企業
論としてコンセプトをはっきりさせたため，一部，偏った視点やと
らえ方となった記述があるかもしれません。それらはすべて筆者ら
の力量不足によるものであり，そこは他の優れた教科書や専門書で
補っていただきたいと思います。

　　2024 年 1 月

著 者 一 同

著者紹介

長山　宗広（ながやま　むねひろ）　　序章，第5，9，10章

駒澤大学経済学部教授。横浜国立大学大学院環境情報学府博士後期課程修了，博士（経営学：中央大学）。

〈主要著作〉『日本的スピンオフ・ベンチャー創出論』同友館，2012年（平成24年度中小企業研究奨励賞本賞受賞／平成24年度日本経営学会賞受賞）；『先進事例で学ぶ　地域経済論×中小企業論』（編著）ミネルヴァ書房，2020年

◢◢◢ 読者へのメッセージ ◢◢◢　本書は，地域との「つながり」に着目して，サステナビリティとウェルビーイングの新時代における中小企業論としてとりまとめました。従来の中小企業研究の枠組みを受け継ぎつつも，未来志向の新しい中小企業論のテキストとして仕上げています。ワクワク感をもって中小企業を学んでもらえると幸いです。

遠山　恭司（とおやま　きょうじ）　　第3，7章，補論

立教大学経済学部教授。中央大学大学院経済学研究科博士後期課程修了。

〈主要著作〉「国内外生産乖離期における大手自動車部品サプライヤーのグループ強化」『経済学論纂』中央大学，第61巻第3・4合併号，2021年；「中小製造業におけるデジタル技術の活用と人材育成の展開」『経済学論纂』中央大学，第64巻第5・6合併号，2024年

◢◢◢ 読者へのメッセージ ◢◢◢　人生に影響を与えるような本に出合いましたか。わたしの場合は受験対策用にたまたま読んだ森嶋通夫LSE教授の岩波新書『イギリスと日本』がそれです。国際比較を通じて日本を理解する。大学で学問の知的刺激と奥深さを知り，その対象を中小企業に見出しました。本書がみなさんの学問への誘いになることを願っています。

山本　篤民（やまもと　あつたみ）　　第 1，4 章

日本大学商学部教授。駒澤大学大学院経済学研究科博士課程修了。

〈主要著作〉「中小企業の維持・発展と地域経済の活性化に向けて」『日本中小企業学会論集』第 37 号，2018年；「奈良県靴下産地の現状と再生への課題」『商学集志』第 91 巻第 1 号，2021 年

◢◢◢ 読者へのメッセージ ◢◢◢　本書を読んだ皆さんには，1 つでも，2 つでもよいので中小企業の魅力を発見し，興味や関心をもってもらいたいと思っています。また，なぜ，自分が魅力を感じたり，興味・関心を抱いたりしたのか，その原因を探るために，中小企業の現場に足を運びフィールドワークに取り組むことをお勧めします。

許　　伸江（きょ　のぶえ）　　第 2，6，8 章

跡見学園女子大学マネジメント学部教授。慶應義塾大学大学院商学研究科博士課程修了，博士（商学）。

〈主要著作〉『産業クラスターの進化とネットワーク』税務経理協会，2018 年；『中小企業論』（共著）同友館，2021 年

◢◢◢ 読者へのメッセージ ◢◢◢　中小企業は身近な存在でありながら，異質多元ゆえに，つかみどころのない存在でもあります。本書は，地域とのつながりという切り口で，多様な視点から中小企業について考察しています。各章を紹介したグラフィックやフローチャートも参考にして，ぜひ，中小企業のおもしろさをみつけてみませんか。

編集担当：有斐閣書籍編集第二部　長谷川絵里

目　次

第 **II** 部　ものづくりを支える中小企業

テキストを読むだけではとらえきれない（297）　事前の準備：徒手空
拳で臨まない（298）　学生の取材にやさしい日本の中小企業（299）
インタビューのコツ（300）　最後に（301）

Column 一覧

インフォグラフィック｜cocoroé

⫽⫽⫽ ウェブサポートページ ⫽⫽⫽
各章の予習課題（先生用）などを提供しています。ぜひご活用ください。

https://www.yuhikaku.co.jp/yuhikaku_pr/y-knot/list/20009p/

序章

地域とつながる

中小企業論

1 本書の特徴——新時代の中小企業論

▷ **中小企業を学ぼう**

　中小企業は，企業数の 99% 以上を占め，圧倒的な多数派である。しかしながら，社名がすぐに思い浮かぶ中小企業はどれほどあるだろうか。また，中小企業について，単なるイメージではなく，その実態をどれほど知っているだろうか。中小企業は，私たちの経済やくらしを支えており，身近な存在であるに違いない。ただ，中小企業はあまりに多すぎて，しかも多様であることから，とらえどころのない存在ともいえる。本書では，現実に存在する中小企業の実態把握を通して，中小企業がどのような経済的役割・社会的役割を果たしているのかを詳しく学んでいく。

▷ **中小企業論を地域視点から学ぶ**

　本書は，従来の中小企業論の枠組みを受け継ぎつつ，未来志向の新しい中小企業論のテキストとして取りまとめている。実際，本書では，①現実に存在している中小企業を多面的かつ総合的に把握しようとすること（植田 [2014]），②画一的な中小企業観によらず，中小企業を発展性と問題性の統一物ととらえること（黒瀬 [2018]），③異質多元で多様な中小企業の把握にあたって，諸分野の研究成果や専門理論を取り入れて応用すること（三井 [1991]），といった点を継承している。

　上記を補足すると，①については，中小企業だけではなく，「地域」についても同様の見方をしている。現代経済における「地域」

と「中小企業」という場は，1国の国民経済下の一要素として画一的にとらえられるものではなく，いずれも多様性や固有性が認められる。また，両者ともに，そこでの学習を通じた主体の形成において発展可能性があるものととらえていく（長山[2020]）。②については，中小企業の発展性と問題性という見方に加えて，「地域・社会との共生」の視点をもつ（池田[2022]）。③については，中小企業論を領域学とし（福嶋・宇田[2023]），経済学・経営学・社会学・心理学など幅広い学問の方法にまたがる領域横断的な学際的テーマととらえている。わけても本書では，地域政治経済学（中村[2004]）の方法や理論を多分に援用している。

▷ 取り残された「一般的な中小企業」の存在と役割

中小企業論のオーソドックスなテキストでは，「中小企業とは何か」という問いから始まる。本書では第1章で論じているが，容易に答えられるものではない。一言でいえば，大企業と比べて資本金や従業者数が小さい企業だといえる。中小企業論では，「企業」一般ではなく，中小規模の企業を区別して取り上げる。なぜ，中小企業という対象を研究する中小企業論が生まれたのだろうか。それは大企業と相対化してみて，中小規模の層に共通の問題性があったからである。日本独自の中小企業研究は100年の伝統をもつといわれるが，まず解明すべきは中小企業に共通した問題性であった。その現象を解明する道具としておもにマルクス経済学での理論が用いられたので，「中小企業論は経済学の応用問題」であるといわれてきた。

ただ，そうした中小企業論に対し，むしろ特殊性に着目した，中小企業の発展性の側面を強調する研究アプローチが増えていく。た

しかに，「企業」のなかの圧倒的多数を占めているのが中小企業であり，その共通のポジティブな特徴といえば「多様性」としかいえない。ここで思考を止めずに，多様な中小企業のなかから特殊性に着目して，中小企業のある一面の性質を特徴づけた企業論が次々と生まれてきた。その典型が，「中堅企業論」や「ベンチャー・ビジネス論」である。同様に，特徴的な一面を切り出してネーミングされた企業は増えており，「スタートアップ企業」「ユニコーン企業」「ゼブラ企業」「グローバルニッチトップ企業」「地域未来牽引企業」「コミュニティ・ビジネス」「ソーシャル・ビジネス」「社会的企業」などがあげられる。こうして特徴づけられた企業は，「一般的な中小企業」と区別され，政策対象にもなりやすい。

　本書では，ベンチャー・ビジネスなど特徴的な企業の解説も一通りするが（第2章など），何ら特徴がないと思われる「一般的な中小企業」に焦点を当て，その経済的・社会的な役割と存在意義を見出していく。加えて，そうした中小企業の存在形態について，第3章・第4章にあるように社会的分業論として分析するとともに，日本のものづくりを支える役割をポジティブに示す。

▷　地域社会を支える小規模企業への注目

　一般的な中小企業の内部は，①自営業など雇用者がほとんどいない零細規模企業層，②従業員数十人程度までの小規模企業層，③それ以上の中規模企業層といった，規模的には3つ程度の階層として区別できる（植田［2014］）。こうした規模区分でみると，事業の形態，組織，マネジメント，就業形態などが異なっており，それゆえに本来はそれぞれの層に対応した政策内容にならなければいけない。第10章で論じているが，いまの中小企業政策は，零細規模と

4

小規模企業層に対し，創業まもない若い企業を除き，「停滞型」として切り捨てる。そして，廃業の円滑化やM&Aによる集約化など，市場からの撤退を促そうとする向きがある。

　ただ，小規模企業（＝小規模事業者）は，第5章・第6章での分析にあるように，経済的価値と非経済的価値の両面からみてその存在意義を有しており，現実に地域経済および地域社会・コミュニティを支えている。その反面，第9章にあるとおり，中小企業金融・地域密着型金融の世界においてさえ，金融排除という固有の問題性も抱え込む。本書では，取り残された「一般的な中小企業」のなかでも小規模企業に注目し，各章で多くのページを割いている。

▷　サステナビリティとウェルビーイングの新時代

　中小企業論の良書では，中小企業について「大多数の人々が働く場であり自己実現の場（渡辺［2022］）」ととらえている。第7章・第8章では，この中小企業のとらえ方を踏襲し，サステナビリティとウェルビーイングの視点を導入してさらなる深化を試みている。中小企業が働く人だけでなく，かかわるすべての人にとっての「自己超越」の場となれば，「地域・社会との共生」の世界が切り拓かれ，私たちの未来も「より良い姿」になっていくかもしれない。

　ただ，現実は厳しさを増している。コロナ禍を経て，過去のあらゆる分野の問題や矛盾が浮き彫りとなった。気候変動による地球規模の危機，グローバル化と経済的格差の問題など，私たちは資本主義がもたらした暗い現実に直面している。いまは，VUCA（変動性・不確実性・複雑性・曖昧性）の時代ともいわれる。経済成長を前提におく資本主義のシステムそのものが揺らいでいる。それは学問の世界においても同様であり，過去の盤石と思われていた理論の多

くを見直す転機でもある。

　中小企業論に引き付けてみても、「中小企業の存立条件論」の古典的な先行研究の多くは、「経済成長」ならびに「規模の経済」が理論のベースにあり、いまの時代に合わなくなっている。本書では、オルタナティブな「社会的連帯経済」の世界も意識しつつ、サステナビリティとウェルビーイングの概念を用いて、新時代における中小企業の役割や存在意義を見出そうとする。

▷　**本書で中小企業論を学ぶ意義**
　　──中小企業・地域との「つながり」

　本書のおもな読者層は、大学の経済学部・経営学部の学生である。中小企業論は経済学と経営学の理論を用いて中小企業という対象を分析・研究する学問だからである。しかも、中小企業というリアルな身近な存在を対象にした学問なので、「自分事」としてとらえやすく、そこで扱う経済学と経営学の理論や諸概念の理解が進み、応用力も身につけやすい。さらに、本書では、「地域」とのつながりをポイントにおいているので、なおさらリアリティが増し、中小企業に関する複雑な現実の現象の解像度を高めることができる。新時代において、「Think Globally, Act Locally（地球規模で考えて、地域から行動を起こそう）」という標語が説得力をもって広まっている。補論で詳しく触れるが、ぜひ、本書をもって、地域そして中小企業の現場に足を運び、フィールドワークやアクティブ・ラーニングに励んでいただきたい。そして、私たちとのつながりを再発見していただきたい。

　中小企業を対象に研究すれば、テーマ（研究課題）が数多くみつかることだろう。それは、中小企業の多様性ゆえに、テーマも多様

に見出せるからだ。中小企業論での学びを通して，経済と社会の仕組みや構造を多様な視点で多面的に知ることができるだろう。また，中小企業は外的ショックの影響を受けやすくリスキーな存在であるから，時代を先取った課題が先鋭化してあらわれる。過去の理論や政策とのギャップに気付けば，新時代に合った理論構築・仮説導出や政策提言を自らの手で成し遂げることもできるだろう。

　本書ではタイトルにあるように，中小企業・地域との「つながり」に着目している。従来の中小企業研究の対象ならば，地域における企業と企業とのつながりまでだったろう。しかし，本書では，地域における個人と個人のつながりまで研究対象を拡張した。その個人とは，小規模事業者，小さな起業家（マイクロ・アントレプレナー）を主眼におきつつ，中小企業で働く人や住民まで，地域のあらゆる主体を対象にした。「つながり」に着目して「個人」と社会構造をみるので，多様な主体が研究対象となるのである。人間生活そのものを総体として理解する観察的方法をとるので，「中小企業の社会学（寺岡 [2002]）といえるかもしれない。まさに，中小企業論は，領域横断的な学際的テーマといえる。本書では，中小企業・地域との「つながり」に着目したので，サステナビリティとウェルビーイングの新時代における「中小企業論」として少しは新規性を出せたのではないか。未来志向の中小企業論を学ぶことはワクワク感に溢れている。

2 本書の構成と各章の内容

▷ **本書の構成**

　本書は，5部・10章から構成されている。

　各章では，異質多元で多様な中小企業の実態を多面的に紹介することで，読者が知らないおもしろい社会の現実を伝えようとしている。あえてわかりやすい対立関係や対比構造にみえる事象や事例を取り上げ，さらには対立・対比を超越するユニークな先進事例などを紹介している。こうした中小企業とそれを取り巻く社会の複雑な現実のあり様を示すなかで，既存の学説・理論や過去の政策・制度についての理解を進めるとともに，批判や疑問をもってもらえるような仕掛けをしている。各章のストーリーや論理展開には蛇行感をもたせており，読者には「問い」を入れ子構造で深めていっていただきたい。本書を通して「中小企業論」を学ぶだけではなく，読者の批判的な思考や課題設定の力，さらには仮説導出や政策提言の力が向上することを期待したい。

▷ **中小企業とは何か，中小企業の役割とは**

　第Ⅰ部では，「中小企業とは何か」という教科書の入口として，「中小企業の役割」をテーマに扱う。第1章では，「なぜ，中小企業は私たちの経済や社会において必要なのか」といった問いを提示する。生産性の低い「停滞型」の中小企業，もしくは市場に残存する「ゾンビ企業」に対して，その存在そのものを否定する議論が近年出てきている。しかしながら，いま，現実に中小企業は存在して

おり，日本の企業のなかの圧倒的多数を占めている。そこで，「中小企業はなぜ存在しているのだろうか」といった本質的な問いに向き合わなければならない。第1章では，先行研究を踏まえて，中小企業の多様な存在形態とその存立条件を示す。そのうえで，中小企業の現代的な役割と存在意義について，とくに地域経済・地域社会の視点から検討している。

第2章では，「ベンチャー・ビジネスとは何か」というテーマを扱う。近頃は，「中小企業論」と分けて「ベンチャー企業論」という科目を設置する大学も散見される。前述したように，本書では，中小企業をとらえるにあたって多面的な見方をする。そのため，ベンチャー・ビジネスとは，中小企業の一面をみて特徴づけたものであり，異質多元な中小企業の存在の一部としてとらえている。それでは，「ベンチャー・ビジネスとはどのような特徴をもっているのだろうか」といった疑問が生じるだろう。第2章では，「スタートアップ」などベンチャー・ビジネスの類似用語や種類を説明したうえで，それらの共通の特徴といえる「イノベーション」という概念に着目する。イノベーション概念を軸にして，ベンチャー・ビジネスと大企業との違い，ベンチャー・ビジネスと一般中小企業（非ベンチャー・ビジネス）との違いを比較分析し，整理する。そしてさらなる問いとして，「一般中小企業（非ベンチャー・ビジネス）は，イノベーションと無縁なのか。否，そうでないならば，どのようなイノベーションを得意としているのだろうか」といった論点を提示する。そのうえで，「中小企業 vs ベンチャー・ビジネス」のような二分法ではあらわせないユニークなイノベーション実現の事例を紹介する。この事例を解くため，二分法を中間媒介する概念として，「アントレプレナーシップ」と「地域プラットフォーム」を示す。

ここで改めて，「中小企業とは何か」「中小企業の役割とは」という第Ⅰ部の大テーマについて考えてみると，従来の「中小企業論」「ベンチャー企業論」の教科書ではみられなかった新しい論点や問いを見出せるかもしれない。

▷ ものづくりを支える中小企業

第Ⅱ部では，おもに下請企業と産地企業を取り上げて，「ものづくりを支える中小企業」というテーマを扱っている。ここでの鍵概念は，社会的分業である。第3章には，社会的分業の理論的な説明があるが，そこから中小企業の存立条件を読み取ることができる。「大企業と比べて規模が小さく経営資源の少ない中小企業がなぜ存在しているのか」という第Ⅰ部での問いに対し，社会的分業の理論はその1つの答えを示してくれる。

第3章では，分業における企業間関係，わけても下請関係に着目する。マルクス経済学に依拠した中小企業論においては，中小企業の存在形態の典型である「下請制」を取り上げ，「支配・従属」概念を通して「中小企業問題」を提起した。下請制の議論は，中小企業論を学ぶうえで避けては通れない。戦前・戦後を通して「支配・従属 vs 独立形態」「問題性 vs 効率性」など下請制の議論は活発に行われ，それが時の中小企業観にまで反映されるほどのものだった。第3章では，こうした下請制の議論を踏まえて，自動車産業およびトヨタ自動車等にみられる現実の事例を紹介し，IoT・DX や無形資産投資の視点から現代的な「中小企業と下請ビジネス」論を展開している。コロナ禍を経た日本経済では，大企業と中小企業との景況感に格差が大きく，そこには物価高を価格転嫁できない中小企業問題が横たわっている。価格決定権をもちえない中小

企業の不利の是正，不公正な取引の是正といった点での公的介入は，いまでも中小企業政策の柱の1つとして重要であるといえる。下請制は古くて新しい議論であり，いまの日本経済が抱える課題解決のツールともなりうることを示唆している。

第4章では，「地場産業・産地」において社会的分業により存在している中小企業を取り上げる。ここでは，まず産地の企業数・従業者数・生産額のいずれも減少傾向にある現状を示し，それが産地内での完結された生産分業構造の解体，産地・集積のメリット低下を招き，ひいては産地の縮小・衰退に至るといった悪循環のメカニズムを紐解く。ここでの視点は，グローバリゼーションの進展にともなう「産業空洞化」問題にあり，「地域完結 vs グローバル」「集積 vs 分散」という対比概念からの検討を促している。そのうえで，「地場産業の産地の再生可能性」について問う。産地の多くは長い歴史をもち，日本の伝統や文化，地域の資源やニーズ，そして本源的価値を「ものづくり」を通じて表現できる。そこで第4章では，伝統的工芸品と体験型観光の事例等を紹介し，「文明 vs 文化」の二項対立を超えた産地の新たな姿を示唆している。こうした論点は，中小企業論のみならず，地域経済論・地域産業論にまたがるものである。その意味で第4章は，本書でいう「地域とつながる中小企業論」について，現場の視点から考察するファースト・ステップの章といえる。

▷ 地域経済，地域社会・コミュニティを支える中小企業

第Ⅲ部は，地域における中小企業の役割について経済的側面と非経済的側面の両面から検討している。第5章では，政府の進める「地方創生」政策を俎上にのせて，「東京圏 vs 地方」のわかりやす

い構図から，人口減少下での東京一極集中問題の原因を考えていく。そして，地方（ローカルないしリージョン・エリア：市区町村の範囲かそれを越える程度）に焦点を当てた地域活性化・地域づくりについて検討を加える。その際，「地域経済社会における中小企業の存在意義とは何か」といった問いを提起し，経済的側面と非経済的側面の両面から分析を進めていく。前者については，地域経済循環システムの概念に基づき，中堅企業・中規模企業における「地域未来牽引企業」としての役割を説明する。後者については，コミュニティ・ビジネスや社会的連帯経済などの概念に基づき，地域社会を支える小規模企業や協同組合の役割を説明する。そのうえで，「経済成長vs社会的包摂」のジレンマを超える課題解決の担い手として，アントレプレナーシップに注目する。そして，「コロナ禍を経た新時代における中小企業と地域経済の未来について」といった大きな問いを設定し，アントレプレナーシップによる主体形成と地域学習をポイントにあげ，新しい自治体産業政策のあり様を提起している。

　第6章では，地域の範囲をより狭域なコミュニティ・エリアに絞り，商店街をテーマにおく。コロナ禍で定着したネット・ショッピングとECを引き合いに出し，「商店街は本当に必要なのか」といった大胆な問いを提示する。実際，大都市の一部の広域型商店街を除き，商店街の大半は衰退している。とくに地方の商店街では，「シャッター商店街」と化し，買い物の場として機能していないケースが多くみられる。ここで第6章では，商店街の機能について，経済的機能のみならず，社会的機能との両面から分析していく。とくに，後者の機能として，多様な地域課題の解決機能をポイントにあげる。そこから議論を展開し，「商店街とまちづくり」を論点に据える。富山市のコンパクト・シティ構想など先進事例を紹介した

うえで，サード・プレイスやコミュニティ・ビジネス等の概念を援用し，デジタル社会における「新たな場としての商店街」像を提起する。

持続可能な社会を実現する中小企業

　第Ⅳ部では，「サステナビリティ」と「ウェルビーイング」といった視点から中小企業の役割や存在意義について論じており，中小企業論の新領域を開拓する。第7章では，持続可能な発展（Sustainable Development）の概念，そして SDGs についての歴史的背景を交えた説明を通して，市場・政府・非営利組織の限界を示し，そのうえで「経済成長 vs 資源・環境保全の両立」といった大テーマを設定する。まずは，この問いを企業レベルから考え，CSR，CSV，ESG といった概念を整理する。ただし，これらの概念は，大企業を念頭に置いた経営学をベースとするものである。そこで，市場性と社会性の2軸で分析する模式を援用し，社会志向型中小企業の存在を明示する。さらには，中小企業の一形態といえる「事業型NPO」および「社会的企業」のユニークな事例を取り上げ，「ソーシャル・インパクト」の着眼点から分析を進める。その結果，事例企業の事業活動や提供価値が，個人，家庭，職場，地域へと広がって好循環をもたらすこと，社会に与えるインパクトの大きさ（ソーシャル・インパクト）を示す。ただ，これだけでは，一般の中小企業（社会志向型中小企業の枠から外された中小企業）はソーシャル・インパクトがまったくない存在として誤解を与えてしまう。そこで本章では最後に，本業で社会性を発揮する身近な中小企業の事例を取り上げ，地域における中小企業の「善意の連鎖」「共生性」の概念を示す。

第8章では，企業経営にかかわるすべての人（マルチステークホルダー）を幸せにする，といったウェルビーイング経営をテーマに掲げる。サステナビリティ概念は地球規模の巨視的なアプローチから出発するが，ウェルビーイング概念は個人の健康・幸福というミクロ的アプローチから始まる。したがって，まずは，従業員や経営者の心身の健康・幸福が大前提であり，そこから企業レベルで考えていく。すると，ワーク・エンゲージメントやダイバーシティ・マネジメントなど，人的資源管理理論で近年取り上げられている概念と接近する。こちらも大企業ベースの経営学の1つである。その文脈では「働き方改革 vs ウェルビーイング」の両立がテーマとなる。

　第8章であえてウェルビーイング経営をテーマに据えたのは，それが「地域経済社会における中小企業の存在意義とは何か」という問いに対する1つの答えに結びつくものとの理由からである。中小企業の人材は，「地域経済における雇用者 vs 地域社会における生活者」という2軸の両面を併せもつ。したがって，中小企業の人材確保・育成という課題は，人的資源管理理論だけで解決できるほど簡単なものではない。日本的な会社共同体の論理だけではなく，地域共同体としての人材育成，地域ぐるみの学習を促す制度設計が求められる。ここでは，ウェルビーイング経営に取り組む中小企業の事例を紹介する一方で，それを無意識に実践する一般の中小企業も評価する。実際，中小企業の多くは，地域社会や従業員とその家族，取引先など，すべてのステークホルダーの幸せを大切に日々営んでいる。ウェルビーイングは，個人の自己実現を超越する次元へと拡張性があり，個人から家族，コミュニティ，地域，社会，そして自然・地球へと，内から外へのベクトルで「より良い姿」をつなげる概念となる。

⬡ 新時代における中小企業の支援制度

　「サステナビリティ」と「ウェルビーイング」は，地域活性化・地域づくりの最上位目的と位置づけられ，自治体（市区町村）の「基本構想」や「総合計画」の見出しに使われるまでになってきた。第Ⅴ部では，こうした新時代における中小企業金融と中小企業政策について論じている。もちろん，未来志向の議論に入る前に，歴史的変遷からの検討を十分に行っている。中小企業金融については第9章で取り上げており，過去の金融行政をレビューしている。その際，中小企業金融の問題性について，中小企業（借り手）サイドと金融機関（貸し手）サイドの両面から整理する。この問題性の根幹には，両サイドにおける「情報の非対称性」がある。その政策的対応として，リレーションシップ・バンキング（以下，「リレバン」）がある。ここでは理解を容易にするため，「メガバンクなど大手銀行 vs 信用金庫など中小規模の地域金融機関」，「トランザクション・バンキング vs リレバン」といった対比を通して整理している。そのうえで，地域金融機関による地域内資金循環機能の低下という問題や，小規模零細層の小規模事業者に対してリレバン機能が十分に発揮できないことによる金融排除の問題を提起する。これらの問いに対し，協同組織金融に焦点を当て，リレバンをさらに一歩進めた「地域密着型金融」としての機能を検討している。

　第10章では，中小企業政策をテーマに扱う。まずは，「中小企業政策は必要なのか」といった問いから始める。それは「中小企業という存在は必要なのか」といった第1章での問いに対する再検討にもなる。また，「中小企業問題とは何か」といった問いとの表裏一体でもある。そこで，第2次世界大戦後からの中小企業政策の歴史的変遷について，中小企業問題の時代背景と併せて整理して

いる。とくに，21世紀に入ってからの中小企業政策については，政策課題を中小企業のライフ・サイクル別（創業—経営革新—事業継続—事業承継）に説明している。

　第10章のポイントは，近年の政策の方向性を踏まえ，「中堅企業・中規模企業 vs 小規模企業・小規模事業者」といった政策対象を規模別で二分して議論を展開する点にある。わけても，後者の小規模企業政策については，自治体（市区町村）レベルの地域づくり・地域政策との接合を視野に検討している。ここでは，第5章の問い，すなわち「地域経済社会における中小企業の存在意義とは何か」といった問いに対し，小規模企業・小規模事業者に焦点を当てて答えていくこととなる。こうした検討を通じて，「問題性 vs 発展性」という古典的な中小企業観への批判的視点をもつ。さらには，小規模企業・小規模事業者の地域における経済的・社会的役割の再発見を得て，中小企業観に「地域共生」軸を加える。一方で，スタートアップ企業や中堅企業に偏重したいまの国の中小企業政策について批判的検討を加える。

　「漂流する国の中小企業政策」を踏まえた未来志向の議論としては，「中小企業憲章」の理念に立ち返り，第Ⅳ部で説明した「サステナビリティ」と「ウェルビーイング」を理念におくべきことを提言する。さらには，国と自治体（市区町村）の役割分担を意識したうえで，「地域をつなげる中小企業政策」を自治体レベルで創り上げていくことを展望する。空理・空論ではなく，実際，多くの自治体では「中小企業・小規模企業振興条例」を制定しており，地域づくりと一体的に小規模企業対策を進める先進事例も散見される。第10章では，その文脈のなかで，地域社会の多様な課題を解決する「小さな起業家（マイクロ・アントレプレナー）」に着目する。そして，

第5章で提起した地域づくりの主体形成支援の仕組みづくり（地域プラットフォーム）について，結論的に政策論から補強している。

　最後に，補論では，本書を手にもって現実社会に飛び込むことを推奨している。中小企業を多面的にみることで，中小企業の一般性と特殊性をより深く理解できるようになる。中小企業研究は現場第一主義なのである。そこで，ここではフィールドワークによる中小企業の実態調査について説明を加え，中小企業論のアクティブ・ラーニングの世界へと読者を誘っていく。

地域とつながる中小企業論

第5章 地域経済と中小企業

東京圏 vs 地方

地域経済の発展
経済的側面

地域社会の課題解決
非経済的側面

地域経済循環システム

内発的発展
アントレプレナーシップ

第7章 持続的発展と中小企業

持続可能な発展

身近な中小企業

善意の連鎖

市場の限界

政府の限界

ソーシャル・インパクト

第1章 なぜ中小企業は必要なのか

異質多元な中小企業

雇用の場

社会インフラ

地域経済の循環

地域の課題解決

第6章 地域コミュニティと中小商業

変化対応力
経済的機能

商店街

地域密着力
社会的機能

起業・就労の場

交流・学習の場
サード・プレイス　地域コミュニティ

中小企業
マーケティング

あつまる　つながる

第9章 中小企業金融を学ぶ

中小企業金融の問題
情報の非対称性

↓

リレーションシップ・バンキング

小規模企業における金融排除問題

信用補完制度

公的機関　信用保証　金融機関

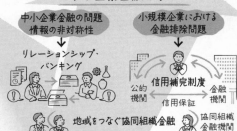

地域をつなぐ協同組織金融

協同組織金融機関

第8章
ウェルビーイングと中小企業

マルチステークホルダーの幸せ

自己実現 ← ↑ → エシカル消費

- ワーク・エンゲージメント
- ウェルビーイング経営
- 健康経営　働き方改革
- ダイバーシティ・マネジメント

サステナブル・バリューチェーン　　地域コミュニティ

第3章
中小企業と下請ビジネス

社会的分業と調達網（サプライチェーン）

☑ 公正な取引ビジネス慣行

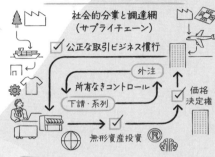

外注
所有なきコントロール
下請・系列
価格決定権 ☑
無形資産投資 ®

第2章
ベンチャー・ビジネスと中小企業

イノベーション
ユニコーン
ガゼル
ベンチャー・ビジネス
プラットフォーマー
スタートアップ
アントレプレナーシップ

地域とつながり、共存共栄

第4章
地場産業・産地の中小企業

伝統がある
企業集団
社会的分業
全国・海外に販売
独自「特産品」

その地域でしかできない
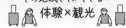
体験×観光

第10章
中小企業政策を学ぶ

2010年代　中小企業憲章　　国　　近年　中小企業基本法

ライフサイクル
創業　経営革新　事業継続　事業承継
　　　　　　　　M&A　中堅企業化

小さな起業家　ベンチャー、スタートアップ企業　小規模企業　中堅・中規模企業

創業支援

中小企業・小規模企業振興条例
地方自治体

中小企業の役割を知ろう

Chapter

第1部

第1章
なぜ中小企業は必要なのか

異質多元な中小企業

社会インフラ

雇用の場

地域経済の循環

地域の課題解決

第2章
ベンチャー・ビジネスと中小企業

イノベーション

ユニコーン

ガゼル

ベンチャー・ビジネス

プラットフォーマー

スタートアップ

アントレプレナーシップ

地域とつながり、共存共栄

なぜ中小企業は
必要なのか

中小企業の役割と存在意義

中小企業は，異質多元な存在であるといわれるように，さまざまな分野に
存在している。私たちの日々の生活や地域の経済社会を維持していくうえ
でも重要な役割を担っている（写真提供：全国商工団体連合会付属中小
商工業研究所）

Quiz クイズ

Q1.1　日本の企業に占める中小企業の割合はどれくらいだろうか。
　　　　a. 60%　**b.** 85%　**c.** 99%

Q1.2　中小企業数が最も多い業種はどれだろうか。
　　　　a. 製造業　**b.** 小売業　**c.** 建設業

Answer クイズの答え

Q1.1 c.

　日本には，2016年現在において358万9333の企業が存在している。そのうち，中小企業は，357万8176である。全企業に占める中小企業の割合は，99.7％となっている。なお，大企業の数は1万1157であり，全企業に占める割合は0.3％である。

Q1.2 b.

　2016年現在，中小企業数が最も多い業種は，「小売業」で62万3072企業である。次に中小企業が多い業種は，「宿泊業，飲食サービス業」で50万9698企業となっている。以下，「建設業」が43万727企業，「製造業」が38万517企業となっている。

Keywords キーワード

ゾンビ企業，大企業，中小企業基本法，中小企業，小規模企業，二重構造論，中堅企業，ベンチャー・ビジネス

Chapter structure　本章の構成

```
就職して大丈夫？    数が多すぎる？
      中小企業って何？
生産性が低いぞ！
              保護しすぎではないか！
```

↓

中小企業とは	中小企業の実態
・中小企業の定義 ・異質多元な存在	・中小企業数の推移 ・働く場としての中小企業

↓

中小企業の何が問題とされてきたのか
（中小企業研究の整理）
・中小企業問題論・積極論
・中小企業の存立条件

↓

中小企業の役割と存在意義
・地域経済の担い手
・地域社会の問題解決
・新しい働き方

1　中小企業は多すぎるのか

▷　**コロナ禍における中小企業**

　世界的な金融危機を引き起こしたリーマンショックや国内に未曽有の被害をもたらした東日本大震災，新型コロナウイルス感染症の拡大によるパンデミックなど，中小企業は幾度となく困難に直面し

てきた。そのたびに国や地方自治体による中小企業の支援のあり方が議論されたり，中小企業の存在意義が問い直されたりしてきた。本章では，まず，昨今の中小企業の支援をめぐる議論を取り上げて，どのようなことが問われているのかを紹介する。そのうえで，中小企業の定義や特徴を整理し，最後に中小企業の果たしている役割や存在意義について考えていきたい。

　2019年に中国ではじめて確認された新型コロナウイルス感染症は，翌年には世界各国に広がっていった。日本では2020年1月に国内初の感染者が確認され，その後，数度にわたり感染拡大の波が発生した。感染拡大を防止するために，国は海外からの渡航者の受け入れを制限したり，各地の自治体では住民に対して不要不急の外出自粛を求めたり，商業施設や飲食店に対しては営業時間の短縮や休業を要請したりするなどの対策が講じられた。

　こうした経済社会活動の制限は，飲食店のみならずさまざまな業種の中小企業に深刻な影響を与えることになった。国は，中小企業の経営悪化に歯止めをかけ，事業の継続を後押しするために補助金の給付や金融機関を通して資金繰りの支援を実施した。これらの支援策の効果もあり，新型コロナウイルスの感染拡大期においても中小企業の倒産件数は低水準に抑えられることになった。経営危機に直面した中小企業を存続させ，雇用の維持を図ったことは高く評価されている。その一方で，中小企業に対する手厚い支援は，いわゆるゾンビ企業化を助長することになるといった懸念や批判の声もあがっている。

▷　**中小企業の経営支援とゾンビ企業**

　ゾンビ企業とは，本来であれば市場から退出を迫られるような非

効率な経営を行っているにもかかわらず，さまざまな支援策によって事業を継続させている企業のことをさしている。ゾンビ企業をめぐる議論は，バブル経済が崩壊した1990年代に遡る。バブル経済の崩壊により，経営危機に陥りながらも政府や金融機関からの支援を受けることで，いつまでも存続している企業が問題視されることになった。ゾンビ企業論は，中小企業のみならず大企業も対象に議論されてきたが，おもに2つの点から問題が指摘されている。

　1つは，ゾンビ企業が生きながらえることにより，市場の「新陳代謝」を阻害することになるというものである。つまり，支援を受けなければ事業を継続できないようなゾンビ企業が市場に居座り続けることで，新規参入が妨げられ，その結果，活力のない産業構造がいつまでも温存されてしまうということである。また，経営資源を無駄に使用してしまい，適正な分配を阻害しているとも考えられている。

　もう1つは，ゾンビ企業に支援を続けることは，かえって問題を拡大させてしまうということである。たとえば，事業改善の見通しがたたないゾンビ企業に資金を貸し続ければ，倒産を先送りすることにはなるかもしれない。しかし，資金を貸し付けている金融機関は，負債が膨らみリスクが高まることにもつながる。

　このような点を踏まえると，ゾンビ企業化を助長するような中小企業支援は避けるべきである。しかしながら，ゾンビ企業化することを躊躇して十分な支援を行わなければ，多数の中小企業が倒産に追い込まれ，失業者や生活困窮者が増加する恐れもある。その結果，経済状況がますます悪化していくことになるであろう。こうした状況に陥ることを回避するために中小企業支援が拡充されることがあるが，支援によって経営が改善する企業と，ゾンビ化してしまう企

業を見分けることは容易ではないのも事実である。

「ゾンビ企業」論は、コロナ禍の期間に限ったことではなく、今後も繰り返し問われることになると思われる。その際、単に中小企業がゾンビ化するか否かといったことだけではなく、中小企業が雇用をはじめ経済社会で果たしている役割についても考慮して議論することが必要であろう。

▷ 小規模企業は不合理な存在か

昨今、中小企業の役割や支援のあり方にもかかわり、日本企業の生産性についての議論が盛んに行われてきた。議論の火付け役となったのは、アメリカの大手金融機関の元アナリストであり、現在、小西美術工藝社の社長であるデービッド・アトキンソンである。

アトキンソンの基本的な問題意識は、日本企業の生産性の低さであり、それをどのように引き上げるかということである（アトキンソン [2020]）。この課題に対して、アトキンソンは、日本の産業構造は**大企業**が少なく、中小企業が多すぎることに問題を見出している。つまり、生産性の低い中小企業に多くの労働者が働いていることに原因があると考えているのである。そのうえで、生産性の向上が求められる時代においては、とくに小規模事業者は邪魔な存在でしかないとも主張している（アトキンソン [2020]）。

アトキンソンは、日本企業の生産性を向上させるといった観点から中小企業の存在そのものに対して否定的な見方をしている。また、企業規模を拡大させる政策などを除くと、中小企業の優遇策は日本企業の首を絞めることになると論じている。

こうしたアトキンソンの主張に対しては、さまざまな批判がなされている。たとえば、日本において中小企業が増加した期間と生産

性が低迷した期間はほとんど一致しておらず，中小企業数の増加が生産性の低下をもたらしたという理論が成り立たないことや，生産性上昇率は中小企業数に対して正の相関があることが示されている（港［2021］）。また，中小企業の生産性を停滞させる要因として大企業と中小企業との間の不公平取引について言及されていないことに加え，物的生産性と付加価値生産性が混同されているといった批判もみられる（松丸［2020］）。物的生産性は生産された物量によって生産性を測定するのに対し，付加価値生産性は新しく生み出した金額ベースの価値によって測定される。たとえば，中小企業が生産効率を高めて物的生産性を向上させたとしても，不当に安く価格決定がされた場合には付加価値生産性は低く抑えられてしまうことになる（●第3章）。

　そもそも中小企業は，地域経済の活性化や新たな事業の創造，雇用創出，人材育成など多様な役割を担っている。そのため，生産性の低さをもって，中小企業の存在を否定するかのような主張は一面的であるといえるのではないだろうか。

2　中小企業はどのような企業なのか

▷　異質多元な中小企業

　本節では，改めて，中小企業とはどのような企業なのかを確認していきたい。皆さんは，日々の生活のなかで大企業の広告や宣伝を目にしたり，大企業に関するニュースを耳にしたりしているのではないだろうか。そのため，大企業の社名や製品名を具体的に思い浮かべることは，決して難しいことではないに違いない。

一方，中小企業は，皆さんにとって馴染みの薄い存在なのではないだろうか。おそらく，誰もが社名を知っている中小企業をあげることは簡単なことではないであろう。しかし，後から紹介するが，「中小企業基本法」に基づく定義に従うならば，日本国内の中小企業数は約358万，全企業に占める割合は99.7%となっている。それに対して大企業数は約1万，全企業に占める割合はわずか0.3%にすぎないのである。

　このような数や割合を知ると，企業の圧倒的多数を占めているのは，中小企業であることに気付かされるのではないだろうか。また，同時に対象となる中小企業があまりに多すぎて，とらえどころがない存在であると感じられるのではないだろうか。皆さんが，「中小企業」と聞いてイメージするであろう，ものづくりを支える町工場や商店街に軒を連ねる小売店や飲食店，あるいは最先端の技術を開発して急成長を遂げているベンチャー・ビジネスと称される企業は，資本金や従業員数が一定の規模以下であれば，いずれも中小企業ということになる。

　このように中小企業は，多様な業種に存在しており，存立の形態や立地している場所もさまざまである。そのため，中小企業は，"異質多元な存在"であるといわれてきた。異質多元な存在ではあるが，唯一，あらゆる中小企業に共通する点は，大企業に対して相対的に中小の規模であるということである。

▷ **中小企業・小規模企業の定義**

　日本では，中小企業基本法により**中小企業**が定義づけられている。中小企業基本法では，表1-1のように業種により違いはあるが，資本金額と常時雇用する従業員数を基準として，中小企業の範囲が

表 1-1　中小企業基本法の中小企業の定義 ─────────

業　種	中小企業者		うち 小規模企業者
	資本金	従業員	従業員
製造業その他	3 億円以下	300 人以下	20 人以下
卸売業	1 億円以下	100 人以下	5 人以下
サービス業	5000 万円以下	100 人以下	5 人以下
小売業	5000 万円以下	50 人以下	5 人以下

出所：中小企業庁編［2022a］より筆者作成。

定められている。具体的には，「製造業その他」では，資本金 3 億円以下または従業員 300 人以下となっている。「卸売業」や「サービス業」「小売業」についても，それぞれ資本金額または従業員数により中小企業の範囲が定められている。

　さらに，中小企業のうち，従業員数の少ない企業を**小規模企業**（◯第 5 章）と定義している。「製造業その他」では従業員 20 人以下，それ以外の業種では従業員数が 5 人以下となっている。小規模企業は，企業全体の約 85% を占めている。

　近年，小規模企業の存在意義が高まっている。その一端は，2013 年に一部改正された中小企業基本法のなかにみることができる。同法の改正にあたり，小規模企業は，地域特性を活かした事業活動を行い，就業の機会を提供するなどして地域経済の安定ならびに地域住民の生活の向上および交流の促進に寄与するとともに，創造的な事業活動を行い，新たな産業を創出するなどして将来における日本の経済および社会の発展に寄与していることが明記されることになった。とくに地方の地域経済の衰退が深刻化するなかで，地域経済のおもな担い手となる小規模企業の振興を図ることが不可欠

コラム1　中小企業の定義の比較　　日本の中小企業の定義は，表1-1のように業種ごとに資本金額と従業員数によって定められている。多くの国において，中小企業は，従業員数や資産額，年商などの量的な基準に基づいて定義づけられている。ただし，アメリカやEUでは，量的な基準のみならず，質的な基準も含まれている。

アメリカの中小企業の定義には，独立自営の企業であり，当該企業の事業分野において支配的ではないことが基準に盛り込まれている。また，EUの中小企業の定義では，大企業によって25%以上を所有されていないことが基準に含まれている。独立自営の企業であることや大企業に所有されていないことを基準に盛り込んでいるのは，単純に中小規模の企業だからといって支援や振興などの対象にはならないといった政策意図が反映されている。

である，といった認識が強まったことを物語っている。

▷　減少が続く中小企業・小規模企業

ここでは，中小企業数や従業者数の推移をみていくことにしたい。ただし，中小企業の定義が変更されたことや統計調査の方法や公表されるデータが変更されたことにより，中小企業数などの推移を長期にわたり同一の基準で示すことはできないことを断っておきたい。1999年に中小企業基本法が改正され，業種によって異なるが中小企業の資本金額や従業員数の上限が引き上げられることになった。また，事業所や企業を対象として実施されてきた国の統計調査の方法が2009年に変更されたことで，それ以前の調査結果とは単純に比較できなくなっている。これらの注意点を踏まえたうえで，表1-2を参照して中小企業数などの推移をみていくことにしたい。

まず，中小企業数に注目すると，1986年にピークを迎えて，そ

表1-2 中小企業と大企業数の推移

年	中小企業		うち小規模企業		大企業		合 計	
	企業数	構成比(%)	企業数	構成比(%)	企業数	構成比(%)	企業数	構成比(%)
1981	5,258,420	99.6	4,745,702	89.9	21,312	0.4	5,279,732	100.0
1986	5,327,128	99.5	4,765,844	89.1	24,119	0.5	5,351,247	100.0
1991	5,203,589	96.4	4,593,388	87.8	30,520	0.6	5,234,109	100.0
1996	5,072,922	99.4	4,483,576	87.9	29,720	0.6	5,102,642	100.0
1999	4,836,764	99.7	4,228,781	87.2	14,340	0.3	4,851,104	100.0
2001	4,689,608	99.7	4,102,169	87.2	13,431	0.3	4,703,039	100.0
2004	4,325,790	99.7	3,776,863	87.1	12,345	0.3	4,338,135	100.0
2006	4,197,719	99.7	3,663,069	87.0	12,351	0.3	4,210,070	100.0
2009	4,201,264	99.7	3,665,361	87.0	11,926	0.3	4,213,190	100.0
2012	3,852,934	99.7	3,342,814	86.5	10,596	0.3	3,863,530	100.0
2014	3,809,228	99.7	3,252,254	85.1	11,110	0.3	3,820,338	100.0
2016	3,578,176	99.7	3,048,390	84.9	11,157	0.3	3,589,333	100.0

注：1　1999年に中小企業基本法の改正にともない，中小企業の範囲が拡大されたので，1996
　　　年以前とは単純に比較できない。
　　2　2006年までは「事業所・企業統計調査」に基づくデータが用いられ，2009年からは
　　　「経済センサス－基本調査」および「経済センサス－活動調査」に基づくデータであるた
　　　め単純に比較できない。
出所：『中小企業白書』各年版より筆者作成。

の後は減少傾向をたどっている。前述のように1999年に中小企業
基本法が改正され，中小企業の範囲が引き上げられたにもかかわら
ず減少傾向は続いている。ただし，全企業に占める中小企業の割合
は，99.4％から99.7％へと上昇したことが確認できる。その後，
2009年には調査方法が変更されたことにより，調査対象として捕
捉される中小企業が増加したものと思われる。しかし，2009年か
ら16年にかけては，中小企業は約15％の減少，小規模企業は約
17％の減少となっている。

はっきりと断言できないが，中小企業や小規模企業は，1980年代半ばから減少傾向をたどっていることがうかがえる。このような中小企業や小規模企業の減少と関連して注目されているのが，自営業セクターの衰退である。自営業とは，自ら事業を営んでいることを意味している。1980年代半ば以降，中小企業や小規模企業が減少する過程で自営業セクターに従事する自営業主や家族従業員が減少している。

　日本は，従来，他国と比較して自営業セクターに従事する人の割合が高く，1985年時点では25%を超えていたが，2015年には11%まで減少している（神林[2017]）。日本では長期にわたって自営業セクターの衰退が生じているが，このような現象は先進国のみならず世界的にみても特異なことである。原因は定かではないが，自営業を営む経営環境が厳しく，事業の継続や事業承継が困難であったこと，さらには，新たに自営業を営もうという起業意欲が低調であったことなどが考えられる。

▷　**中小企業・小規模企業の従業者数**

　続いて，従業者数の推移をみていくことにしたい。従業者数については，公表データの制約もあり1999年以降について取り上げていく。また，2009年からは統計調査の方法も変更されたことに留意されたい。

　表1-3は，中小企業と大企業における従業者数の推移を示している。統計調査の方法が変更される以前の1999年から2006年までは，中小企業の従業者数は一貫して減少していた。しかし，2009年以降は，増減を繰り返しながら3000万人強で推移している。従業者総数に占める割合は，約70%と横ばいとなっている。

表 1-3 中小企業と大企業の従業者数の推移 ─────────────

年	中小企業		うち小規模企業		大企業		合 計	
	従業者総数（人）	構成比（%）	従業者総数（人）	構成比（%）	従業者総数（人）	構成比（%）	従業者総数（人）	構成比（%）
1999	31,197,419	69.5	10,962,725	24.5	13,707,332	30.5	44,904,751	100.0
2001	29,963,365	70.2	10,793,230	25.3	12,692,598	29.8	42,655,963	100.0
2004	28,086,554	71.0	9,856,741	24.9	11,466,209	29.0	39,552,763	100.0
2006	27,835,550	69.4	9,293,107	23.2	12,291,430	30.6	40,126,980	100.0
2009	33,144,529	69.0	12,817,298	26.7	14,888,847	31.0	48,033,376	100.0
2012	32,167,484	69.7	11,923,280	25.8	13,971,459	30.3	46,138,943	100.0
2014	33,609,810	70.1	11,268,566	23.5	14,325,652	29.9	47,935,462	100.0
2016	32,201,032	68.8	10,437,271	22.3	14,588,963	31.2	46,789,995	100.0

注：2006 年までは「事業所・企業統計調査」に基づく「会社の常用雇用者数と個人における従業者総数」のデータが用いられ，2009 年からは「経済センサス─基本調査」および「経済センサス─活動調査」に基づく「会社及び個人の従業者総数」のデータであるため単純に比較できない。
出所：『中小企業白書』各年版より筆者作成。

　それに対して小規模企業の従業者数は，1999 年から 2006 年にかけても，09 年以降においても，それぞれ減少をたどっている。2009 年以降をみても，200 万人以上の減少を記録している。小規模企業の従業者数の著しい減少は，小規模企業層に多い自営業セクターの衰退とも関係していることがうかがえる。

▷　**働く場としての中小企業**

　大学生の皆さんのなかには，現在，就職活動をしている人や，そろそろ就職活動を始めようと考えている人もいるのではないだろうか。大学生にとって，中小企業は就職先としてどのように映っているのだろうか。図 1-1 は，毎年，卒業予定の大学生・大学院生お

および民間企業を対象に実施されている求人倍率調査の結果である。求人倍率とは，民間企業への就職を希望する学生1人に対して，企業から何件の求人があるかを算出したものである。

　図1-1は，従業員規模別に求人倍率の推移を示しているが，従業員300人未満の企業の求人倍率と，それ以上の従業員規模の企業の求人倍率に大きな開きがあることがわかる。従業員300人未満の企業の求人倍率は3倍以上の水準で推移しており，直近の2024年3月卒業では6.19倍となっている。いわゆる「売り手市場」となっている。しかし，それ以上の規模の企業における求人倍率は，約0.5倍から約1倍となっている。大学生の立場に立つならば，従業員300人未満の企業には就職しやすく，規模が大きい企業には就職しにくい状況になっている。

　就職先としては，概して大企業が選好される傾向があるが，その理由はさまざまあげることができるであろう。たとえば，企業規模別にみて差異が存在するものとしては，賃金や労働条件，福利厚生などがあげられる。厚生労働省が実施している「令和4年賃金構造基本統計調査」によれば，常用労働者1000人以上の企業の賃金を100とした場合，100〜999人の企業の賃金水準は87.0，10〜99人は同じく81.7となっている。また，同省の「令和4年労働統計要覧」によれば，年間休日総数は，企業規模1000人以上の企業では115.5日であるのに対し，従業員規模30〜99人の企業では105.3日となっている。年次有給休暇の取得率については，前者が1人平均63.2%であるのに対し，後者は53.5%にとどまっている。

　これらの条件を比較すると，大企業は中小企業に比べると魅力的な就職先といえよう。しかし，ここで紹介した賃金・労働条件に関する数値は，あくまでも，それぞれの規模の企業の平均にすぎない

図 1-1 従業者規模別（4区分）求人倍率の推移

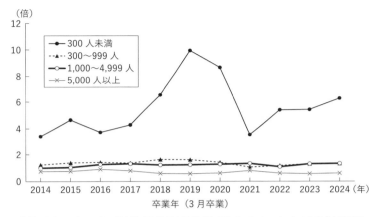

出所：リクルートワークス研究所（2023年4月26日）「Works flash　ワークス大卒求人倍率調査（2024年卒）」。

ことも確かである。また，働く場として中小企業をみた場合，大企業とは異なる，やりがいと厳しさがあることも指摘されている。

　中小企業は大企業と異なり，個人が直接評価され企業経営にいろいろな立場で大きな影響を与えることができ，それゆえに，個人の行動が企業の成果に直結することがあげられる（渡辺ほか［2022]）。また，民間の中小企業団体である中小企業家同友会は，労使は対等，従業員はパートナーであることを掲げ，各会員企業は社員教育に積極的に取り組み，社員1人ひとりの成長を促している（働く環境づくりプロジェクトチーム［2021]）。このような点を踏まえると，働く場としての中小企業には，大企業とは異なる特徴や魅力があるといえよう。

なぜ中小企業を取り上げるのか

　中小企業は，異質多元な存在と称されているにもかかわらず，なぜ，わざわざ「中小企業」という枠組みで研究や政策の対象として取り上げられてきたのであろうか。あるいは，なぜ企業全般ではなく，あえて「中小企業」という枠組みで取り上げる必要があるのだろうか。

　皆さんのなかには，いままさに「中小企業論」の講義を受講している人がいるかもしれないが，その講義において焦点が当てられているのは，企業全般ではなく中小企業であろう。また，国や地方自治体に目を向けると，企業全般に対する政策のみならず，中小企業を対象とした振興策や支援策などが立案・実行されている。先に述べたように，コロナ禍においても多様な中小企業支援策が実施されたところである。

　中小企業は，研究や政策の対象として企業全般としてではなく，「中小企業」という枠組みでとらえられてきた。その理由は，単に中小企業は大企業と比較して相対的に規模が中小であるからなのであろうか。たしかに，異質多元といわれる中小企業が，唯一，共通していることは大企業に対して規模が中小であるということである。しかし，そればかりではなく，中小の規模の企業を1つの層としてとらえた場合，それらの企業には特有の問題や課題があると認識されてきた。そのため，中小企業が研究や政策の対象として取り上げられてきたといえよう。

日本の中小企業問題のはじまり

　日本では，明治や大正期から中小企業が研究や政策の対象とされてきた。日本における中小企業問題の源流は，明治期の在来産業問

題に遡るとされている。明治政府は，殖産興業策として先進国から機械工業を移植・振興したが，日本固有の在来産業の解体・没落をまねくことになった。このような状況において，明治政府の官僚であった前田正名により，在来産業の振興を図ることを唱えた『興業意見』（1884年）が提出された。

　その後，中小企業問題が本格化したのは，第1次世界大戦期から昭和恐慌期であった。財閥系大企業は，第1次世界大戦による好況を契機に資本の蓄積を進めていった。さらに，大戦後の恐慌や関東大震災，昭和恐慌を経て，資本の集積・集中を一段と進めていき，独占大企業が市場での支配的な地位を確立していくことになった。中小企業は，独占大企業の支配・従属のもとにおかれ，恐慌期には金融難により倒産に追い込まれていった。こうしたことから，中小企業問題は，独占資本主義の経済構造における矛盾のあらわれとしてとらえられるようになっていった。

　このような問題意識は，第2次世界大戦以降の中小企業研究に引き継がれていくことになった。戦後の中小企業研究に影響を与えることになった山中篤太郎は，中小工業は大工業との関係において合理的自成的発展を抑止されていることを指摘し，中小工業論とは中小工業「問題」論にほかならないと論じた（山中 [1948]）。そのうえで，中小工業の問題性を理解するには，国民経済構造の視点からの把握が必要であることを示している。

　さらに，1950年代になると「二重構造論」が大きな論点となっていった。二重構造論は，1国のうちに近代的な大企業と前近代的な小企業や零細企業が並存し，両者の間に賃金や生産性の格差が生じていることをさしている（経済企画庁編 [1957]）。前近代的な小零細企業は，二重構造の底辺におかれており，それらを近代化すると

いった発想は，1963年に制定された中小企業基本法にも反映されている。

このように中小企業は，資本主義経済のなかで問題を抱えた存在として，あるいは資本主義経済の矛盾のあらわれとして認識されていた。

▷ 積極的な中小企業観

これまでみてきたように，中小企業の本質に関する研究では，問題性のある存在として中小企業がとらえられてきた。その背景には，日本の中小企業研究の1つの系譜として，マルクス経済学の影響を受けた研究者によって担われてきたことがあげられる。中小企業は，独占＝大企業による支配・従属のもとで収奪・搾取されているといった観点に基づいている。

このような中小企業観に一石を投じたのが，中村秀一郎の「中堅企業論」（中村［1964］）や清成忠男らの「ベンチャー・ビジネス論」（清成・中村・平尾［1971］）である。

中村は，高度経済成長期に技術革新を遂行して，大企業並みの賃金水準に達している新たなタイプの企業が群生していることに注目し，それらを「**中堅企業**」と称した。中堅企業の登場は，独占大企業からの収奪と過当競争により，低賃金に依存することによってのみ存続しうるとされてきた中小企業問題を解決することになると期待したのである。

清成も高度経済成長期における産業構造の変化や労働力不足のもとで，新しいタイプの中小企業が発展してきたことに注目した。産業構造の高度化や需要の多様化などに対応した，研究開発集約的またはデザイン開発集約的な能力発揮型の創造的新規開業企業をベン

チャー・ビジネス（➡第2章）と名づけた。清成は，ベンチャー・ビジネスの誕生や定着を根拠として，これまでの中小企業研究者が問題としてきたような寡占大企業対中小企業といったとらえ方は現実的ではないと批判している（清成 [1976]）。

　「中堅企業論」や「ベンチャー・ビジネス論」の研究は，それまでの問題性に基づく中小企業研究や「二重構造論」に依拠した中小企業観を否定して，中小企業を積極的に評価するものであった。これらの研究をきっかけにして，積極的な中小企業観に基づく研究も広く展開していくことになった。

⬭ 中小企業の存立条件をめぐる研究

　中小企業の研究は，マルクス経済学に依拠するものばかりでなく，中小企業の存立の条件や根拠についても関心が向けられてきた。そもそも中小企業の存立の条件や根拠をめぐって研究が行われてきたのは，大規模経済の利益が存在するにもかかわらず，なぜ，不利な立場にある中小規模の企業が数多く存続しているのかといった疑問に基づいている。

　このような問題に対して，アルフレッド・マーシャルは，大規模経済の有利性に限界があるとしたうえで，いわゆる「森の比喩」によって小企業の存在を論じている（マーシャル [1966]）。マーシャルは，森の中の若い木々が苦闘を続けて，わずかな木だけが生き残って大木へと成長していくように，小企業のうちのわずかなものが大企業へと成長していくと主張している。さらに，大木はやがて老い衰えていくように，大企業も活力を失い，成長してきた企業に取って代わられるという。森の中の若い木々に小企業を例えることで，産業社会に小企業が存立していることを説明した。

次に取り上げる，オースティン・ロビンソンも大規模経済の有利性に一定の限界があることを見出し，企業の「最適規模」について言及している（ロビンソン [1958]）。ロビンソンは，現存の技術および組織能力のもとで製品１単位当たりの平均生産費が最低になる規模が最適であるとしている。なお，最適な規模を決定する諸要因として，①技術的諸要因，②管理的諸要因，③財務的諸要因，④マーケティングの影響，⑤危険負担および景気変動の諸要因，をあげている。このような最適規模といった観点から，中小企業の存立の根拠を示している。

　次に紹介するジョセフ・スタインドルは，不完全競争市場を前提として，大企業が大規模経済の有利性を発揮できないところに，小規模企業が存続する条件を見出している（スタインドル [1956]）。たとえば，小規模企業は，産業の中心地以外の場所で安い労働力を獲得したり，労働組合に組織されていない安価な労働力を利用したりする。このような競争が制約されている不完全な労働市場において，小規模企業は優位性をもつことができる。また，特定の企業に対する消費者の愛着といった不合理的な要因なども含め，不完全競争の市場が小規模企業の存続を可能にしていると論じている。それ以外にも，大資本が発展するには時間を要し，漸進的であるために，ただちに小規模企業を消滅させることはないと述べている。寡占的産業においては，独占状態ではないことの証明として一定数の小規模企業を残存させる傾向があると指摘している。低い報酬で高い危険を引き受ける小企業家の「賭博的な」態度も小規模企業の残存につながっていると論じている。

　以上のように，中小企業の存立の条件や根拠について，マーシャルは「成長論」，ロビンソンは「最適規模論」，スタインドルは「不

完全競争論」の観点から説明をしている。ただし，それぞれの説に対しては，批判や疑問も投げかけられている。改めて，今日の中小企業の存立条件に照らし合わせてみることも必要である。

3　中小企業の今後の役割と存在意義

▷　地域経済の衰退と中小企業の役割

　本節では，これまでの議論を踏まえて中小企業の役割や存在意義について検討していきたい。

　日本では，とくに 2000 年代以降，地域経済の衰退や地方と中央の格差，東京一極集中（◉第 5 章）といったことが叫ばれるようになっていった。いわゆる「限界集落」といわれる 65 歳以上の高齢者が集落人口の 50 % を超えて社会生活を維持することが困難になっている集落が増加している（大野［2008］）。また，2014 年には民間の政策提言機関が，全国の自治体の約半数にあたる 896 自治体は「消滅可能性都市」であると発表して，自治体関係者の間に波紋が広がった（増田編著［2014］）。それぞれ慎重な議論が必要であるが，これらの問題がクローズアップされる背景には，全国各地で人口の減少や高齢化が進み，地域経済の衰退や社会生活を維持することが困難になっていることがあげられる。このような状況のなかで，中小企業の役割が見直され，存在意義が高まっているといえよう。

　地域における中小企業の役割は，第 1 に地域の人々の雇用の場となっていることがあげられる。とくに地方の都市ほど中小企業の果たす役割は大きい。かつて地方の都市では，大企業の工場を誘致するなどして雇用機会を生み出していた。しかし，経済のグローバ

ル化が進展するなかで，それらの生産機能は海外に移されていくことになった。大企業の工場誘致などの手段がとれなくなるなかで，改めて，地域に存在する中小企業が雇用の場として役割を果たすことが重要になっている。

第2には，中小企業は，地域の人々の生活を支える社会インフラとしての役割を担っていることである。小売業やサービス業の中小企業は，地域の人々が商品やサービスを購入する場となっている（⊙ 第6章）。しかし，こうした役割を担ってきた中小企業が倒産・廃業することで，「買い物難民」が増加している。また，建設業の中小企業を例にあげると，それらは地元の道路や橋梁，公共建築物の維持・補修や災害が発生した際の復旧作業，雪の多い地域では除雪作業などを担っている。中小の建設業者が減少することで，従来どおりに公共建築物の維持・補修や除雪作業が行えなくなっている地域もみられる。このような問題が顕在化するにつれて，中小企業は，地域の人々が日常生活を送るうえでも，安全な社会基盤を維持していくうえでも欠かせない存在であるといった認識が高まっている。

第3には，これらの一連の役割を果たすなかで，中小企業は地域経済の循環をもたらしていることである。地域経済を活性化していくためには，地元の人々を雇用したり，地元で産出される原材料を使用したり，地元企業が手掛けた部品などを調達して使用することが有効だとされている。このような役割を中心となって担えるのは，地域に経営の基盤をおいている中小企業であるといえよう。

▷ **社会貢献型企業とマイクロ・アントレプレナー**

これまで述べてきたように，中小企業は地域において重要な役割

を果たしてきた。さらに，近年，地域の課題を解決することをおもな事業目的とする社会貢献型の中小企業が増加している（●第5章）。このような中小企業が増加している理由としては，地域の人口減少や高齢化，買い物困難者の増加，地域コミュニティの衰退などさまざまな問題が生じているが，これらの問題を行政だけでは解決できなくなっていることがあげられる。また，必ずしも利潤の追求や成長を目的としない企業のあり方に共感が広がっていることもあるだろう。さらに，これらの課題に取り組むために必要となる資金を調達するためのクラウドファンディングが普及したことなども，社会貢献型の中小企業を後押ししている。

　もちろん，社会貢献型の中小企業が活動することを前提として，行政サービスを削減したり，サービスの質を低下させたりするようなことはあってはならない。しかし，中小企業が，地域社会を構成する一員として地域の課題解決に積極的に取り組むことは，重要なことであると考えられる。地域の課題を解決し，持続可能な社会を実現していくためにも，社会貢献型の中小企業への期待は高まっていくであろう。

　さらに，必ずしも社会貢献とかかわるものではないが，少人数で身の丈に合った創業であるマイクロ・アントレプレナー（●第2章）も広がっている。社会貢献型の中小企業と同様に，創業を後押しする環境が整備されたこともマイクロ・アントレプレナーを促進していると考えられる。次に取り上げるフリーランスと同様に，組織に縛られない働き方として注目されている。

▭▷　**企業に属さない働き方**

　これまで，中小企業という枠組みで議論を進めてきたが，近年，

表 1-4 フリーランスという働き方を選択した理由

（単位：％）

自分の仕事のスタイルで働きたいため	57.8
働く時間や場所を自由にするため	39.7
収入を増やすため	31.7
より自分の能力や資格を生かすため	27.3
挑戦したいことややってみたいことがあるため	13.5
ワークライフバランスを良くするため	11.9

注：「フリーランスとしての働き方を選択した理由について，当てはまるものをお選びください。」（複数回答可）という設問への回答のうち上位6項目を集計。
出所：中小企業庁編［2020a］。

フリーランスという企業に属さない働き方が広がっている。個人で仕事を請負う働き方をしている人々をさすが，開業届を提出して事業を行っている個人事業主とは区別して使用されるケースが多い。なお，個人事業主やフリーランスは，法人としてではなく個人として事業が営まれている。中小企業のなかには，株式会社など法人化している企業もあれば，法人化せずに個人事業主として事業が営まれているものもある。

『中小企業白書』では，フリーランスとは「特定の組織に属さず，常時従業員を雇用しておらず，消費者向けの店舗等を構えておらず，事業者本人が技術や技能を提供することで成り立つ事業を営んでいる者」と定義している（中小企業庁編［2019］）。このような形態の働き方自体は，必ずしも新しいものではないが，従来よりも一段とIT化が進んだことで事業機会が広がり，また本業としてだけではなく副業としてフリーランスを後押しする機運も高まっている。

表1-4は，内閣府が実施したフリーランスへの調査結果である（中小企業庁編［2020a］）。調査結果によると，フリーランスという働

き方を選んだ理由としては，「自分の仕事のスタイルで働きたいため」といったことや「働く時間や場所を自由にするため」といった回答が上位を占めている。フリーランスとして働く人たちには，自分のスタイルで自由に働くといったことが強く意識されている。

このようなメリットが強調される反面，フリーランスは，事業主と雇用労働のはざまの立場にあり，収入の安定や社会保障制度の対応などの課題も残されている。さらに，インターネット上のプラットフォームなどを介して単発の仕事を請負っているギグワーカーも増加している。働きたいときに短時間でも働けるといった点が注目される。しかし，希望したときに必ずしも仕事を確保することができるとは限らず，収入に見通しを立てることが難しいといった面もある。

今後，フリーランスやギグワーカーといわれる人たちが増加していくことが予想されるが，彼らが安定した仕事や収入を得られるような制度やルールを確立していくことが急がれている。

*** ***Report assignment*** レポート課題*** //

1.1 日本では 1980 年代の半ば以降，中小企業数が減少しているが，その理由について考えてみよう。
1.2 中小規模の企業を 1 つの層としてとらえた場合，大企業とどのような違いがあるか考えてみよう。

ベンチャー・ビジネス
と中小企業

「イノベーションの担い手」の先へ

東京都墨田区の浜野製作所（金属加工業）は，スタートアップのアイデアや技術を社会実装（研究開発の成果を社会問題解決のために応用，展開すること）するため「ものづくり総合支援施設　Garage Sumida」を設立した（香川賢志撮影）

Quiz クイズ

Q2.1 以下の 3 つのうち，イノベーションはどれでしょうか。
a. トヨタ生産方式　**b.** 道の駅　**c.** 朝活

Q2.2 起業意識と起業活動の国際比較を行う「Global Entrepreneurship Monitor（GEM 調査）」で起業無関心層の割合はアメリカが 21.6%，ドイツが 32.1%。さて日本は何% でしょうか（2017 年時点）。
a. 30.1%　**b.** 45.2%　**c.** 75.8%

Answer クイズの答え

Q2.1　a. b. c. すべて

　イノベーションには画期的な新製品のみならず，a. トヨタ生産方式のような製造プロセスの新手法や改善も含まれる。b. 道の駅は①休憩機能（駐車場，トイレ等），②情報発信機能（道路情報，観光情報等），③地域連携機能（直売所等の地域振興施設）の3つの機能をもち，国，自治体，地域社会がつくり上げる新たな新結合（イノベーション）である。c. 朝活は，今まで活用していなかった「朝時間」を未利用の資源として行うイノベーションである。

Q2.2　c.

　75.8%。下のグラフをみるとわかるように，日本は先進国のなかでも断トツで起業に関心のない層が多い。

図 起業無関心者の割合の推移 ───────────────────

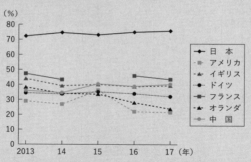

注：1　ここでいう「起業無関心者」とは，「過去2年間に，新しく事業を始めた人を知っている」「今後6カ月以内に，自分が住む地域に起業に有利なチャンスが訪れる」「新しいビジネスを始めるために必要な知識，能力，経験をもっている」の3つの質問すべてに「いいえ」と回答した人をいう。
　　　2　3つの質問について，「わからない」と回答した人，無回答の人を除いて集計している。
　　　3　国によって調査していない年がある。
出所：中小企業庁編［2019］。

Keywords キーワード

ベンチャー・ビジネス，スタートアップ，ガゼル企業，ユニコーン企業，アントレプレナーシップ，ソーシャル・アントレプレナー，大学発ベンチャー，イノベーション，シュンペーター仮説，ガルブレイス仮説，イノベーションのジレンマ，両利きの経営，プラットフォーマー

Chapter structure 本章の構成

1　ベンチャー・ビジネスとは何か

▷　**ベンチャー・ビジネスの登場**

皆さんは**ベンチャー・ビジネス**という言葉を耳にしたとき，どのような企業を思い浮かべるだろうか。中小企業やスタートアップとどう違うのか，曖昧な人も多いだろう。

そもそもベンチャー・ビジネスという用語は和製英語であり，1970年代以降日本で登場してきた「高度に知識集約的で創造的な中小企業」をさして使われはじめた（ ● 第1章）。当時の定義では，ベンチャー・ビジネスとは，知識集約的な現代的イノベーターとしての中小企業であり，ハイ・リスクな企業のことをさした（清成[1996]）。

もっとも，これらは1970年前後の経済状況を背景として定義づけられたものである。第1には，重化学工業の成熟化と脱工業化段階への移行にともない，既存産業の知識集約化が進み，知識創造が重要となるが，こうした分野では，スケール・メリットが必ずしも必要ではない。そこに中小企業でも活躍する余地が生まれるのである。

そして第2は，大企業側の限界である。組織の大規模化にともない自己防衛本能が強くなり，組織が硬直化し，リスクを冒さなくなるというもので，いわば「大企業万能時代の終焉」ともいえる状況である（シュンペーター[1998]）。そこで，企業家能力の発揮の場として頭角をあらわしたのがベンチャー・ビジネスである。

▷ ベンチャー・ビジネスと中小企業はどう違うのか

　現在では，新たに生まれた企業をベンチャー・ビジネスといったり，成長性のありそうな IT 企業のことをベンチャー・ビジネスというなど，「なんでもベンチャー」という風潮があり，ベンチャー・ビジネスの定義は多様化している。それがベンチャー・ビジネスへのイメージの曖昧さにつながっている。

　ベンチャー・ビジネスの特徴はさまざまであるが，ベンチャー・ビジネス論の第一人者である松田修一は「リスクを恐れず新しい領域に挑戦する起業家に率いられた若い企業で，製品や商品の独創性，事業の独立性，社会性，さらに国際性を持った企業」と定義している（松田 [2014]）。イノベーションの担い手として，期待を集める企業である。ではベンチャー・ビジネスと一般の中小企業は，どのように違うのだろうか。両者を相対的に比較したものが，表2-1である。

　これをみると，ベンチャー・ビジネスは全体的に，志の高さや成長志向が強く，若い従業員や外部の専門家の力を結集して，リスクマネーをベースに成長へと進んでいくという特徴をみることができる。

　一方で一般的な中小企業は，ベンチャー・ビジネスと比較すると，志や独創性，競争力が低く，雇用も生まず，利益率も低い企業とみられているが，これはあくまで一面的な中小企業の特徴である。

　また，一般的な中小企業とベンチャー・ビジネスの違いを特徴づけるものとして，企業の成長ステージがある。ベンチャー・ビジネスには，創業後に急速に成長する「急成長期」があることが特徴である（図2-1）。もちろん，既存の中小企業でもイノベーションを発揮することで，新製品・新技術の導入や新市場展開，新顧客の開拓

表 2-1 ベンチャー・ビジネス研究者による中小企業観

構成要素	ベンチャー・ビジネス	一般中小企業
起業家の夢・志	高い志，強い夢	弱い志，弱い夢
起業家の成長意欲	夢を実現するための強い成長意欲	成長意欲はそれほど強くない
製品・商品の独創性	独創性あり	独創性が少ない
市場・顧客の創造	新規の市場・顧客の創造に積極的	既存の市場・顧客の開拓・拡大
設立経過年数	設立あるいは新事業進出の若い企業	設立経過年数が長い停滞企業
起業家	上記を引き出す若々しい牽引車	際立った能力的優位性は低い
経営陣の状況	専門家も参画し最適経営人で組成	経営陣に専門家は少ない
従業員の状況	平均年齢が低く，従業員が増加	平均年齢が高く，従業員は増加せず
企業収益の状況	高い利益率と先行投資を重視	低い利益率と現状維持
資金調達方法	ベンチャー・キャピタル等のリスクマネーを活用	中小企業金融等の融資中心

出所：松田 [2014] 33 頁より一部修正。

などにより成長することもある。しかしベンチャー・ビジネスの場合は，イノベーションが市場に受け入れられた証として，急速に規模や売上が拡大する時期が来るのである。それにともない組織の急成長にマネジメントが追いつかずに問題に突き当たるなど，成長ステージ別の困難が明確に出てくる。そのため，成長ステージ別のマネジメントの重要性に企業家が気付き，対応していくことが求められる（図2-1）。

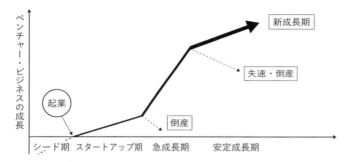

図2-1　ベンチャー・ビジネスの成長ステージ

ベンチャー・ビジネスの成長

起業

新成長期

失速・倒産

倒産

シード期　スタートアップ期　急成長期　　安定成長期

出所：松田［2014］70頁。

　以上のような違いがあるが，一般的には中小企業という異質多元な存在の一部に，上記のような特徴をもったベンチャー・ビジネスが存在しているということができる。そして間違えてならないのは，ベンチャー・ビジネスが優れていて，一般の中小企業が劣っているというように，優劣をつけるものではないという点である。

▷　スタートアップ

　最近では，ベンチャー・ビジネスより**スタートアップ**という言葉の方をよく耳にするようになった。アメリカでは2010年代に入り，短期間で急成長し，世界中に影響力をもつようなスタートアップが登場し，注目を集めるようになった。日本では「ベンチャー・ビジネス」「スタートアップ」どちらも，「新しく立ち上げた企業」という意味で使われ，明確に区別されていないケースも多い。日本ですでに普及していたベンチャー・ビジネスという言葉と混同される形で，スタートアップという言葉が広く利用されるようになってきている。

しかし最近のスタートアップを取り巻く環境をみると，次のような違いがある。ベンチャー・ビジネスが，一般的な中小企業と比較して，既存ビジネスモデルの改善やイノベーションなどで市場を切り拓き，急成長する企業だとすると，スタートアップは，先進的な技術やアイデアを強みに，ゼロから市場やビジネスモデル創出に挑戦する成長速度の速い企業である。ベンチャー・ビジネス以上に短期急成長をめざしてベンチャー・ファイナンスを積極的に行い，早期の EXIT（創業者やベンチャー・キャピタル，投資家などの出資者が株式を第三者に売却したり，株式公開をしたりすることで利益を得る手法）を視野に入れる。ロボット，ソフトウェア，ヘルスケア，教育等，さまざまな分野で AI や IT，デジタル・プラットフォームを活用して課題解決をする多様なスタートアップが誕生している。

⟹　ガゼル企業とユニコーン企業

　短期間のうちに迅速なスピードで成長し，雇用創出力をもつスタートアップを，動物のガゼルが早熟であることにちなみ，**ガゼル企業**と呼ぶ。世界共通の一致した定義はないのが現状だが，具体的には「最低 10 万ドルの売上をもち，年平均 20% 以上の成長を達成する企業」（Birch, Haggerty and Parsons [1995]）という定義をみるとイメージがわきやすいだろう。

　ガゼル企業は「ユニコーン企業」に育つ直前のスタートアップをさし，ユニコーン予備軍ともいわれる。**ユニコーン企業**は，上場前の Uber や Airbnb のように，未上場にもかかわらず企業価値が 10 億ドル以上に評価される企業のことをさすが，それ自体がかなり珍しいことから，架空の動物であるユニコーンと呼ばれる。さらに，そのなかでも企業価値 100 億ドル以上の企業をデカコーン，企業

価値 1000 億ドル以上の企業をヘクトコーンと呼ぶ。日本でも，2013 年設立のメルカリが 18 年に東証マザーズに上場する際には，「ユニコーンがついに上場」と注目を集めた。

　日本にもガゼル企業やユニコーン企業が登場してきているものの，アメリカ，中国，インド等の国には数で大きな差をつけられている。政府は 2022 年を「スタートアップ創出元年」としてスタートアップ支援に本腰を入れている（⬀ 第 10 章）。

　しかし一方で，加熱する利益重視志向，スタートアップ熱への反動なのか，急成長と大きなリターンを求めない中小企業の価値観が再注目されている。中小企業は日々の顧客満足を積み重ね，地域社会を含めたステークホルダーとの共存共栄を達成しながら長期的な存在をめざしている。

▷　ソーシャル・アントレプレナー

　近年，社会的課題をビジネス（ソーシャル・ビジネス）で解決しようとする，ソーシャル・アントレプレナーも重要な存在となっている。**アントレプレナーシップ**（⬀ 第 5 章）とは，社会の課題を解決したり，社会をより豊かにするための事業創造だといえる。事業の経済性のみならず社会性を志向するアントレプレナーが世界中で活躍している。こうした社会派アントレプレナーは**ソーシャル・アントレプレナー**あるいは社会起業家と呼ばれ，発展途上国の貧困問題や社会問題，身近な地域・コミュニティの課題などをビジネスという手段で解決している。

　詳細は第 7 章に委ねるが，マイクロファイナンスによって貧困問題の解決に尽力しているグラミン銀行のムハマド・ユヌス氏，フェア・トレードで環境や貧困問題に取り組むピープル・ツリーのサ

Column 2

> **コラム2　増加する大学発ベンチャー**　アメリカのシリコンバレーにおけるスタンフォード大学やカリフォルニア大学バークレー校，ボストンのルート128におけるマサチューセッツ工科大学（MIT）のように，地域の大学がイノベーション創出やベンチャー・ビジネス創業に果たす役割はかねてより重視されてきた。
>
> 　日本においては，大学等技術移転促進法（TLO法）が1998年に制定され，経済産業省が「大学発ベンチャー1000社計画」を2001年に策定し，04年にはそれが実現するなど，**大学発ベンチャー**が増加してきた。大学発ベンチャーは，大学等における革新的な研究成果をもとに，経済社会にイノベーションをもたらす担い手として期待されている。
>
> 　経済産業省「令和4年度大学発ベンチャー実態等調査」によれば，2022年度10月末時点での大学発ベンチャーは3782社と，21年度に確認された3305社から477社増加し，企業数および増加数ともに過去最高を記録した。

フィア・ミニー氏は世界的なソーシャル・アントレプレナーである。

　より身近なところに目を向けると，社会的弱者支援などの福祉関連事業，AIを用いたオンライン塾等の学習支援，保育士や介護士不足を解決する事業，農業や漁業者と消費者を結びつける事業など，日本においても多様なソーシャル・ビジネスが誕生している。

2　イノベーションはなぜ必要なのか

イノベーションの意義

　1990年代以降，日本経済はダイナミズムを失い停滞が続いている。自動車産業のような1つのリーディング産業に依存するので

はなく，IT やバイオ，環境，サービスなど複数の新産業の創出が欠かせない。日本では長らく，その担い手としてのベンチャー・ビジネスへの期待が続いてきている。不確実性が高くスピードの速いVUCA 時代においては，イノベーションを遂行するベンチャー・ビジネスに優位性があるといえる。

▷ 身近にあるイノベーション

イノベーションと聞くと，皆さんはどのようなものをイメージするだろうか。一番イメージしやすいのが，既存の製品の延長線上にはない革新的，画期的な製品やサービスを生み出す「プロダクト・イノベーション」である。その事例として，かつては洗濯機や冷蔵庫のように，それまでの家事の負担を大きく軽減させた家電製品があげられたであろう。その後もデジタルカメラ，PC のように，便利な革新的商品が登場することで，生活のあり方の変化や生活の質の向上が実現してきた。現在ではスマートフォンやサブスクリプション・サービスなど，皆さんの身近にある便利なものが想像できよう。このような斬新な製品やサービスは，イノベーションの実現によって登場したものである。

近年世界中にサービスを提供している Uber や Airbnb などは，もともとは小さな起業から始まり，イノベーションにより急成長したグローバル・ベンチャーである。それでは，以下でまずはイノベーションとは何かをみていくことにする。

▷ イノベーションとは何か

イノベーションの概念を最初に体系化したのは経済学者のヨゼフ・シュンペーターである。シュンペーターは，イノベーションを

「新結合」と呼び，「新しいものを生産する，あるいは既存のものを新しい方法で生産すること」と定義している。そして次の5つの具体例をあげている。①新しい製品やサービスの開発，②新しい生産方法と販売方法の導入，③新しい販路の開拓，④新しい原材料の供給源の獲得，⑤新しい組織の実現である。

このことから，イノベーションは画期的な新製品のみをさすのではなく，技術的な成果にとどまらない広範囲な内容を示していることがわかる。既存の技術や素材，方法であっても，組み合わせが新しければイノベーションとなることから，シュンペーターはイノベーションを「新結合」と呼んだのである。

イノベーションについては，シュンペーターのほかにもさまざまな定義がなされている。たとえばプロダクト・イノベーション（製品・サービスの革新）かプロセス・イノベーション（工程・製法・流通などの革新　●第3章）かで分類するものや，ラディカル（急進的）かインクリメンタル（漸進的）かで分類するものである。

ラディカル・イノベーションは，技術面でもビジネスモデルの面でも，従来の延長にないまったく新しい技術革新・変革のことである。たとえば，馬車から蒸気機関車，そして自動車へと移動手段がそれまでとは根本的に変化し，世界中で人々の生活が一変してしまうタイプのイノベーションである。

一方，インクリメンタル・イノベーションは，既存の技術やビジネスモデルに修正や改善を繰り返し図っていくものである。たとえば，iPhone は数年おきに新しいモデルが登場し，カメラの画素数が上がったり，顔認証機能が付いたり，通信速度が向上するなどのマイナーチェンジが行われる。このように，既存の技術を活かしつつ，より高度な性能の商品やサービスを展開するタイプをインクリ

表 2-2 ベンチャー・ビジネスと既存企業のイノベーションに関する特徴

特　徴	ベンチャー・ビジネス	既存企業
イノベーションのタイプ	ラディカル・イノベーション	インクリメンタル・イノベーション
イノベーションのインパクト	大きい	小さい
資　源	乏しい資源	豊富な資源
組　織	フラットな組織	階層的な組織
顧客層	新規の顧客	既存の顧客
環境変化への適応	機敏で素早い	硬直的で鈍い
効　果	陳腐化効果を受けにくい	学習効果を享受しやすい

注：原資料では，ベンチャー・ビジネスではなく「スタートアップ企業（創業または設立からまもない企業）」と記している。またこの表にある「既存企業」は，規模にかかわらず，すでに存在して事業活動している企業のことをさす。
出所：加藤［2022］表 7-1, 158 頁より加筆して筆者作成。

メンタル・イノベーションと呼ぶ。表 2-2 は，ベンチャー・ビジネスと既存企業のイノベーションの特徴を比較したものである。

　このようにみると，シュンペーター型のイノベーションは，幅広い概念を含みつつも，おもに非連続で大胆なラディカル・イノベーションを中心的に扱っている。しかし現実には，インクリメンタル・イノベーションの重要性は高い。たとえば，日本経済の発展においては，「カイゼン」に代表されるように，改良の継続によるイノベーション，すなわちインクリメンタル・イノベーションが重要な役割を果たしてきた。こうした点は，イスラエル・カーズナーのイノベーションの概念を想起させる（カーズナー［1985］）。いまだ認知されずにいる利潤機会を機敏に察知し，その機会を利用すること

が企業家活動（アントレプレナーシップ）であるという指摘である。

このほかにも，イノベーションを7つの機会としてとらえる定義もある（ドラッカー [2007]）。①予期せぬ成功と失敗の利用，②現実と望ましい姿とのギャップ，③限定されたニーズの発見，④産業構造の変化，⑤人口構造の変化，⑥認識の変化，⑦新しい知識の出現，である。①から④は組織内部の事象であり，⑤から⑦は組織外部の事象である。ピーター・ドラッカーは，こうした多様な組織環境の変化がイノベーションの機会を生み出すことで，企業家がアントレプレナーシップを発揮し，事業創造を行うということを示した。

▷ 企業家（アントレプレナー）

イノベーションを遂行するのはどのような人物か。アントレプレナー（entrepreneur）の語源はフランス語で，「企てる」「着手する」という意味からきている。一番古くは1700年代にフランス人銀行家のリチャード・カンティヨンが『商業論』という本のなかで「先見の明をもち，進んでリスクを引き受け，利益を生み出すのに必要な行為をする者」と定義し，アントレプレナーに触れたといわれている。その後，シュンペーターが著書『経済発展の理論』（原著1912年）のなかで，新結合を担う人が企業家であると明確な定義をしており，その後多くの研究でも用いられている。シュンペーターは，経済発展の源泉は新結合，つまりイノベーションであり，それを遂行する者がアントレプレナーであると定義したのである。そこでは管理者と企業家は明確に区別される。人はイノベーションを遂行しているときのみ企業家であり，創造的イノベーションを実施せず，単なる模倣者となった場合は，もはや企業家ではなく管理者であると指摘している。この定義は「機能」に注目している点で，わ

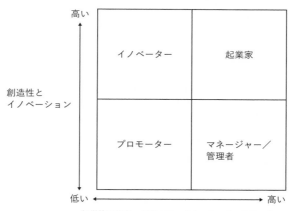

図2-2 アントレプレナーの特性

高い

創造性と
イノベーション

| イノベーター | 起業家 |
| プロモーター | マネージャー／管理者 |

低い　　　　　　　　　　　　　　　　　　　高い

経営管理能力，ビジネス・ノウハウ，ネットワーク

出所：ティモンズ［1997］。

かりやすいものとなっている。企業家がどのような人物か，という企業家の属性に関する研究は多岐にわたる蓄積があるが，人種，性別，年齢，家庭環境，キャリアなどの違いを分析する定性的な分類ではなく「企業家＝イノベーションの遂行者」という機能面に着目したのである。

　しかし，これはビジネスの現場においては，あまり現実的ではない。その点，ジェフリー・ティモンズによる企業家の定義は，より現実的といえる（図2-2）。これによると，事業創造の成功のためには，創造性とイノベーションといった企業家的要素のみならず，ビジネススキルも有していることが望ましいことがわかる。しかし1人でこれをすべて担うのは難しいため，企業家チームを組成することが望ましい。

アントレプレナーシップ (entrepreneurship) は，アントレプレナーまたはそのチームが，創業機会を発見して新事業創造を行うこと，またそのプロセスをさす。過去の研究では「企業家精神」または「起業家精神」と訳され，アントレプレナーの活動のベースにある精神面にフォーカスが当てられていた。しかし近年の研究では，未利用資源の活用や経営資源の多重利用による新たなビジネス機会の追求をさすようになった。アントレプレナーとはイノベーションを遂行する人物であり，既存のビジネス機会を既存のやり方で追求するのではイノベーションにはならないため，「新しいビジネス機会を追求すること」が肝要となる。

3 イノベーションの担い手はだれか

⟩ シュンペーター仮説

イノベーションはその時代の経済発展やリーディング産業などの状況により，大企業が優位であるといわれたり，小さなベンチャー・ビジネスこそイノベーションの担い手であると主張されてきた。

大企業がイノベーションに有利だとする代表的な論者の議論をみていこう。シュンペーターは著書『資本主義，社会主義，民主主義』（原著 1942 年）において，資本主義のエンジンは創造的破壊であり，その担い手は独占的大企業であると述べ，「大企業は規模の小さな企業に比べてイノベーション活動に優位である」と主張した。これをシュンペーター仮説と呼ぶ。当時は，経済成長とともに企業規模が拡大し，規模が大きくなるにつれてイノベーションの成果が

飛躍的に増加し，大企業支配が強化された時代である。

　シュンペーター仮説が成立する理由として，研究開発にかかる固定費用も増加してくること，イノベーションの実現には規模の経済や範囲の経済が働くこと，多角化して多様な事業を行っている大企業の方が予期せぬイノベーションが生まれる可能性が高いこと，大企業の方が外部資金にアクセスしやすいことなどがあげられる。

　このように，シュンペーターはイノベーションにおける大企業の優位性を主張しているが，実はこれ以前には，アントレプレナーこそがイノベーションの担い手であり，経済発展の原動力であると指摘し，アントレプレナーが経済発展に果たす役割を重視していた（シュンペーター・マークⅠ）。その後の大企業がイノベーションには有利であるとの主張は，シュンペーター・マークⅡと呼ばれている。一方で，これらの概念は，産業によって大きく異なる。スタートアップがイノベーションにより急成長できる産業と，大企業が技術の蓄積や巨額な資金をベースにイノベーションを有利に進める産業があることを指摘しておこう。

▷　ガルブレイス仮説

　シュンペーター仮説の延長線上に，**ガルブレイス仮説**が登場する。ジョン・ガルブレイスは，その著書『新しい産業国家』（原著 1968年）において，大規模資本を擁し，高度に組織化された大企業が存在する一方で，小規模な伝統的個人事業主が存在するが，両者は非常に異なっており，大規模企業の優位が決定的であると指摘している。この著書が書かれた当時，資本主義社会が発達し，巨大企業では所有と経営の分離が進んでいた。ガルブレイスは，このような状況では，実質的支配権が，資本をもつ資本家から，経営者・技術者

などの専門家集団（テクノストラクチャー：techno-structure）に移ると指摘した。そして利潤極大化よりも企業の安定的成長を行動目標とし，競争よりも計画化を重視する産業国家が生まれるという，計画化体制が誕生すると主張した。

こうした見解のもとでは，イノベーションの担い手は，高度な専門知識や経営能力をもつテクノストラクチャーを有する大企業となる。なぜなら，技術が精密化するほど，①技術開発に要する時間が長期化し，②生産開始に要する固定資本が増大し，③技術進歩にともない特定作業に要する時間と組織がより必要となり，④専門家人材が必要となり，⑤専門家の仕事を巨大で複雑な事業組織へと凝縮することが必要となるためである。

しかしながら，中小企業がイノベーションに遅れをとり，衰退の一途をたどってきたのかといえばそういうわけでもない。

▭▷ **イノベーションのジレンマ**

企業の成功の程度が高ければ高いほど，柔軟性の欠如が避けられないことを指摘したのがクレイトン・クリステンセンである。業界のリーディング企業（大企業）が，ある種の市場や技術の変化に直面したとき，その地位を守ることに失敗する例が多くみられる。市場のリーディング企業は，既存の主要顧客層のニーズに耳を傾け，既存商品の改良を志向する「持続的イノベーション（sustaining innovation）」に注力することが合理的な意思決定となる。

一方で，既存の市場構造を変革するような小さな技術を過小評価する傾向がある。なぜなら，革新的なアイデアや新しい価値基準によって，根本から既存市場を覆して変化させる「破壊的イノベーション（disruptive innovation）」は，当初，その市場がまだ存在しな

いため，低価格で利益率も低いことが多い。また，市場規模の判断がつかないことに加え，開発当初は既存市場が求める性能を満たしていないことが多い。それゆえ大企業では手が出しにくく，新興企業のような小さな組織の方が着手しやすい。

たとえばガソリン自動車から電気自動車，レンタルビデオから動画配信へのシフトや，3D プリンターやロボット掃除機の登場などがあげられる。クリステンセンは，こうした優良企業が破壊的イノベーションに直面したとき，その優れた経営慣行が失敗要因となることを「**イノベーションのジレンマ**」と名付けた（クリステンセン[2001]）。

このことは，既存市場において優良大企業がリードしている状況であっても，ベンチャー・ビジネスのイノベーションが市場をリードできる可能性を示しているといえよう。

▭▷　**両利きの経営**

変化の激しい時代において，イノベーションのジレンマへの処方箋として注目を集めているのが，「**両利きの経営**」（オライリー[2022]）という考え方である。両利きの経営とは「主力事業の絶え間ない改善（知の深化）」と「新規事業に向けた実験と行動（知の探索）」を両立させることの重要性を唱える理論のことである。

もともとは，大企業を対象とした考え方であり，大企業は確実な収益が見込める事業をレベルアップさせるだけでなく，たとえ不確実でも成長の可能性がある実験的な事業に力を入れていくべきだという。この知の探索と知の深化の掛け算により，新しいサービスが次々と生み出される時代でも生き残っていくことができるという指摘である。なぜなら収益性のある事業があると，知の探索の意識が

コラム3　下請企業から医療ベンチャーへ　　株式会社寿技研（埼玉県八潮市，創業 1978 年）は，ラジコンタイヤ，金属・樹脂，レジャー分野など多岐にわたる製品・加工を手掛ける中小企業である。2008 年のリーマンショックのあおりを受けて受注量が半減したことを契機に，下請企業として仕事を待つのではなく，オリジナルの技術や製品を提案できなければ厳しいと考えた。いわば知の探索の必要性を感じていたといえる。そうしたなか，社長の高山氏は，大手医療機器メーカーに勤める友人から医療現場で腹腔鏡手術用のトレーニング環境が不足していることを知る。そこで寿技研のもつ技術を動員し，2 万〜4 万円という価格で腹腔鏡トレーニング・ボックスの販売を開始した。それまで 100 万円を超える高価なものか，段ボールで手づくりしたものしかなかったため，売れ行きは好調で，学会やセミナーでの採用実績も積み上げていった。

　さらに，高山社長は腹腔鏡トレーニングに使える模擬臓器の必要性に気付いた。ちょうどその頃「食中毒が原因でレバ刺しが禁止され，代替品として生レバーの風味と外観に似せてつくられたコンニャクが提供されている」というニュースを耳にし，コンニャクで手術トレーニング用の模擬臓器をつくることを思い立った。これまでは豚などの動物の臓器を利用していたが，廃棄に手間がかかり，また動物愛護の観点から「動物を使いたくない」という意向が強まっていた。

　そこで，力を加えたときに筋が伸びてちぎれていく組織の表現に

トレーニング・ボックスの実演をする高山氏（左），コンニャク由来の疑似臓器（筆者撮影）

こだわった，コンニャク由来の模擬臓器の製品化に成功した。
2018年にはKOTOBUKI Medical株式会社を設立，19年にはクラウドファンディングで9000万円を達成し，22年には新社屋オープンなど，新たなチャレンジを続けている。町工場の一角で始まった新たなチャレンジは，たゆまぬ知の探索により，医療ベンチャーとして道を切り拓き続けている。

薄れる傾向にあるためである（競争力の罠）。

　中小企業においては，両利きの経営の最大の問題は，経営資源の制約にあるが，一方で中小企業ならではの強みもある。会社の規模が小さいと，経営者が社員とコミュニケーションを取りやすく，リーダーシップを発揮しやすい環境にある。そのため，企画から意思決定，実行までの時間を短くすることができる。また，中小企業の経営者は株主でもあることが多く，経営者の在任期間が長いため，長期的視野にたち，一貫性のある意思決定を行うことができる。

▷　**VUCA時代のイノベーション，アントレプレナーシップの可能性**

　VUCA時代に突入し，インターネットやDXの普及，クラウドファンディングによる新たな資金調達の基盤，プラットフォームというビジネス基盤が登場してきた昨今では，起業してまもなく海外展開したりグローバル市場をつかむような「ボーン・グローバル」企業も登場している。従来の企業の国際化のプロセスを踏むことなく，一機に国境というボーダーを超えて活躍する急成長企業である。このようなビジネス環境では，中小企業もイノベーションを実現し，急成長する可能性がある。自社で経営資源を豊富にもつ大企業のみならず，中小企業やソーシャル・アントレプレナーなど，多様な主

体に多様な可能性が広がってきているのである。

4　プラットフォーマーがビジネスを変える

▷　プラットフォーマーの登場

　産業資本主義からデジタル資本主義へと経済システムの構造転換が進んでいる。デジタル資本主義では，デジタル・プラットフォーム上でさまざまな利便性が生まれる。プラットフォームは，ネットワーク上で異なるユーザーを結びつけ，製品やサービスを提供する場のことである。**プラットフォーマー**は，インターネットを通じて第三者にそうしたサービスの場を提供する企業である。皆さんが普段から利用しているであろう Uber や YouTube はその例である。これらの企業も，もともとは小規模でスタートしたが，いまや世界的企業へと成長した。

　プラットフォーマーの登場により，これまでの「安く・早く・高品質なものをいかに提供するか」という競争優位の源泉から，「いかに多様な顧客と接点をもち，データをもとに継続的に収益を得るか」というビジネスモデルへとシフトしてきた。Uber（2009 年設立）や Airbnb（2008 年設立）は設立 10 年ほどで世界中に勢力を広げるに至ったが，その要因は自社ですべての資産を保有するのではなく，多様な他企業とつながりビジネスを展開する点にある。そのため，事業拡大が加速する。

▷　プラットフォームを活用する中小企業

　こうした世界規模のプラットフォーマーの登場は，一方でマイク

ロ・アントレプレナーのような小規模資本の起業家のチャンスも生んでいる。たとえば楽天市場に目を向けると，小規模資本の個店（独立した店舗）が楽天市場というプラットフォーム上に出店することで，リアル店舗では出会えない多様な顧客に販売できるようになった。同様に，アプリ開発やYouTuberなどの小規模資本の個人や組織がデジタル・プラットフォーム上でビジネスを展開し，独立することが可能となっている。

　このように，プラットフォーム・ビジネスへの参入方法は，自社がプラットフォーマーになることがすべてではない。プラットフォームを活用してビジネスを展開する方法もあり，こちらは中小企業やスタートアップにも参入しやすくなる。

　たとえば，最近の消費者は，大量生産の商品では飽き足らず，自分好みのものを選べる商品が人気である。その究極的な例として，カスタマイズ商品がある。消費者が自分の身体に合ったサプリメントや化粧水，手の形や指の長さに合った箸など，インターネット上で設問に答えてクリックしていくだけで，自分好みの商品が届く仕組みである。箸を例にとると，全国に点在する箸職人と連携し，消費者が選ぶ条件にマッチした箸を作れる職人を結びつけるプラットフォーム企業が存在するのである。

　こうした地方との結びつきは，AIやITを活用して地域経済を盛り上げるものであり，デジタル資本主義における社会的課題解決のモデルとなりうる。

　それと同時に，コラム4にあるように，リアルの地域プラットフォーム形成も今後さらに期待される。そこでは，地域との結びつきが強い中小企業こそ，地域のステークホルダーを結びつける重要な役割を担うであろう。

コラム4　地域プラットフォームづくりをする中小製造業　東京都墨田区の株式会社浜野製作所（1978年設立）は，金属の部品加工などを手掛ける中小製造業でありながら，ベンチャー・ビジネスをはじめ，多様な新規事業から生まれる新しいサービスや製品の社会実装・具現化に取り組んでいる。新規事業では，アイデアや発想を形にすることや製品の改良に協力をしてくれる工場を探すのに苦労することが多い。そうしたなかで同社は，ロボット・機械の設計・開発のノウハウや金属加工（精密板金，金型設計・製造，プレス加工，機械加工，溶接など）の基盤技術をもとに，ものづくりの悩みをもつ事業者を対象にものづくりの相談を受けており，2014年からは社会課題解決や新しい価値の提案に挑戦する起業家を製造業の立場で支援するものづくり開発拠点「Garage Sumida（ガレージスミダ）」を運営している。

　これまで，台風でも発電することができる風力発電機の「チャレナジー」，パーソナルモビリティの「WHILL（ウィル）」，コミュニケーションロボットの「オリィ研究所」など数多くのハードウェアスタートアップのサポートを行ってきた。2021年に墨田区は「ハードウェアスタートアップ拠点構想」を打ち出し，ロボット，モビリティ，福祉等のテーマに基づき，企業のみならず地域住民などを集め，墨田区が新しい製品・サービスの開発支援と実証の場をつくり，コミュニティを醸成することをめざしている。浜野製作所はそのなかで，「東墨田ラボ」というハードウェアの開発等を通じて，社会課題に取り組むスタートアップの量産を支援する施設を運営し，支援活動の幅を広げている。

　浜野慶一社長は，東京にある工場として都市型の先進ものづくりをめざしている。同社は，金属加工からスタートしたが，現在ではロボット・装置などの設計開発も手掛けており，スタートアップとの関係は図面に基づいた依頼品の製作だけでなく，製造要件の整理など，ものづくりの上流工程から支援をしている。また，必要とあらば行政や支援団体と協力をして，事業計画の作成や資金調達，実証実験場所を探索するなど，事業を進めるための伴走型の支援もし

Column 4

ている。こうした総合的なサービスを提供できる町工場はほかに例
がなく，同社の最大の強みであるといえる。

　浜野製作所の事例は，スタートアップの価値を町工場が具現化し，
地域のステークホルダーが緩やかに結びつき，おもしろいことを
次々と起こしていくプラットフォームの形成を実現することで，地
域の多様なステークホルダーを巻き込み，エコシステムを醸成する
ことにつながるおもしろい取り組みである。

　第2節で紹介した，これまでの研究における「中小企業 vs ベン
チャー・ビジネス（またはスタートアップ）」という二分法ではあ
らわせない，それを飛び越えた現実のおもしろさをあらわす事例で
あるといえよう。

図 地域とつながる「ものづくりエコシステム」のイメージ

出所：Garage Sumida ウェブサイト。

<hr />

※※※ Report assignment レポート課題 ※※

2.1　日本にも私たちの暮らしに大きなインパクトを与えた企業家やベンチ
ャー・ビジネスがあるか，調べてみよう。どのようなイノベーションでそ
れを実現したのか，考えてみよう。

2.2　プラットフォームを利用したスタートアップと中小企業はどのように

共生するのだろうか。ものづくりや流通は誰が担っていくのか，考えてみ
よう。

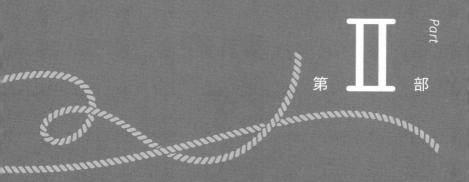

Part

第 II 部

ものづくりを支える中小企業

Chapter

第II部

第3章

中小企業と下請ビジネス

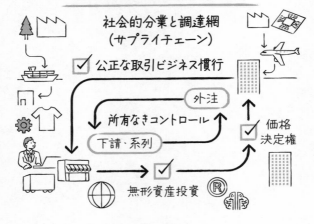

社会的分業と調達網
（サプライチェーン）

☑ 公正な取引ビジネス慣行

外注

所有なきコントロール

下請・系列

価格決定権

無形資産投資 ®

第4章

地場産業・産地の中小企業

伝統がある
企業集団

全国・海外に販売
独自「特産品」

社会的分業

その地域でしかできない
体験×観光

中小企業と
下請ビジネス

公正な取引の実現へ

下請法違反の例（公正取引委員会「1分でわかる！ 独禁法 下請法編」より）

Quiz クイズ

Q3.1 中小企業基本法の制定は 1963 年だが，下請法（通称）の制定は何年だろうか。

　　　a. 1947 年　**b.** 1956 年　**c.** 1973 年

Q3.2 産業構造の大変革期にある自動車産業。最大手のトヨタが取引している 1 次サプライヤーの業種で企業数が最も多いのは？

　　　a. ソフト受託開発　**b.** 金型・同部品　**c.** 自動車部品

Answer クイズの答え

Q3.1　b.

　下請代金支払遅延等防止法（下請法）は 1956 年に制定され，中小企業基本法よりも早かった。1947 年制定の独占禁止法のみでは対処できない不公正な取引を是正するために，派生して成立した。このように，下請問題は古くて新しい問題といえる。

Q3.2　a.

　2021 年の帝国データバンク調査によれば，トヨタ自動車の 1 次取引先 6380 社のうち，最も多かった業種はソフト受託開発で 296 社だった。電気自動車への本格的な商品投入に至らないにもかかわらず，さまざまな電子制御用のソフトウェア開発委託先が最多となっている。

Keywords キーワード

サプライチェーン（調達網），下請，社会的分業，Make or Buy，価格決定権，下請法，関係特殊資産，脱下請，山脈構造型社会的分業構造，長期継続取引，系列，所有なきコントロール，繰り返し協調ゲーム，製品アーキテクチャ，企業物価指数，IoT，AI，無形資産投資

Chapter structure　本章の構成

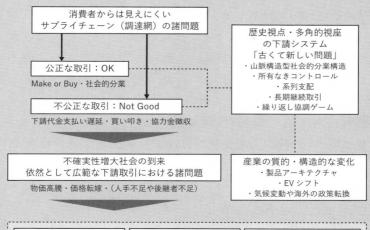

消費者からは見えにくい
サプライチェーン（調達網）の諸問題

歴史視点・多角的視座
の下請システム
「古くて新しい問題」
・山脈構造型社会的分業構造
・所有なきコントロール
・系列支配
・長期継続取引
・繰り返し協調ゲーム

公正な取引：OK

Make or Buy・社会的分業

不公正な取引：Not Good

下請代金支払い遅延・買い叩き・協力金徴収

不確実性増大社会の到来
依然として広範な下請取引における諸問題

物価高騰・価格転嫁・（人手不足や後継者不足）

産業の質的・構造的な変化
・製品アーキテクチャ
・EV シフト
・気候変動や海外の政策転換

下請法の実効力
取引の適正化

下請中小企業側からの
価格決定権強化

デジタル化対応
無形資産投資

1　サプライチェーンの不都合な真実

▷　サプライチェーンは世界規模に

　私たちの身の回りにある製品は，すべて，さまざまな原材料を多方面から調達し，加工・組立され，物流業界を通じて小売店舗を通じて購入される。この一連の事業の流れを**サプライチェーン（調達網）**と呼ぶ。コロナ禍で中国工場がロックダウンされたり，特需で品薄となった半導体が仕入れられずに日本の大手メーカーの工場が

生産停止に追い込まれたりしたことは記憶に新しい。

このように，グローバル経済の進展した現在では，世界のさまざまなビジネスパートナーからの調達を想定・構想した商品企画と設計が行われ，サプライチェーンも複雑に国際化している。その結果，海外からの素材・原材料の採掘・入手・加工作業の現場でどのようなことが起きているかを日本のメーカーや消費者が知ることは難しい。そこでは労働者の搾取や環境汚染，児童労働，賃金の支払遅延など不都合な真実が起きている可能性もある。日本でも，これまで大企業と中小企業の間で代金の支払遅延や事後の値引き要求といった悪弊も存続しており，これらを一般に下請問題と呼ぶ。

▷ **広範にみられる下請取引**

中小・零細規模の製造業のビジネススタイルとして一般的なのは，下請取引による製造・加工業務である。規模の大きな企業から図面の提供を受け，素材や仕様を指定された注文を，相対的に規模の小さな会社が業務として請け負う取引形態を，**下請**という。この取引形態は製造業ばかりではなく，建設業やアニメ製作，ソフトウェアや情報通信システム，小売業，サービス業など，およそビジネス全般で広くみることができる（➡第4章）。

下請取引の際，公正な契約条件と取引で発注側と受注型の双方で納得している場合，下請制（下請システム）には問題性はない。とはいえ，下請という言葉にネガティブなイメージがつきまとうのはなぜなのか，経済合理性の観点と現実社会の取引関係からどのように説明できるだろうか。

▷ Make or Buy と規模の経済性

　世の中は分業（社会的分業）で成り立っている。大企業であれ，中小企業であれ，業務に必要な人・設備・カネ・情報・技術をすべて保有しているわけではない。すべての経営資源をもつことは，経済合理性にかなわないことの方が一般的である。したがって，自社で行う業務と外部に委託・発注して調達する業務の2つが存在することになる。製造業を中心に表現すると，前者を「内製（Make）」，後者を「外製・購買（Buy）」という。企業の組織・保有資源のあり方と，事業遂行上の戦略の観点から，この Make or Buy，内外製区分のあり方が決定される。

　簡潔にいえば，企業組織のなかでやりくりすることの方がコスト節約的であれば内製，他方で，内部で実現するには追加的な投資や長時間を要してコストがかかりすぎる場合は外製することが理にかなっていよう。この企業の組織化費用と市場からの調達，すなわち取引費用との対比の概念から市場と企業の境界を導き出し，企業の本質を説いたのが，ロナルド・コースである。

　ビジネスで商品を企画するには，企画と構想，試作といった工程を経なければならない。おおむね規模に勝る大手企業が新商品を企画して市場に流通させるが，その際，試作の段階から実際の生産プロセスにおいては，外部の企業の協力を得ることが多い。最終的な組立・検査は生産量が多いことから自社で行うにしても，生産に必要な素材や原材料は専門メーカーから購入し，多くの場合部品や治工具・金型などは種類や仕様が多岐にわたって量が少ないため下請企業に外注される。よって生産量が多ければ1個当たりのコストが下がるという規模の経済性を効果的に享受できるものは社内で行い，そうでないものは外部からの仕入れ・調達，外注・下請が利用

表 3-1 大手メーカーの外製・購買（Buy）による取引形態とその特徴 ——————

	仕入れ・調達	外注	
		ODM・OEM	下請
おもな価格決定要因	市場メカニズム	協議による	発注者指定や相見積もり
転注（スイッチング）	特殊資材以外は容易	容易ではない	一般に容易（例外多数）
価格引き下げ圧力	市場動向による	協議による	常態的（一部例外）
取引の関係性	対等	対等〜やや依存的	依存的・従属的
受注側の企業規模	大手〜中堅	大手〜中堅〜中小	中小規模

注：ODM は Original Design Manufacturer，OEM は Original Equipment Manufacturer の略
で，製造を請け負うメーカーのこと。
出所：筆者作成。

される（表3-1）。逆にいえば，中小企業は規模の経済性が成立しにくい市場や領域に存立基盤を形成しているのである（● 第1章）。

素材や原材料，それに一部の専門部品では比較的大手や中堅メーカーが業界で優位を確立しており，取引関係においてはやや対等な立場で交渉できる。そこでは一般に，市場メカニズムが機能しやすい状況にある。また，設計・デザイン能力や生産能力に長けたあらゆる規模のメーカーに，自社のブランド製品をまるごと生産委託（ODM・OEM）する仕組みも，無印良品やニトリの雑貨・家具・衣料品・加工食品などでよくみられる。

▷ 下請問題と関連法

下請取引それ自体はあくまでも中立的な取引といえる。しかし，現実においては，先述した取引価格や支払い条件など，発注者の都合と論理だけで受注側の下請企業に不利益を生じさせる場合が少な

くない。

　下請取引の一般的特徴は，取引価格を発注者が指定したり見積もりで競合させたりするなど強い**価格決定権**を発注大手メーカーがもつこと，下請メーカーが多数存在するためわずかな価格差で発注先を変える（転注）することが比較的容易なこと，コストダウンを要請されがちなこと，指定された加工品のため転売が困難で依存的・従属的な関係になりがちなこと，などである。ここから容易にみてとれることは，発注側大手企業と下請企業のパワーバランスが前者に過度に偏在していること，その力関係を背景に「対等ならざる外注関係」が成立しがちであるという点である。ここでは価格（Cost）を中心に整理したが，実際には品質（Quality）と納期（Delivery）をセットにした，いわゆる**QCD**において発注企業によって過度な要求を突きつけられることが多い。

　このような下請取引にまつわる諸問題は，戦時中から戦後の復興期，高度経済成長期，低成長期，21世紀にわたって続く，古くて新しい問題であり続けているので，法的にもその対策が整備されている。中小企業基本法（1963年制定）に先駆けて，下請代金支払遅延等防止法（**下請法**）が1956年に制定されていることがその証左といえる（➡ 第10章）。名称は代金支払遅延とあるが，この法律の目的は取引の公正さを確保して，下請事業者の「利益を保護」することである。下請企業の利益が会社の発展のための投資や社員の福利厚生，社員の家族や地域社会に対する責任のために分配されていることを改めて想起したい（➡ 第8章）。

▷ **依存・従属的性質**

　ところで，「対等ならざる」取引関係や依存・従属的な関係が

表 3-2 発注側企業（親事業者）の違反行為とその概要（抜粋）

発注側企業 （親事業者）	受注側（下請）	違反行為	発注側の違反行為の概要
スーパー	衣料品メーカー	受領拒否	在庫の余剰を理由に，発注した衣料品の一部をキャンセルして受領しなかった。
ソフトウェア販売	ソフト開発	代金支払遅延	検収後支払いのところ，納品されたプログラムの検査に3カ月かかったため，納入後60日を超えて支払った。
自動車メーカー	部品メーカー	代金の減額	単価引き下げに合意した価格を，それ以前の注文にもさかのぼって適用して支払いを行った。
広告代理店	広告制作会社	返品	注文どおり制作した広告を受領後，取引先からのキャンセルを理由に返品した。
EC運営会社	運送会社	買い叩き	従来の運送単価の一方的な引き下げを通告し，通常の対価を大幅に下回る下請代金額を設定してきた。

出所：公正取引委員会［2021］『下請代金支払遅延等防止法ガイドブック』を参考に引用・改編して筆者作成。

なぜ形成されるのだろうか。第1に，下請企業はその小規模性ゆえに，取引先を増やすための営業人材を抱えずに，得意な分野で限られた取引先との事業を行うことが多い。限られた取引先からの注文は経営上，重要なため，多少の不利を飲み込んで事業活動を優先しがちとなる。第2に，少数の得意先からの注文生産に対応した設備投資を続けてきたため，生産ラインや製造方法が取引に特有な形態に収斂して，ほかの業務に応用・転換しづらい性質が強くなっている（**関係特殊資産**）。第3に，発注側大手企業の購買・調達政策が地理的近接性よりは価格重視の傾向を強め，日本全国あるいは東

アジアを視野に入れた外注・下請先の確保に走っている。つまり、下請企業の競争環境はより厳しさを増してきているため、無理をして受注する関係性に陥りやすい。

　実際のところ、下請取引はいわゆるB2B（Business to Business）であるため、一般消費者にはみえにくいが、下請法違反行為はさまざまな産業分野で発生している。公正取引委員会が作成したガイドブックをひもとくと、親事業者に対する禁止事項11項目が多数の事例で紹介されている。かいつまんで紹介すると（表3-2）、スーパーの衣料品メーカーからの受領拒否、ソフトウェア販売業者の代金支払遅延、自動車メーカーによる部品メーカーに対する代金減額要求（コストダウン）、広告代理店の制作会社に対する不当な返品、EC（電子商取引）運営会社の商品配送業者への買い叩きなど、枚挙に暇がない。

▷ 下請取引の適正化

　下請法では、「たとえ下請事業者の了解を得ていても、また、親事業者に違法性の認識がなくても、これらの規定に触れるときには、本法に違反することになる」（公正取引委員会［2021］）。公正取引委員会による調査の結果、違反事項が確認された場合、親事業者に対しては勧告や指導といった措置がとられる。勧告に従わない場合は、取引上優越した地位にある親事業者が不当に不利益を下請企業に対して与えたとして、公正競争を阻害する優越的地位の乱用による排除措置命令や課徴金納付命令が下されることもある（独占禁止法違反）。

　景気の後退局面、海外情勢変化にともなう資源の高騰や円高、人手不足など、経済・経営環境の変動期になると、大手企業による下

請法の違反行為が繰り返されてきた。20世紀末以降，日本の中小・下請企業の数は経営者の高齢化や後継者不足で減少傾向が続いている。下請企業へのしわ寄せが続けば中小・下請企業の廃業も増加し，雇用は減少し，自治体の租税収入減に直結する。

　2010年代以降，政府は悪質な違反ケースの監視・検査強化を目的に下請取引調査員（下請Gメン）を増員して，下請企業が地域社会の雇用と財政を支えている点を踏まえた対策を強化している。また，政府と経済関係団体（日本経済団体連合会〔経団連〕，日本商工会議所，労働組合）とが連携して，大企業と中小企業がサプライチェーンを構築するうえで共存共栄すべく，発注者たる大企業に「パートナーシップ構築宣言」の採択を促進する仕組みを2020年に立ち上げた。そこでは，規模や系列を越えた新しい連携や適切な下請取引による社会的責任が大企業に求められ，登録した2万1000社超の大企業が自社の取り組みを公表している。

▷ 「脱下請」の取り組み

　いずれにしても，中小企業・下請企業が，政府の政策や大企業の態度の変更といった外部環境によって経営を右往左往させられる状況から，少しずつでも自立していくことが不可欠である。そこで少なからず提起される経営戦略の1つが，「脱下請」である。下請仕事で培った技術や経験を活かして自社製品の開発を行い，下請取引比率を減らし，特定の取引先への依存度も下げる。もちろん，「言うは易く行うは難し」であることは事実だが，下請企業は徐々にでも研究開発に力を入れたりブランドを構築したりするなどに注力して，自社製品でも下請ビジネスでも価格決定権を構築していくことこそが求められる。

2 下請システムを歴史的・多角的視座から とらえる

下請企業の発展形態と社会的分業

　下請問題の歴史は長く，その時代背景や経済成長，産業発展の度合いによって，その本質は変わらなくとも業種ごとに状況は多様化している。20世紀後半には，おもに自動車産業や機械工業を中心に国際競争力基盤としての下請システムがポジティブに評価された。しかし，バブル経済崩壊とその後の人口減少，ICT革新とグローバル化を経て21世紀になると，その環境激変・構造変化によって，かつての下請システムの輝きは失われていく。

　中小製造業における下請企業の割合を示す下請企業比率の平均値は高度経済成長期から1970年代，80年代までに5割から6割に上昇したが，バブル経済期以降は下落に転じ1998年には66年の調査以来はじめて5割を切った（表3-3）。経済発展にともなう需要増に対応するために，規模の経済性が効果的に作用する化学工業や石油・石炭製品，窯業土石製品，鉄鋼業などで資本集約化，すなわち企業の大規模化が進んだ。このことで外注するメリットが低下したことが，下請企業比率の平均値を押し下げた大きな要因といえる。

　一方，下請企業比率の高い分野には，日本各地に存在する地場産業として知られる繊維工業・衣服繊維製品・皮革製品や（◆第4章），国際的にも高品質とブランドを確立した電気機械器具（エレクトロニクス）・輸送用機械器具（自動車・同部品）が該当する。1981年にいずれの業種でもピークに達しており，自動車業界は9割に近い状況にあった。その背景には，国内需要と輸出の拡大は中小企

表 3-3 中小製造業のうち下請企業比率（企業数）の高い産業の推移 ─────

（単位：%）

	1966 年	1971 年	1976 年	1981 年	1987 年	1998 年
製造業平均	53.3	58.7	60.7	65.5	55.9	47.9
繊維工業	79.8	75.9	84.5	84.9	79.7	76.4
衣服繊維製品	73.6	71.4	83.9	86.5	79.1	70.8
皮革製品	60.0	64.5	62.5	68.8	64.7	61.7
電気機械器具	81.4	78.9	82.3	85.3	80.1	65.2
輸送用機械器具	67.1	77.9	86.2	87.7	79.9	69.3

注：下請企業比率が 1998 年の数値で 60% 以上の業種。
出所：通商産業省［1999］「商工業実態基本調査」（1998 年で調査終了）。

業にとって下請ビジネスの参入に対して強い誘因となったほか，特異な点として次のことが指摘できる。すなわち，電機と自動車に関しては欧米に比べて最終製品メーカー数が多いこと，加えて各社が競って多品種展開と頻繁なモデルチェンジで新製品・派生製品を市場投入したことである。

　アメリカやドイツでは自動車メーカーがそれぞれ 3〜4 社なのに対し，日本では大手のトヨタ・日産・ホンダ以外とそれ以外の軽自動車・商用車メーカーで 10 社以上に及ぶ。おのずと各社が生産・販売する自動車モデル数は多くなり，それにともなう部品や加工の一部の単位は小ロット（多品種少量）となる。メーカー各社は，競合メーカーの外注・下請先に技術や価格が漏れないよう，なるべく異なる発注先を確保したい。ここに，中小企業・零細企業にとっての多くの起業や新事業進出の機会が生み出された。なかには特定の分野の技術・生産方法を確立することで，複数のメーカーと取引関係を結ぶ下請中小企業も出てくる。

　同時に，一定の部品には設計・加工の面でも共通性をもつものも

あり，それを専門的に集約して受注加工することで規模を拡大する下請企業も出現する。それを「量産型中小企業」と呼ぶこともあり，なかには中小企業の規模を超えた「中堅企業」の範疇に分類されるケースも出てくる（渡辺ほか [2022]）。量産型中小企業は従業者数200～300人あるいは中小企業基本法の法定基準の枠を超える数百人規模で，中堅企業は1000名を超えるほどを想起すればよい。

▷ **山脈構造型社会的分業構造**

こうして自動車産業の完成品メーカーとの生産連関は多様な仕入れ先・外注・下請企業で構成され，単純な階層的ピラミッド型の分業構造では描ききれず，「山脈構造型」の社会的分業構造（渡辺 [1997]）として把握することが一般的となる。富士山のような単体の構造ではなく，複数の山頂を擁するアルプス山脈のような構造のもとに，サプライヤーや2次下請，3次下請が複雑に裾野を形成する構造のことをいう。

自動車産業の生産体系の下層（たとえば2次・3次）に位置し，ある加工分野に特定専門化した下請企業の取引関係は，実際にはそう単純でないことも多い（遠山ほか [2015]）。主要な取引先との関係はあっても，それ以外の仕事は直接取引（2次）もあれば間接取引（3次）もあるし，同じ業界の別の顧客からの注文や他業種（たとえば工作機械・同部品メーカー）からの仕事も受注する。そこには依存・従属的性質の強い下請取引もあれば，対等な下請取引，あるいは売り手独占の強みを発揮できる「自立」した下請取引が並在することも可能である。

とくに後者2つの対等・自立的な下請取引では，同水準の技術や設備をもつ他の下請企業との間に受注獲得をめぐる熾烈な競争も

展開されている。社会的分業の観点から自動車産業などの機械産業の実態を踏まえれば，企業間関係が企業規模ごとに単純かつ直線的に枝分かれするような分業構造（ピラミッド型）の描かれ方は，ミスリーディングといえる。

　このように，多様な外注・下請取引を包摂した**山脈構造型社会的分業構造**のもとで自動車・電機・工作機械・精密機械の各メーカーが多様なモデルを開発・製造・販売し，その国内競争で磨かれた技術と品質，ジャパンブランドが海外市場にも受け入れられていった。

▷ 系列──長期継続取引関係

　戦後の自動車産業・企業の発展に関する歴史書を読むと，設備も技術も人材もなにもかも不足していたので，多くの部品製造を外注するよりほかなかった事実が描かれている（野地 [2021]）。日本の自動車産業の創生と発展は，外注・下請取引と切っても切れない関係にあった。自動車メーカーは生産増強にともない，外注・下請企業に対してできるだけ自社との取引・生産に集中してもらいたいという動機が強く働いた。とくに製品の品質や安全，技術や価格面で消費者にアピールするには，重要部品であればあるほど，自社の設計・仕様に理解を深め，原価低減に取り組む外注・下請企業の協力が不可欠となる。

　そこで，完成品メーカーは継続的な取引関係を強化したい外注・下請先に資本参加したり，経営人材を派遣したりして，戦略や方向性を共有するような企業グループが形成される。派遣された役員からもたらされる最新情報など，緊密な連携関係に基づく取引継続上のメリットが大きければ，出資受け入れ企業にも都合がよい。同じような関係は，部品メーカーと中小加工メーカーとの間にも成立す

る。このような親企業・主要取引先による下請企業への資本出資は，1970年代に頻度を増して80年代にピークを迎え，21世紀に入って低調となる。

　ただ，こうしたグループ化された下請企業はむしろ少数派で，圧倒的な多数の下請企業は親企業の資本参加がなくとも，**長期継続取引関係**による企業成長機会というメリットを受け入れ，支配・従属的な相対関係を受け入れることの方が一般的であった。これが世にいう**系列関係**で，その特質は親企業による「**所有なきコントロール**」にあり（港 [2011]），このような構造を準垂直的統合とか，市場と企業（組織内取引）の中間組織などと呼ぶこともある。とくに系列問題については，欧米諸国から海外企業の市場参入を阻むものとして批判されもした（日米構造協議1990年最終報告）。

▷ 長期継続的取引はなぜ成立したのか

　下請企業側の視点から，継続的取引関係が企業成長の機会と指摘したが，そこに成立する合理性は欧米諸国にはやや奇異に映ったようである。欧米諸国の下請中小企業は自立性，他資本からの独立性を旨とし，特定の企業との取引関係に大きく依存せず，取引先を分散化する傾向が強いとされる。欧米の中小企業経営者は「1社当たりの取引依存度を最大で30％程度を上限とする，でなければ取引先の危機に巻き込まれるだろう」として取引のリスク分散を志向している。企業のM&Aや海外アウトソーシングが早くから活発だった欧米諸国では，下請中小企業が取引先から継続的な発注を前提としない，いわばドライなビジネス慣行が確立していたといってよい。

　すでに述べたように，日本の高度経済成長過程では国民所得の上昇と需要の多様化に対して，同じ業界で複数の企業が多様なモデル

開発と市場投入を行う供給体制の構築が図られた。系列・下請企業は受注した仕事を継続して受けることで，大企業やそのグループ企業（部品メーカー）のもつ経営管理や設計・技術などの知識，情報を入手・吸収するメリットを享受した。継続的取引関係を前提に投資計画や人材採用を行い，主要取引先による生産活動や品質管理の指導を受け，現場の改善（カイゼン：Kaizen）と生産性向上，品質の安定を実現することができた。とりわけ，この改善活動は品質を漸進的に高めつつ，生産コストを低減するという欧米産業界では信じがたい二律背反を超克したプロセス・イノベーションであり（●第2章），このことはいくら強調してもしすぎることはない。なぜなら，これが，世界市場で日本製品が受け入れられ，その後，ブランドとしての信用を獲得するにいたった源泉だからである。

　長期継続的取引関係が形成しづらい欧米社会では，その都度取引のための探索や交渉・評価，契約締結手続きなどの取引費用をかけ，また納入された部品の品質は安定していないので常に品質検査・検品作業にもコストをかけている。そこには相手先に対する信頼や安心感という基盤が希薄なため，双方の関係はどちらかといえばゲーム理論でいう「囚人のジレンマ」のように双方が機会主義的な行動を取る傾向が強い。一方，日本の外注・下請システムにみられる長期継続的取引関係では，ビジネスの拡大の見込まれる環境下においては投資計画が立てやすく，双方に「繰り返し協調ゲーム」から得られる便益の獲得が選好されたということもできる。

▷ **製品アーキテクチャ**

　あらゆる製品は企画・構想を経た情報が全体と機能で整合するように設計され，適切な部品や素材から加工・組み立てられている。

コラム5　愛知県豊田市周辺の工業集積地——企業城下町

ヨタ自動車の本拠地である愛知県は，自動車産業の事業所数・従業者数・製造品出荷額が全国で第1位を継続している。県内産業では従業者数で35.8%，製造品出荷額では53.1%を自動車・同部品産業が占めている。とくに三河地区といわれる豊田市・刈谷市・安城市・知立市・西尾市などにはトヨタの工場のほか，1次サプライヤー，2次サプライヤー（中小企業）が集積しており，国内最大級の企業城下町を形成している。

　これらの地域では地の利を活かした濃密な企業間関係と独自の生産方式（トヨタ生産方式）への収斂で，これまで企業も地域も経済的な豊かさを享受してきた。中学・高校・大学の先輩・後輩・同期生，あるいは親子でトヨタの関連企業や下請企業で働くことも少なくない。経済活動なので合理性に基づいた取引が優先されることは当然だが，そうした背景を踏まえて共存共栄をめざす濃密な社会的側面が少なからず作用してきたともいえる（⬤第5章）。

　現在は，かつて拡大成長期に享受できた共存共栄と展望を見出せる中小部品メーカーは次第に少なくなっている。海外顧客への営業，EV関連部品の開発，事業の多角化など，企業城下町に特有の社会的分業の利益ばかりに依存しない挑戦も始まっている。

表　愛知県製造業に占める輸送用機械製造業（自動車・部品）の地位

	割合	順位
従業者数	35.8%	第1位
製造品出荷額	53.1%	第1位

出所：経済産業省『令和3年経済センサス』。

　その製品の機能と構造，それらの構成要素間の関係を基本設計思想ととらえる考え方を**製品アーキテクチャ**という（藤本 [2004]）。

　製品の機能と構造が標準化された規格・インターフェースで構成

図 3-1　製品アーキテクチャの概念図

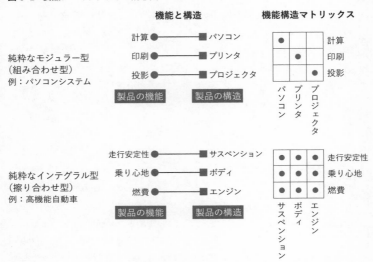

機能と構造　　　**機能構造マトリックス**

純粋なモジュラー型
（組み合わせ型）
例：パソコンシステム

純粋なインテグラル型
（擦り合わせ型）
例：高機能自動車

出所：「日本のものづくり現場は衰退していない──東京大学・藤本隆宏教授インタビュー
(1)」(https://gemba-pi.jp/post-174751) より引用，一部修正。

できる設計は，デジタル機器との相性がよく，多くの部品がモジュール化されている。モジュール部品をいくつか組み合わせれば，比較的短期間かつ簡易に製品化することが可能であるし，ある程度の機能と品質を確保することができる。この場合の企業取引関係は，規格や標準に依拠していれば参入障壁は高くないため，オープン（開放的）な取引が選択されやすい。こうしたアーキテクチャをモジュラー型と呼び，パソコンやスマートフォンなどが代表的なものといえる（図 3-1）。

　一方，メーカーごとや製品ごとに機能と構造が異なり，部品間のインターフェースや規格が不統一な製品アーキテクチャの場合は，

独自の統合度によって製品特性や味わいを創出する。製品全体の構造を機能単位で複雑に設計・製造することが必要で，組織間や企業間で綿密な擦り合わせ作業を要するこのアーキテクチャは，インテグラル型と呼ばれる。この場合の企業間取引は，頻繁かつ複雑な擦り合わせ業務のため，特定企業間とのクローズド（閉鎖的）な関係になりやすい。日本の自動車がこれに相当し，世界に類をみないメーカー数と商品群が存在する。代表的なトヨタを例にみれば，他の国内メーカーに比べて，グループの部品企業群（例：デンソー，アイシンなど）とその系列下請企業群（2次・3次サプライヤー）を中心に生産を組織して，世界販売トップを争っている。ただし，トヨタ以外の日産やホンダは海外生産比率が高く，系列関係に依存しない取引構造へ移行している（系列の崩壊）。

　もちろん，業界や企業の単位でみれば，モジュラー型・インテグラル型の分類で単純化したことはいえないが，世界市場の趨勢からすれば，デジタル機器は欧米・中国メーカーがモジュラー型で競争力を有し，自動車や二輪車のインテグラル型では日本企業が世界で健闘しているといえる。

▷ 迫りつつある構造転換のうねり

　近年になって，気候変動問題への対策強化として CO_2 排出削減のために電気自動車（EV）へのシフトを各国政府が推進する時代へ移行しつつある。EUやアメリカ・カリフォルニア州はガソリン車やハイブリッド車の新車販売について 2035 年をめどに禁止し，政策的に EV シフトを表明している。EV はエンジンと燃料系部品，一部の駆動系部品を不要とするため，それらを中心に 1 万点ほどの部品点数がモーターなどに置き換わる。したがって，エンジンや

トランスミッションに関する膨大な構成部品の生産・加工に携わる下請中小企業に大きな影響を及ぼすことが危惧されている。擦り合わせの妙ともいえるエンジン・トランスミッションが不要になると，自動車の製品アーキテクチャの中核的部分がモジュラー型になる可能性がある。

　2010年代後半以降，EVシフトにともなう100年に1度といわれる産業構造の転換期にさしかかっており，工程改善や原価低減で強みを発揮してきた長期継続取引を前提とした系列下請中小企業の一部では，既存ビジネスの縮小に備えつつも，新しい部品や軽量化による素材変更・工法転換など，業種や系列にとらわれない新規取引先の開拓に挑む必要がある。

　EVメーカーとして知られるアメリカのテスラは，ソフトウェアや電池関係の技術で先端を走るが，製造技術面でも革新をもたらそうとしている。数十種類の部品を溶接する車体ボディの一部を，巨大な装置で一体成型（ダイキャスト）することで大幅なコスト削減を実現した。中国EVメーカーはさっそくこの仕組みを導入している。

　ただ，EVは電池コストの高さや充電インフラ整備，発電コストといった不確定な要素も多く，また電池生産時に大量の電力を消費するためCO_2排出量も増大しかねないなど，カーボンニュートラルの実現性には課題も多い。さらに，EUで最大の経済力と自動車生産量を維持するドイツがEUの法案に待ったをかけ，再生エネルギー由来の水素混合燃料によるエンジン車を規制対象から外さないかぎり法案に合意しないと主張している。

　他方で自動車産業の覇権をめぐっては，ガソリン車で勝利した日米欧の支配を覆そうと中国やタイ，インドネシアなどの新興国は産

業政策でもって EV によるゲームチェンジを狙っている。製品アーキテクチャの動態，グローバル競争と産業政策の激変は，社会的分業や取引関係のあり方に大きな影響を及ぼすばかりでなく，日本の製造業，とりわけ下請企業群にかつてない試練と挑戦を余儀なくさせている。

3　不確実性増大社会と下請企業

40 年ぶりの物価高騰

2020 年初頭からまたたく間に全世界に広がった新型コロナウイルス感染症とその混乱は，全人類に不確実性の高まりをいやがうえにも思い知らせることとなった。さらに，2022 年にはロシアがウクライナに侵略戦争をしかけて資源，エネルギー，食料などの生産と流通が不安定化し，企業活動も人々の生活も安定とはほど遠い状況におかれている。

日本では金融の量的緩和とデフレ脱却が経済対策として長く続いてきたが，2020 年代頃から世界の経済情勢は一変した。米中貿易摩擦とロシアのウクライナ侵略戦争によってエネルギーと資源の価格が上昇し，日本と世界は物価上昇に直面している。日本は継続的に低金利政策を維持しているのに対して，欧米諸国はアフターコロナを見据えて金利を引き上げたため円安も進んだ。日本では資源や原材料の輸入コストがさらに上昇し，電気・ガスといった光熱費はもちろん，建築資材やさまざまな部品，ありとあらゆる食料品の価格が上昇する事態となった。これは，1970 年代の 2 度にわたるオイルショック以来，40 年ぶりの物価高騰といわれる。

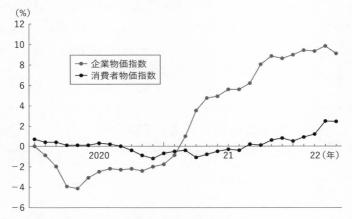

図 3-2 コロナ禍における企業物価指数と消費者物価指数の推移
　　　　（2020 年 1 月〜22 年 5 月）

出所：内閣府［2022］『令和 4 年度年次経済財政報告』より筆者作成。

　消費者目線からすれば，食料品価格の上昇が日々の生活に直結するため消費者物価指数に注目するだろうが，もう 1 つ，**企業物価指数**にも目を向けよう。2021 年以降，消費者物価指数に比べて企業物価指数は急激に上昇しており（図 3-2），これは資源・エネルギーコストの上昇と円安による調達価格の負担増が企業間取引に反映した結果といえる。企業間物価がそのまま消費者物価に連動していないのは，急激な価格上昇が消費者に受け入れられないだろうと企業は考え，さまざまな努力による経費節減や内容量の変更（減量）などで小売価格を抑えているからである。

　その影で大企業が中小・下請企業の諸経費の上昇分を取引価格に転嫁させないように仕向け，あるいは取引価格の見直し協議に応じないようでは，中小企業の体力はますます削がれて存続が困難とな

るだろう。サプライチェーンが不安定化するなか，中国や海外のサプライヤーへの転注でどうにかなる状況ではないし，中小企業との「パートナーシップ構築宣言」をした大企業には社会的要請に応える責務もある。ただし，パートナーシップ構築宣言は公的な監査や審査，罰則があるわけではないので，大企業側の意思や姿勢いかんにかかっている。

▷ 価格転嫁

　事態を重くみた経済産業省と中小企業庁は，2021年から毎年9月と3月を「価格交渉促進月間」と称して，アンケートとGメンヒアリングによって価格交渉・価格転嫁の実態をフォローアップしている。2023年2月には，前年9月の調査結果によれば状況がわずかながら好転しているとはいえ，事態の改善や適正化を図るために取り組みに後ろ向きの業種や企業名を公表するに至った。価格転嫁の進まない業種としては，放送コンテンツ，通信，トラック輸送が指摘され，150社にものぼる企業リストが公開された。関係省庁はこうした証拠に基づき，関連法にしたがって指導・助言を大臣名で実施していくことになる。

　経営環境の厳しさが増すなかで，毎年恒例行事のように原価低減を下請企業に要請してきた自動車メーカーも態度を変化させた。トヨタやホンダは，部品サプライヤーに対して半導体不足による生産計画の変更（減産）や資材高騰を理由に値下げ要請を見送った（2022〜23年）。原価低減要請は部品メーカーからさらに2次下請，3次下請といった調達網の下層にまで及ぶもので，安定した生産計画や資材調達を前提に成り立つものである。日本型下請システムの有効性を意識している一部の業種・メーカーは，その調達網の持続

的な利用可能性を考慮しているといえる。

　労働力不足や賃上げ圧力にもさらされる中小・下請企業は，自社で制御できないインフレ要因などについては価格改定の協議を積極的に申し入れ，業界団体や行政とも連携して取引の適正化に臨むべき時代となっている。

▷ デジタル技術の発展と活用（IoT）

　スマートフォン 1 人 1 台の時代になり，あらゆるものがデジタル化され，データ処理される時代になった。それにともない通信技術やセンサー，ソフトウェアは進化を続け，データ処理もクラウドを利用することで安価かつ便利になってきている。製造業の下請中小企業の一部では，生産と設備に関するデータを蓄積・管理することが可能となり（IoT：Internet of Things），生産性の向上や働き方改革（QOL［Quality of Life］の向上）を実現している（⊃ 第 8 章）。

　ドイツ発祥の Industry4.0 ともいわれる製造現場のデジタル技術の応用はそもそも大がかりなシステムで構成され，中小企業には機能も価格も見合うものではなかったため，普及には至っていない。そのようななか，一部の中小企業は入手・蓄積・管理すべきデータを何点かに絞り込み，安価なセンサーと機器，簡易な計算のみを担うエッジコンピュータを自前で構築して，ビッグデータ化とその分析を行った。その結果，思っていたより自社の設備の稼働率が低いこと，経験と勘・コツで取り組んでいた改善よりもっと的確な改善ポイントがあることが数値で判明した。設備稼働率が低ければ業務が就業時間内に終わらないし，改善すべき工程を朝勤務と夜勤務にわたって探し回るなどの作業が発生し，残業時間の増加や社員への過度の労務負担が経営と現場に余計な負荷をかけていた。

問題のありかがわかりさえすれば，あとは対処法を現場と管理者で考えればよい。段取りの仕方や作業環境の整理・整頓，点検や整備の周期見直しなど，データを基にそれまでの経験と知見を惜しみなく活用でき，働く現場にも活気や意欲が喚起される。上司から指示され「やらされ感に満ちていた」改善業務が，これを機にやりがいのある仕事に変質したという現場の声も聞こえてくるほどである。生産性が向上した分，受注量や売上も増え，残業せずとも給与が上がるなど，社員の QOL も高まるといった効果が出ている。

　そのような成果を上げた中小企業のなかには，自社で開発した IoT システムの全体や一部を販売したり，別会社を立ち上げて専門的なコンサルティング事業を始めたりする企業も出てきている。また，政府と一部の自治体は地域中小企業のデジタル化促進・育成事業として，それらの仕組みの導入を助成している。IT 人材を 1 人継続雇用するより安価ともいえる中小向け IoT システムは，ものづくりの現場の競争力を高めるばかりでなく，事業の再構築やビジネスモデルの改変を促すことにもつながる（DX：Digital Transformation）。ただ，大手システムインテグレーターが提供する IoT システムより大幅に安価であるとはいえ，このような情報化投資に二の足を踏む中小企業はいまだに多い。

▷ 無形資産投資の視点

　IoT や AI など IT システムをはじめ，ソフトウェア，設計図，工程図，デザイン，ブランド，商標，研究開発，特許，技術，ノウハウなどは，機械設備のような有形資産と異なり，無形資産と呼ばれる（宮川ほか［2010］，遠山［2021］）。ビジネスサイクルや市場・消費者嗜好の変化が速まるなか，より付加価値の高いビジネスをする

には無形資産への投資と蓄積が重要性を増してきている。新商品の開発であれ，下請ビジネスであれ，それは変わらない。この無形資産への投資と蓄積，それによる事業再構築こそが，中小企業の価格決定権を形成していく第一歩である。設備の更新や自動化・ロボットの導入といった有形固定資産の投資ばかりでなく，無形資産への投資による企業の競争力を武器に，価格決定権への影響力を強めていくことが求められる。無形資産の投資回収を見越した見積もり算出，無形資産に関する所有権や利益の帰属などについて，取引交渉時には契約書への明文化が重要である。

　かつて，典型的な受注型の下請ビジネスといわれる金型産業では，発注元の大企業は下請企業に，製品の金型ばかりでなくその設計図まで無償で提供させ，追加発注ではその図面を人件費の安い国のメーカーに横流しするケースもあった。こうした大企業の悪弊により中小・零細の金型メーカーは大いに泣かされ，廃業を決意したところもあった。業界団体と経済産業省は事態打開のためにガイドラインを策定・周知し，金型企業の知的財産保護，**無形資産投資**への環境改善に乗り出して現在に至っている。

　あるいは，昨今，建設業やアパレル・繊維産業，食品加工業などでは，調達・仕入れ先のさらに先まで含めた人権・環境デューデリジェンス（適性評価）が求められる傾向が世界的に強まっている。仕入れ先やその協力メーカーで強制労働や児童労働，ハラスメント，環境汚染をしていないことの保証を求められる。中小・下請企業であっても，その仕入れ先や外注先でそうした事態が起きていないか情報収集や証明を求められる可能性がある。デューデリジェンスのノウハウを学習・蓄積するためのコストも，無形資産投資の範疇である。無形資産投資の経済学では，人材育成・教育への支出も費目

として計上する。

　量的な拡大生産型の経済社会から，持続可能な経済成長と適正な富の配分が両立するような社会形成のためには，無形資産への投資と蓄積，そのコストを反映した公正な取引（下請取引）・ビジネス慣行がよりいっそう不可避となっている（⊙第7章）。

◢◢◢ Report assignment **レポート課題** *//*

3.1　自動車メーカーのトヨタと日産では，系列・下請システムの歴史・仕組み・活用の仕方が大きく異なる。どのように違うのか，調べて議論してみよう。

3.2　日本が世界に誇るアニメーションだが，この業界は製作会社（元請・グロス請）と専門スタジオ（下請）から構成され，3DCG技術への投資や人材育成，知的資産管理が重要な流れにある。専門スタジオに目を向けて，無形資産への投資と蓄積の観点から発展的な展望・戦略を描けるかどうか，議論してみよう。

地場産業・産地の中小企業

産地の再生の可能性を考える

地場産業の製品は，地域の歴史や文化を象徴する存在として受け継がれてきた。ただし，伝統を守るだけではなく，新たなチャレンジも続けられている（筆者撮影）

Quiz クイズ

Q4.1 経済産業大臣によって指定されている陶磁器，漆器，織物，和紙などの伝統的工芸品は，どれくらいあるでしょうか。
a. 40 品目　b. 140 品目　c. 240 品目

Q4.2 国内でメガネ・フレームの生産量がもっとも多い県はどこでしょうか。
a. 長野県　b. 福井県　c. 愛知県

Answer クイズの答え

Q4.1　c. 240 品目

　「伝統的工芸品産業の振興に関する法律」（1974 年制定）に示されている要件を満たした工芸品は，経済産業大臣（当時は通商産業大臣）によって「伝統的工芸品」に指定される。1975 年に南部鉄器や木曽漆器，本場大島紬などが指定され，2023 年 8 月現在までに 240 品目が指定されている。おもな品目の種類をあげると，織物 38 品目，木工・竹工品 33 品目，陶磁器 32 品目，漆器 23 品目，仏壇・仏具 17 品目などとなっている。

Q4.2　b. 福井県

　福井県鯖江市を中心に国内唯一のメガネ・フレームの産業集積が形成されている。日本製メガネ・フレームの 95％ 以上がこの地域で生産されている。この地域でメガネづくりが始まったのは，1905 年のことであり，農閑期に収入を得ることが目的であった。1980 年代に軽くて堅いチタン素材のメガネづくりが成功して，世界で有数のメガネ・フレーム産地へと発展した。

Keywords キーワード

地場産業，産地，地域主義，伝統的工芸品，問屋，社会的分業，工業立地論，柔軟な専門化

Chapter structure　本章の構成

地場産業はなぜ衰退しているのか
　　～再生の可能性を考えてみよう～

地場産業の定義の確認
・地場産業の 5 つの特性

産地の動向	産地の構造
・企業数 ・従業者数 ・生産額 ⇒いずれも縮小	・社会的分業 構造変化 ・生産規模の縮小 ・グローバル化の影響

産地の形成のメカニズム
・集積のメリット
・工業立地と集積
・柔軟な専門化

地場産業の再生の可能性
・地場産業の存在意義を見直す
・地域の象徴としての地場産業の継承
・持続可能な社会への貢献

1　地場産業の産地はなぜ衰退しつつあるのか

▷　身近に存在する地場産業

　皆さんは，地場産業と聞いて，どのようなことをイメージするだ

ろうか。ものづくりに打ち込む職人の姿を思い浮かべる人もいれば，時代遅れの産業といったイメージを抱いている人もいるのではないだろうか。あるいは，九谷焼や伊万里焼，輪島塗，西陣織，江戸指物，南部鉄器，美濃和紙など伝統的な工芸品をイメージした人や，伝統的な工芸品ばかりでなく，鯖江のメガネ・フレーム，児島のジーンズ，今治のタオルなどを思い浮かべた人もいるであろう。

　全国各地をみわたすと長年にわたり地域の人々によって受け継がれてきた地場産業製品を生産している**産地**が存在している。全国の地場産業の産地数は，500 を上回っている（図4-1）。皆さんのなかには，旅行先でめずらしい地場産業製品を目にしたことがある人や，それらをお土産品として購入したことがある人もいるのではないだろうか。あるいは，皆さんが住んでいる町でも全国に名前が知れわたった地場産業製品が生産されているかもしれない。

　これらの製品は，地域の歴史や文化を象徴する存在であり，地域の人々の誇りとなってきたに違いない。しかし，地場産業製品を生産してきた産地の多くは長期にわたり縮小傾向にあり，なかには消滅の危機に瀕している産地もみられる。本章では，国内の地場産業の産地に焦点を当て，その構造や変遷を明らかにする。そのうえで，地場産業の産地が衰退傾向をたどっている理由を考察するとともに，今後，産地や産地の中小企業が維持・発展していく方策についても検討していく。

▷　地場産業はどのような産業か

　ここでは改めて，地場産業はどのような産業であるのかということを整理しておきたい。地場産業は，法律によって定められているものではなく，研究者の間で統一された見解があるわけではない。

図 4-1 全国の地場産業製品の産地

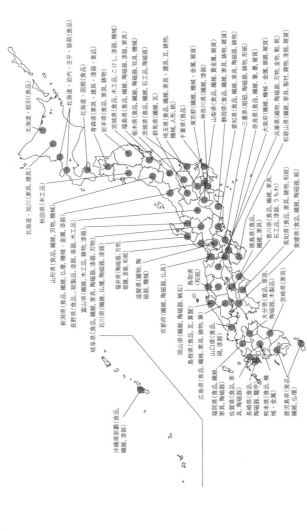

北海道・旭川（家具、建具）

秋田県（木工品）

北海道・旭川（家具・建具）

山形県（食品、繊維、仏壇、機械、金属、漆器）

新潟県（食品、繊維、紙製品、木工品、鋳物、漆器）

長野県（食品、繊維・木工品・漆器・鋳物・漆器）

富山県（繊維、家具、仏壇、陶磁器・漆器）

石川県（繊維、仏壇、陶磁器・漆器）

福井県（陶磁器、刃物、眼鏡、漆器、和紙）

滋賀県（繊維、陶磁器、機械）

京都府（繊維、陶磁器、仏具）

岡山県（陶磁器、瓦、畳表）

鳥取県（和紙）

島根県（食品、家具、鋳物、筆）

山口県（食品、漆器）

広島県（食品、繊維、家具、陶磁器）

福岡県（食品、繊維、家具、陶磁器）

佐賀県（食品、陶磁器）

長崎県（食品、陶磁器、鼈甲、家具、陶磁器）

熊本県（食品、金属、繊維・金属）

鹿児島県（食品、繊維、機械、仏壇）

沖縄県那覇（食品、繊維、漆器）

北海道・函館（食品）

北海道・岩内・古平・留萌（食品）

青森県（家具、建具）

岩手県（食品、家具、鋳物）

宮城県（食品、木工品、こけし、漆器、機械）

福島県（食品、繊維、陶磁器、漆器、家具）

栃木県（食品、繊維、陶磁器、玩具、機械）

茨城県（繊維、陶磁器、石工品、陶磁器）

埼玉県（食品、繊維、家具、建具、瓦、鋳物、機械、人形など）

千葉県（繊維、瓦）

東京都（食品、繊維、機械・金属、雑貨）

神奈川県（繊維、貴金属、漆器）

山梨県（食品、繊維、貴金属、鋳物、雑貨）

静岡県（食品、繊維、家具、鋳物、形紙）

愛知県（食品、繊維、家具、陶磁器、鋳物、形紙）

三重県（組紐、陶磁器、鋳物、筆、墨、雑貨）

奈良県（食品、繊維、家具、眼鏡、和紙）

大阪府（食品、繊維、家具、金属、雑貨）

兵庫県（食品、繊維、家具、刃物、金物、靴）

和歌山県（繊維、家具、髪材、鋳物、漆器、雑貨）

徳島県（食品）

香川県（食品、漆器、うちわ）

高知県（食品、繊維、家具、石工品、漆器、和紙）

愛媛県（食品、繊維、陶磁器、紙）

大分県（食品、家具、陶磁器、木製品）

宮崎県（家具）

出所：中小企業庁［2006］。

そのため，地場産業について議論する際には，あらかじめ地場産業とは何かということを示しておくことが必要である。

　そこで，本章では，地場産業の実証研究や概念整理にも取り組んだ，山崎充による定義を紹介する（山崎 [1977]）。山崎は，地場産業を定義するうえで，以下の5つの特性をあげているが，これらの特性のうち，1つか2つの特性がやや異なった状況であったとしても，全体としてこれらに近い特性をもっていれば地場産業とみてよいだろうとも述べている（山崎 [1977]）。

　①特定の地域で起こった時期が古く，伝統のある産地であること。
　②特定の地域に同一業種の中小零細企業が地域的企業集団を形成して集中立地していること。
　③生産，販売構造が社会的分業体制となっていること。
　④ほかの地域ではあまり産出しない，その地域独自の「特産品」を生産していること。
　⑤市場を広く全国や海外に求めて製品を販売していること。

　以上のように，歴史的・時間的な要素や生産・流通の構造，製品の特性，販売市場などの観点から地場産業が定義されている。本章における地場産業の定義は，基本的に上記の山崎の定義に依拠することにしたい。

▷ 　**地場産業の産地の動向**

　近年，一部の地場産業製品は，国内外で高い評価を得ている。しかし，国内の地場産業の産地は，長期にわたり縮小している。表4-1は，国内の地場産業の産地を対象として行われた『産地概況調査』の結果をもとに，産地の企業数や従業者数，生産額，輸出額を示したものである。なお，同調査は，調査のたびに対象となる産地

表4-1　1産地平均企業数・従業者数・生産額・輸出額の推移 —————————

	対象産地数	1産地平均 企業数	1産地平均 従業者数	1産地平均 生産額(億円)	1産地平均 輸出額(億円)
1966 年	188	261	3,333	68.3	13.6
1972 年	310	266	—	124.6	26.9
1977 年	326	310	2,904	259.0	48.9
1981 年	436	258	2,465	313.0	36.4
1985 年	551	224	1,901	275.0	29.9
1990 年	543	191	1,716	297.5	18.7
1995 年	537	153	1,313	225.2	11.8
2000 年	553	109	1,027	203.7	8.6
2005 年	573	87	924	167.2	6.5
2015 年	578	52	642	123.0	11.8

注：各項目により回答産地数が異なる。
出所：中小企業庁［2005］［2006］，中小企業庁［2016］より筆者作成。

数が異なるので，それぞれ1産地当たりの平均値に注目してもらいたい。

　まず，1産地平均企業数は，1977年に310企業とピークを迎え，その後，2015年には約6分の1の52企業まで減少している。1産地平均従業者数は，データが遡れる1966年以降，一貫して減少をたどっている。

　これらに対して1産地平均生産額は，1981年まで拡大が続いてピークを迎えている。その後，減少に転じるものの，バブル経済期の1990年には再び増加している。しかし，バブル経済期を最後に，それ以降は減少が続いている。国内の景気の悪化に加えて，海外から輸入される安価な製品によって国内市場を奪われたことも，産地の生産額の減少に拍車をかけることになったとみられる。

　このように，地場産業の産地は，1990年以降，企業数や従業者

数，生産額がそろって減少している。もちろん，個々の地場産業の産地を取り上げるならば，独自の動きをみせている産地もあるが，全体的な動向としては国内の産地は縮小を余儀なくされている。ただし，こうしたなかで，1産地平均輸出額は，2005年から15年にかけて増加に転じている。ピーク時に比べれば4分の1程の輸出額ではあるが，海外で市場を獲得していく可能性を示唆する動きとして注目したい。

▷ 地場産業論の展開

　これまでみてきたように，国内の地場産業の産地は縮小傾向にある。こうしたことから，地場産業は，成長の見込みがない衰退産業として位置づけられることが多いのではないだろうか。ここでは，地場産業に関する研究を振り返りながら，地場産業がどのように評価されてきたのかをみていくことにしたい。

　地場産業は，戦後から高度経済成長期以前にかけて輸出産業として成長し，地域の中心的な産業として人々に雇用の場を提供してきた。とくに戦後の復興期には，政府は国内資源の積極的な活用により経済の再建を図ろうとしたこともあり，地場産業の発掘と育成に力が入れられた（下平尾［1996]）。しかし，高度経済成長期になると労働力不足に陥り，地場産業も人材を確保することが難しくなっていった。また，重化学工業が急速に成長していき，国内の産業における地場産業の位置づけは徐々に低下していった。

　その後，再び地場産業に期待と注目が集まったのは，1970年代から80年代はじめにかけてである。この時期，日本は，高度経済成長が終焉を迎えて，低成長に移行していた。このような状況のなかで，地域経済の振興のあり方が模索され，高度経済成長期におけ

る効率本位の市場経済や中央への集中，地域の自立性の喪失などへの反省から，地域における自主と自立を基盤とする経済・行政・文化の構築をめざす「地域主義」が唱えられるようになった。

地場産業は，まさに地域主義を具現化する産業として期待が集まったのである。山崎は地場産業の役割として，①経済基盤の確立，②仕事の提供，③技術・技能の活用，④公共・福祉・文化的貢献，⑤魅力ある地方都市づくりをあげている（山崎 [1977]）。

経済地理学の研究者の青野壽彦は，地場産業は地域における雇用・就業の機会を創出していることや付加価値の域内循環を担っていること，さらに，人材・技術を蓄積していることを明らかにしている（青野 [1980]）。青野も地場産業が地域経済に果たしている役割に注目した。

清成忠男は，地場産業は地域を形成する産業であり，地域の人々の生活を支える産業として展開してきたと高く評価していた（清成 [1980]）。反対に，地域外から進出してきた企業は，地域は生産要素を提供する存在としてみる傾向があり，こうした企業は地域をこわすことになりかねないと批判的な見方をしていた（清成 [1980]）。

いずれも地場産業は，地域の経済や社会において重要な役割を果たしていることを論じていた。このような期待とは裏腹に，1980年代半ば以降，地場産業の衰退が顕著になっていった。そのため，地場産業の研究は，地場産業の衰退や産地の縮小の要因を論じるものが中心となっていった。地場産業の研究者の上野和彦は，地場産業産地の縮小の要因として，バブル経済破綻以降の地場産業製品に対する需要構造の変化と国際競争の激化の2つをあげている（上野 [2007]）。前者については，地場産業製品の多くは日用消費財で日本の伝統的な生活文化に対応した「和」の需要に応えるものであっ

コラム6 伝統的工芸品産業　　地場産業に関連する用語として，「伝統工芸品」，「伝統的工芸品」といった用語を耳にしたことがあるのではないだろうか。いずれも，古くから受け継がれてきた高度な技術・技能に裏打ちされた製品といったイメージで使われているのではないだろうか。このうち，**伝統的工芸品**は，法律に基づいた用語である。具体的には，「伝統的工芸品産業の振興に関する法律」（1974年制定）に基づいて，経済産業大臣によって指定を受けた工芸品をさしている。

　伝統的工芸品として指定を受けるには，次の5つの要件を満たす必要がある。

　①主として日常生活の用に供されるものであること。

　②その製造過程の主要部分が手工業的であること。

　③伝統的な技術または技法により製造されるものであること。

　④伝統的に使用されてきた原材料が主たる原材料として用いられ，製造されるものであること。

　⑤一定の地域において少なくない数の者がその製造を行い，またはその製造に従事していること。

　なお，伝統的とは，おおよそ100年以上継続していることを意味している。2023年8月時点で240品目が伝統的工芸品に指定されている。伝統的工芸品に指定されると後継者の確保・育成，技術・技法の継承および改善，需要開拓，新製品の開発などに取り組むにあたり，支援を受けることができる。

Column 6

たが，洋風化する生活文化のなかで消費が低迷したと論じている（上野［2007］）。後者については，グローバル経済の進展にともなう発展途上国からの日用消費財の輸入（日本企業が海外工場で生産した製品を日本に輸入する，いわゆる逆輸入を含む）が増加し，量産的な地場産業製品は厳しい競争にさらされていると説明している（上野［2007］）。

このように，地場産業を論じる視点は，地場産業の実態や地場産業を取り巻く経済環境の変化とともに移り変わっていった。

2　地場産業産地の構造

▷ 産地の生産・流通構造

前節で示したように，全国には 500 を上回る地場産業の産地が形成されている。各産地は，それぞれの歴史を経て形成されてきた。そのため，産地の構造は，決して一様ではない。ただし，ここでは産地の概略をつかむために，典型的な産地として富山県高岡市を中心に形成されている高岡銅器産地を取り上げる。

高岡銅器産地は，1611 年に加賀藩の 2 代目藩主の前田利長が高岡城を築城したのをきっかけに，城下の人々の暮らしに必要な鍋や釜，農作業に必要な鋤や鍬などを製造させるために鋳物師を呼び寄せたことが起源とされている。現代では，神仏具をはじめ花器や茶道具，屋内外の置物などを生産する国内最大の銅器鋳物の産地となっている。皆さんの目に留まりやすい物では，お寺の釣鐘や公園などに設置されている銅像やオブジェ，小さな物では仏壇に納められるロウソク立てやおりんなどが生産されている。

なお，高岡銅器は，1975 年に通商産業大臣（当時）よって「伝統的工芸品」に指定されている。写真は，伝統的な花器と高岡駅前に設置されているドラえもんの銅像である。

銅器の生産工程を簡単に説明すると，まず，高温で溶かした銅などの金属を型に流し込み，冷えて固まったところで型から取り出す鋳造工程がある。その後，各部品を溶接したり，研磨をしたり，表

高岡銅器の花器と高岡駅前のドラえもんの銅像（筆者撮影）

面に着色をほどこしたりする。さらに，彫金（表面に模様などを彫る）や象嵌（表面に金属をはめ込む）などの装飾が行われ仕上げとなる。

　図4-2は，高岡銅器産地の生産・流通構造を示している。点線内が産地で銅器づくりに携わる中小企業である。鋳造や溶接，研磨，着色，彫金，仕上げといった各工程の加工は，それぞれ専門の加工業者が担っている。**問屋**は，産地外の企業（消費地問屋や小売業者など）から注文を受けた製品や自ら企画した製品を生産するために，産地内の専門の加工業者に加工を委託するとともに，工程間の調整や進捗管理を行っている。完成した製品は，問屋を通して産地外の企業に販売されていくことになる。なお，問屋が各工程の加工業者に直接に加工を委託する場合や，問屋から鋳造業者を介して溶接業者や研磨業者，着色業者に仕事が流れる場合もある。

　以上のように，高岡銅器産地では，特定の工程に専門特化した加工業者による**社会的分業**によって銅器製品が生産されている。ただし，高岡銅器産地は一例にすぎない。高岡銅器産地のように問屋が生産や流通を統括している産地だけではなく，問屋が存在しておらずメーカーが統括している産地もみられる。また，少数ではあるが，一貫生産体制を確立した企業が集まる産地も存在している。

図 4-2 高岡銅器産地の生産・流通構造

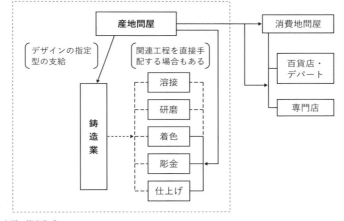

出所：筆者作成。

⊏⊐ **産地の構造変化**

　高岡の銅器産地と同様に多くの地場産業の産地では，特定の工程に専門特化した加工業者が存在しており，それらの社会的分業のもとで製品が作られてきた。このような生産体制は，産地として大量生産に対応するのに適した構造であった。

　社会的分業が確立した産地では，加工業者はそれぞれ自社の得意とする加工分野に特化することができるので，技術や技能の蓄積が進み，生産の効率も高まりやすくなる。また，自社ですべての生産工程にかかわる設備や人員を抱える必要もないので，比較的に小資本でも参入し，事業を営むことが可能となる。産地の問屋は，こうした加工業者を競わせることで，さらに生産の効率を高めることができた。しかし，先に国内の産地の動向を示したように，多くの産地は生産規模が縮小していくことになり，大量生産に適していた産

地の構造も変化を迫られることになった。

　まず，産地の加工業者に目を向けると，彼らは，問屋などの従来の取引先からの受注の減少に直面し，新たな受注先の開拓や，自社製品の開発・販売などに取り組んでいくことが必要になっていった。しかし，特定の工程に特化してきた加工業者にとっては，設備や技術の制約から，これまでとは異なる分野に進出して受注を獲得したり，新製品の開発を手掛けたりすることは容易なことではない。また，下請として受注生産を行ってきたことから，自ら市場のニーズを把握する機会や必要性も少なかったことも，新製品開発を困難にしているといえよう。もちろん，異分野へ進出を果たしたり，自社製品開発などに取り組み，自立化していった加工業者もみられるが，従来からの受注の枠組みから抜け出せず経営状況を悪化させたり，倒産や廃業を余儀なくされたりした加工業者も少なくない。

　一方，これまで産地において生産や流通の要となっていた問屋は，その役割を低下させている。問屋は，産地の窓口として小売業者などから注文を受けたり，自ら製品の企画をしたりして，産地内の加工業者に製品の製造や加工を委託してきた。大量生産・大量消費の時代には，問屋は一定量の在庫を抱えることを前提として，大ロットで加工業者に発注をしていた。だが，需要が停滞していくと問屋も在庫を抱えるリスクを回避するために，小ロットで発注をすることになり，加工業者は受注量の減少とともに，生産効率も低下させていった。

　さらに，産地の問屋の製品企画力が低下していることも危惧されている。その背景には，消費者のニーズを直接につかむことができる小売業者が自ら商品を企画する動きが広がっていることなどがあげられる。また，小売業者は，自ら企画した製品だけではなく商品

として販売する製品を海外から調達したりもしている。こうした問屋を介しない，いわゆる中抜きが生じていることも問屋の役割を低下させる一因となっている。

　生産規模が縮小していくなかで，産地を構成する加工業者や問屋は，それぞれ新たな対応を迫られ，その結果，産地の構造にも変化がもたらされている。

▷　グローバル経済に翻弄される地場産業

　国内の地場産業の産地が縮小した要因の1つは，上野が指摘していたようにグローバル経済の進展があげられる（上野［2007]）。なかでも日用消費財を生産している地場産業の産地は，中国を中心に海外から安価な輸入品が急増して厳しい競争を強いられることになった。ここでは，日用消費財の典型的な例として愛媛県今治市のタオル産地を取り上げたい。

　国内有数のタオル生産量を誇る今治産地は，近年，高品質の「imabari towel Japan」ブランドのタオルで知名度を高めている。しかし，タオルの輸入の急増により，大きな影響を受けてきた。図4-3は，今治産地のタオル生産量とタオルの輸入量を示している。1990年代頃から2000年代はじめにかけて輸入量が急増していき，それに反比例するように今治産地でのタオル生産量は減少していった。また，生産量の減少とあわせて，タオル製造業者も減少した。1990年代はじめには，タオル製造業者が400社ほどあったが，2000年代はじめには約200社，そして2022年には84社となっている。

　今治産地のタオル生産量の減少の原因は，単に中国などからの輸入品が増加しただけではなく，産地内の有力タオル製造業者が海外

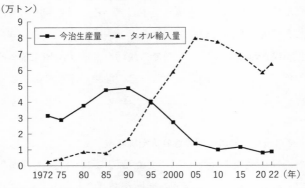

図 4-3 今治タオル生産量とタオル輸入量の推移 ―――――――――

（万トン）

出所：今治タオル工業組合ウェブサイトより筆者作成。

に生産拠点を設けて，そこで生産したタオルを国内に逆輸入していることも影響している。さらに，国内のタオル商社が中国などに生産拠点を設けて，自前でタオルを生産し国内外で販売するようになったことも今治産地での生産量減少に拍車をかけたと考えられる。

　ただし，今治のタオル産地では，安価な輸入品との競合を避けるために，高品質のタオルを開発して「imabari towel Japan」ブランドを展開してきた。このような取り組みの成果からか生産量の減少に歯止めがかかっている。また，徐々にではあるが輸出量も増加しているので，今後に期待がもたれるところである。

　グローバル経済の進展による影響については，とくにファッションに関連する製品を手掛けている産地では海外の有名ブランドの動向を無視することはできない。かつては，今治のタオル産地においても商社や問屋を介して，海外の有名ブランド製品のライセンス生産を行っている企業が数多くみられた。しかし，これらの製品も中

国企業が技術力を高めていき受注を獲得していくことになり，今治産地のタオル製造業者は受注を失っていくことになった。

　国内の地場産業の産地や産地企業は，グローバル経済が進展するなかで，その影響を免れることはできない。そのため，産地や産地企業の動向を把握，分析するには，グローバル経済のなかに位置づけて検討する必要がある。

3　産地はどのように形成されるのか

▷　産地形成のメカニズム

　地場産業は，山崎の定義にもみられるように，特定の地域に同一業種の中小零細企業が地域的企業集団を形成して集中立地していることが特性の1つにもなっている（山崎［1977］）。こうした特定の地域に産業が集中する現象については，古くから研究の対象とされてきた。本節では，特定の地域に産業が集中して産地が形成されるメカニズムを紹介していきたい。

　イギリスの経済学者，アルフレッド・マーシャルは，特定の地域に集積が形成される理由として，自然的条件が重要な役割を果たしていることや宮廷の庇護，支配者が職人を呼び寄せたことなどをあげている（マーシャル［1966］）。先に取り上げた高岡の銅器産地は，城下町を築くために藩主が職人を呼び寄せたことを起源とするものであり，まさに3つめの理由である支配者が職人を呼び寄せたことに該当する。

　さらにマーシャルは，集積が形成されるとそれが長期にわたり持続されるとし，その理由として次の4点を論じている（マーシャル

[1966])。

　①集積内では技術や知識が伝播しやすく，新たなアイデアを生む
　　素地がつくられること。

　②近隣に道具や原材料を供給する補助的な産業が成長することで
　　集積内の企業を助けること。

　③集積内では生産規模が拡大するので，高価な機械を高頻度で利
　　用することになり，小規模な企業であっても経費を回収できる
　　こと。

　④特殊な技能をもった労働者が集まることになり，使用者は彼ら
　　を自由に選択して雇えるようになること。

　集積が形成されると集積内の企業は，上記のようなメリットを享
受することができる。そのため，集積は持続されることになるとい
われている。また，マーシャルは，集積が形成されると，産業上の
雰囲気である産業的風土が醸成されると指摘している（マーシャル
[1986]）。特定の地域に産業が集積することで得られる「外部経済」
の効果については，その後もさまざまな視点から展開されていくこ
とになった。

▷　**工業立地論と集積**

　集積が形成されるメカニズムについては，**工業立地論**を展開した
アルフレッド・ウェーバーによっても言及されている（ウェーバー
[1986]）。ウェーバーは，どのような技術的，経済的発展段階であ
っても生産，流通，消費が「どのようにして」行われるかという問
題と並んで，「どこで」行われるかといった問題が必ず存在すると
いった問題意識に基づいて工業の立地理論を構築した。

　ウェーバーによれば，工業の立地は生産過程と販売過程の費用が

最小になる地点に定まるとされている（ウェーバー［1986］）。第 1
には，輸送費が最小になる地点とされているが，具体的には製品よ
りも原料の重量が大きい場合には原料の産出地の近くに工場が立地
し，反対に原料よりも製品の重量が大きい場合には消費地の近くに
工場が立地することになると論じている。

　第 2 には，安価な労働力が存在している地点に工場の立地が引
き付けられることになると説明している。ただし，第 1 にあげた
輸送費が最小になる地点から離れることで生じる輸送費の増加分と
労働費の節減分が一致する範囲内に定められることになると指摘し
ている。

　第 3 には，集積によってもたらされる利益が費用を節約するこ
とを示している。たとえば，多数の企業が近接した場所に立地して
いると技術や設備の改善が進んだり，専門化した能力を持つ労働組
織が形成されたりする。それらを利用することは費用を節約するこ
とになるため，集積への立地を促し，工場の立地に影響を与えるこ
とになる。

　以上のように，ウェーバーは，工業立地の基本的な理論とともに
集積のメカニズムを明らかにした。

▷　**産業地域における柔軟な専門化**

　先に述べたように，日本では 1970 年代から 80 年代はじめにか
けて地場産業への期待と注目が集まったが，他の先進諸国の間でも
地域の産業に対して注目が集まっていた。この時期，日本は高度経
済成長の終焉を迎えたが，先進諸国においても経済成長が鈍化し，
これまでの大企業を中心とした大量生産体制の限界がささやかれる
ようになっていた。

こうしたなかで,「第3のイタリア」と称される地域が経済的に好調であることが注目されるようになった。第3のイタリアとは,近代的工業が発展した北西部イタリア（第1のイタリア）と農業が中心で経済発展が遅れた南部イタリア（第2のイタリア）に対して,クラフト的生産技術の伝統が残る中小企業や職人が経済を担っている地域をさしている。なお,第3のイタリアは,明確に地域が定められているわけではないが,ベネツィアやボローニャ,フィレンツェなど北東部から中部あたりをさしている。

マイケル・ピオリとチャールズ・セーブルは,第3のイタリアにみられるような躍進する産業地域では専門化した中小企業が相互に柔軟に組み合わされることで,不安定な市場に対応するとともに,技術革新を生み出すなど優位性を発揮していることを明らかにした（ピオリ＝セーブル［1993］）。このような「**柔軟な専門化**」による生産システムは,大量生産体制に取って代わる可能性があるものとして論じられた。

このように,ピオリ＝セーブルらの議論をきっかけにして,古いと考えられていたクラフト的生産技術の伝統が残る産業地域に注目が集まることになった。大量生産・大量消費の時代から,人々のニーズが多様化するのにあわせて,多品種少量生産が求められるようになると,ピオリ＝セーブルらが主張するように,「柔軟な専門化」といった生産体制が優位性を発揮する面もある。ただし,日本の地場産業の産地では,必ずしもこのような優位性を発揮して躍進を遂げたとはいえず,縮小傾向をたどることになった。

4 地場産業の再生は可能か

地場産業の存在の意義

　本節では，今後，地場産業の産地が再生していく可能性はあるのかということや産地を構成する中小企業が経営を維持・発展していくことができるのかということを検討していきたい。地場産業の産地の再生を検討するにあたり，まず，地場産業製品の現状を供給と需要の両面から確認していく。

　地場産業製品は，これまで述べてきたように，おもに国内の産地に立地している中小企業によって生産されてきた。しかし，国内の産地に比べて相対的に生産コストが低い国で生産された輸入品との価格競争において苦戦を強いられてきた。こうしたなかで，一部の産地企業は，海外に生産の拠点を移していった。一方，国内にとどまる産地企業は，価格競争に巻き込まれないために付加価値の高い製品の開発やブランドの確立などに取り組んできた。また，産地企業が一体となって製品開発に取り組んだり，産地ブランドの確立や向上をめざしたりする動きもみられる。ただし，産地全体として成果をあげたケースは限られている。

　産地全体として成果をあげたケースとしては，先に取り上げた今治のタオル産地やカラフルな鉄瓶で評判となった南部鉄器産地をあげることができる。南部鉄器産地のケースは，産地のある企業が海外の顧客の声に応えるために，伝統的な鉄瓶に赤やピンク，黄色，緑色など明るい色を施した製品を開発したところ，国内外で評判になったものである。いまでは，産地の複数の企業がカラフルな鉄瓶

を手掛けるようになっている。

このように，産地内に成果が波及して，産地の生産量を押し上げたり，ブランド力の向上につながったりしたケースもみられる。個々の中小企業が製品開発やブランド力の向上に取り組むことは重要である。しかし，経営資源が限られている中小企業が個々に取り組むだけでは十分な成果をあげることは難しい。そのため，産地の中小企業が単独で取り組むだけではなく，産地内外の企業と連携を図ることも重要であろう。さらに，これらの取り組みを産地の中小企業を組織する産地組合や自治体などが支援していくことも求められる。

次に，需要面に目を向けると，地場産業製品のなかには人々の生活習慣の変化などから需要そのものが先細りになっているものもある。とくに和風の文化や習慣に結びついた伝統的工芸品に代表されるような地場産業製品は，今後，需要が大幅に拡大する見通しはたちにくい。そのため，このような製品を手掛けている産地企業は，既存の製品を改良して需要の変化に対応したり，新製品を開発して新たな需要を掘り起こしたりする必要がある。

もちろん，和風の文化や習慣と結びついた地場産業製品だけではなく，その他の地場産業製品であっても，消費者のニーズに適っていない製品であれば需要は先細りになっていく。そうならないためにも，需要の変化をとらえて対応していくことが求められる。

このように，地場産業製品を供給と需要の両面からみていくと，今後，地場産業の産地が再生を果たし，産地の中小企業が経営を維持・発展させていくことは，決して容易なことではないことがうかがえる。ただし，地場産業製品を単に日用消費財としてとらえるのではなく，地域の歴史や文化を象徴する製品としてとらえた場合に

は，地場産業の存在意義は失われてはいないのではないだろうか。地場産業や地場産業製品の存在意義が広く認識されるようになれば，産地の再生や産地の中小企業の経営を維持・発展させていく可能性も残されているにちがいない。

▷ 体験型観光と地場産業の魅力

　近年，観光のスタイルが変わりつつある。人気の観光スポットを訪れるということから，その地域に行かなければ体験できないようなことが盛り込まれた体験型の観光が話題を呼んでいる。体験型の観光のなかには，地場産業の産地企業の見学や地場産業製品のものづくりを体験するといったものがみられる。

　地場産業のものづくりの現場を見学したり，実際にものづくりを体験したりすることは，地域の魅力を味わってもらう体験型の観光にマッチしているといえよう。地場産業に関連する観光が人気になっているのは，地場産業は当該地域にしか存在せず，唯一無二の歴史を有している存在であるところに人々は価値や魅力を感じているからではないだろうか。

　こうした体験型の観光のなかに，地場産業産地の再生や産地の中小企業の経営の維持・発展の可能性の一端を見出せるであろう。従来のように地場産業製品を製造・販売して稼ぐだけではなく，産地に人々を呼び込んで，見学やものづくりを体験してもらうことで地場産業をより深く理解してもらったり，地場産業製品の魅力を感じてもらったりすることにも力を入れていく必要がある。それにより，コアなファンを生みだしていくことになるであろう。また，産地を訪れる人が増えれば，地場産業の生産に携わる企業だけではなく，宿泊業や飲食店などを含めて地域経済の活性化にも寄与することに

なると期待される。

　さらに，地場産業の産地における体験型の観光は，人材の確保といった点からも期待される。観光を通して地場製品に魅力を感じてもらったり，地場産業製品づくりに興味を持ってもらったりすることが，将来，地場産業に従事するきっかけになることもある。近年，地場産業の製品づくりに興味をもった若者や女性，外国人なども職人になることをめざして，産地の中小企業に就職したり，職業訓練校に入学したりするケースも散見される。

　このような入門者があらわれるようになれば，後継者不足による地場産業製品づくりの技術や技能の断絶を免れることができる。これまで地域で培われてきた地場産業製品づくりの技術や技能を継承したという点で，彼らは地域に貢献したといえよう。ただし，彼らが独立開業して事業を営んでいくことができるかは確かでない。

▷　**地場産業の再生と新たな可能性**

　日本はすでに成熟した資本主義経済の段階にある。多くの人々は，生活に必要な最低限の製品は手に入れている。そのため，すぐにでも手に入れなければ生活に支障をきたすような製品は，ほとんど存在しないのではないだろうか。地場産業製品についても，もっていなければ生活が成り立たないといった製品ではない。

　ただし，地場産業製品は，日用消費財としての側面のみならず，地域の歴史や文化を象徴する製品といった側面も兼ね備えている。確かに，前者の側面からすれば地場産業製品の売上などが低迷することは避けられない。しかし，後者の側面からすれば，決して存在意義が失われたわけではない。そのことは，地場産業に関連する体験型の観光の人気ぶりにあらわれている。

このような点に着目するならば，地域の歴史や文化を象徴していることがより明確にわかる製品づくりをしたり，販売方法をとったりすれば，地場産業製品そのものの売上を伸ばしていく余地もあるのではないだろうか。

　さらに，近年，地場産業や地場産業製品が見直される機運が高まっている。地場産業は，地域の資源を活用して，安心・安全な製品づくりが行われているということで，持続可能な社会の実現に貢献しているということである。このような点からも，地場産業製品づくりの技術や技能を継承していくことが重要になっている。

　もちろん，このような取り組みによって，かつてのような大量生産・大量販売が実現するわけではなく，産地を拡大させていくようなことも困難であろう。しかし，まずは，地域や社会にとって地場産業や地場産業製品を残していくことが重要であるといった認識を広げていくことが，不可欠であると考えられる。

/// **Report assignment** レポート課題 //

4.1　産地における問屋の役割が低下した理由を考えてみよう。

4.2　興味を持った地場産業の産地を 1 つ取り上げて，その産地が形成・発展してきた理由について調べてみよう。

///

地域経済・コミュニティを
支える中小企業

Chapter

第III部

第5章
地域経済と中小企業

東京圏 vs 地方

地域経済の発展　　地域社会の課題解決
　経済的側面　　　　　非経済的側面

地域経済
循環システム

内発的発展
アントレプレナーシップ

第6章
地域コミュニティと中小商業

変化対応力　　　商店街　　　地域密着力
経済的機能　　　　　　　　社会的機能
起業・就労の場　　　　　　交流・学習の場
　　　　　　サード・プレイス　地域コミュニティ

中小企業
マーケティング

あつまる　つながる

地域経済と中小企業

アントレプレナーシップを軸とした
地域づくり

中山間地域の山梨県小菅村では，村ぐるみで分散型ホテル
「NIPPONIA 小菅 源流の村」を運営している（筆者撮影）

Quiz クイズ

Q5.1 都道府県別の合計特殊出生率のランキング（2020 年）におい
て，最上位はどこでしょうか。
a. 東京都　**b.** 福井県　**c.** 沖縄県

Q5.2 中小企業の事業所数の割合が高い都道府県ランキング（2019
年）において，最上位はどこでしょうか。
a. 埼玉県　**b.** 和歌山県　**c.** 沖縄県

Answer クイズの答え

Q5.1　c.

　合計特殊出生率とは，15 歳から 49 歳までの女性の年齢別出生率を合計したもので，1 人の女性が一生の間に産むとしたときの子どもの数に相当する。厚生労働省「人口動態統計」によると，2020 年の全国の合計特殊出生率は 1.34。都道府県別でみると，沖縄が 1.86 で最も高い。一方，東京都は 1.13 で最も低い。ちなみに，福井は 1.61 で全国 6 位と高い。

Q5.2　c.

　中小企業庁の『中小企業白書 2019 年版』によると，沖縄県が 94.3% と最も高い。2 位は和歌山県（93.7%），3 位は高知県（93.4%）。一方，中小企業の事業所数の割合が最も低いのは，埼玉県（89.7%）。続いて，東京都（88.6%），神奈川県（88.3%）であり，東京圏では地方圏に比べて大企業の立地が多いことがわかる。

Keywords キーワード

サステナビリティ，ウェルビーイング，内発的発展，移出産業，地元市場向け産業，地域経済循環システム，地域未来牽引企業，中堅企業，小規模事業者，コミュニティ・ビジネス，社会的連帯経済，社会的協同組合，アントレプレナー，LWC

Chapter structure 本章の構成

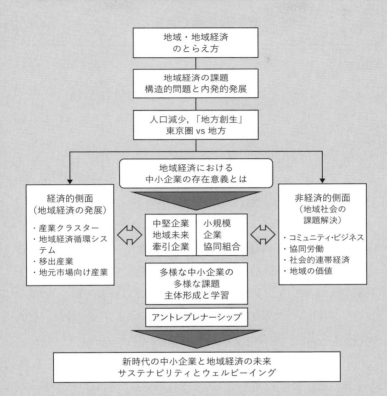

地域・地域経済
のとらえ方

地域経済の課題
構造的問題と内発的発展

人口減少，「地方創生」
東京圏 vs 地方

地域経済における
中小企業の存在意義とは

経済的側面
（地域経済の発展）

・産業クラスター
・地域経済循環シス
　テム
・移出産業
・地元市場向け産業

中堅企業
地域未来
牽引企業

小規模
企業
協同組合

非経済的側面
（地域社会の
課題解決）

・コミュニティ・ビジネス
・協同労働
・社会的連帯経済
・地域の価値

多様な中小企業の
多様な課題
主体形成と学習

アントレプレナーシップ

新時代の中小企業と地域経済の未来
サステナビリティとウェルビーイング

1 地域経済を取り巻く問題

▷ 地域とは

　本章では，地域経済における中小企業の存在意義や役割について考えていくが，まずは，地域経済の現状と課題をとらえることから始めたい。

　皆さんは，「地域」という言葉を耳にしたとき，どのようなイメージをもつだろうか。その範囲はどうだろう。町内や集落，市区町村，都道府県，道州ブロック，さらには 1 国を超えて EU やアジアといった地域をイメージする人がいるかもしれない。グローバル化が進んだ現代経済においては，市場が均質化・統合化されていくので，そもそも「地域」という存在自体が意味をもたないといった見解をもつ人も出てくるかもしれない。いずれにしても，「地域」という言葉は，それぞれの人によって意味やとらえ方の異なった多義的なものといえるだろう。

　地域について，「空間（space：スペース）」としてとらえるか，それとも，「場（place：プレイス）」としてとらえるか。前者の場合，地域とは，「任意に区分された地表上の部分」，すなわち，「行政区や選挙区など便宜的に設定された区画」として認識する。それを「形式地域」という。また，地理的事象の実態に基づいて画定された「実質地域」という見方もある。実質地域は，住宅地区や工業地帯といった土地利用や機能などの各種指標の同一性・類似性に基づく地域区分（＝等質地域）と，通勤圏や商圏といったある中心を軸とした人・モノ・金・情報の流れに基づく地域区分（＝結節地域，

機能地域）としてとらえられる。いずれも，こうした見方は，画一的・均質的な抽象的「空間」として地域をとらえるものである。

　後者の場合，人間が社会的・主体的に生きる場，生活の基本的圏域として地域をとらえる。地域は，住民を主人公とする自律的で主体的な存在であり，自治の単位である。また，独自性・固有性をもつ個性的な存在であり，それゆえに，地域の自律性・複合性・多様性を理解しようと努める姿勢が欠かせない（中村［2004］）。こちらは，地域について，「場」という感情や経験をともなった見方である。

▷ 地域経済のとらえ方

　地域を空間としてとらえると，地域経済とは，国民経済さらには世界経済の1つの構成部分として理解される。地域経済という小さな経済単位を重層的に積み上げていけば国民経済，さらには世界経済となる。市区町村や都道府県といった単位の地域経済は，いずれも1国の経済の1ピースにすぎないといった見方となる。一方，地域について固有性をもつ場（プレイス）としてとらえると，地域経済は市場経済の論理だけでは解けなくなる。地域を自然環境・経済・文化（社会・政治）という3要素の複合体ととらえ，地域経済の分析においては総合性の視点をもつことになる。ここでは市場システムに限定せずに，公共部門を含め，環境などの外部性をも総合した政治経済学的アプローチをとる（中村［2004］）。地域経済は，経済的価値だけではなく，非経済的価値とも結びつく独自の複合的な経済としてとらえられる。そうなると地域経済の成長だけではなく，地域社会の課題解決にも目を配ることになる。

　経済成長のみの関心で地域開発を進めれば，公害や自然破壊など

をもたらし, **サステナビリティ**（持続可能性）を欠く恐れがある。生産活動を中心に地域経済を分析するだけではなく, クオリティ・オブ・ライフ（QOL：生活の質）や**ウェルビーイング**（well-being：幸福で肉体的, 精神的, 社会的すべてにおいて満たされた状態）の観点から地域住民に寄り添った地域経済分析が求められよう。とくに, 現代経済社会においては, 市場経済の効率性や成長性だけの議論ではなく, 知識を創造し活用する人間, 複雑で主体的に行動する人間を基本に据えた経済をみていく必要がある。成長・拡大志向の工業化時代と違って, 経済活動の場と生活の場が空間的に分離せずに, 近接・一体化する傾向がみられる。コロナ禍でのリモートワークの定着は, 職住近接の傾向をより強め, 人々の生活の場のなかに仕事が入り込む。コロナ禍を経た新時代では, ワーク・ライフ・バランス（仕事と生活の調和）からワーク・イン・ライフ（人生のなかの1つとして仕事がある）といった価値観へ変わっていく。そして何よりも, モノの豊かさから心の豊かさへと時代の要請が変化し, サステナビリティ（➡第7章）とウェルビーイング（➡第8章）が最上位の社会的テーマとなった。地域経済は, そうした活動主体の多様な人間が出会い, 対立・矛盾を乗り越えて協働的に学習し, 非経済的価値と経済的価値を統合・創造する実験の場としてとらえた方がよいだろう。

▷ 地域経済における構造的問題と内発的発展論

第2次世界大戦後, 日本では, 国民経済を1つの空間システム, すなわち国土構造・地域構造とみなし, 地域経済はその一切片として位置づけられてきた。東京を頭（中枢管理機能：戦略的意思決定機能・研究開発機能・マーケティング機能・財務機能）, 地方を手足（生産

と販売の現場）として地域的に分業し，国内完結型のフルセット産業モデルをつくることで，先進国へのキャッチアップを図ってきた。しかし，1990 年代以降のグローバル化と IT 化，2000 年代以降のアジア経済化とそのもとでのフラグメンテーション（工程間の国際的分業）が進むと，手足の機能を担っていた地方の産業空洞化問題が深刻化し，地域経済は衰退の一途をたどることになった。

　地方の地域経済における他律的な状況，域外資本に依存する外来型開発に対置した地域開発の理念として，内発的発展論が提起された。**内発的発展**という言葉自体は，1970 年代半ばの国連報告において，経済成長優先型の発展に代わる「もう 1 つの発展」という概念を提起した際に使われたとされる。これを踏まえての宮本憲一による内発的発展論とは，地域に根ざした人間的な発展を実現していくための住民主体の地域開発論であった。内発的発展の 4 原則として，①地域開発が大企業や政府の事業としてではなく，地元の技術・産業・文化を土台にして，地域内の市場をおもな対象として地域の住民が学習し計画し経営すること，②環境保全の枠のなかで開発を考え，自然の保全やアメニティ，福祉や文化が向上するような地元住民にとっての総合的目的をもつこと，③産業開発を特定業種に限定せず複雑な産業部門にわたるようにして，付加価値があらゆる段階で地元に帰属するような地域内産業連関をはかること，④住民参加の制度をつくり，自治体が住民の意思を体して，資本や土地利用を規制しうる自治権をもつこと，をあげている（宮本 [1982][1989] など）。いまでいう持続可能な発展（サステナブル・デベロップメント：SD）の考え方がすでにここにある。

　こうした内発的発展の理念は，高度成長期以降，国と巨大資本が上から主導してきた外来型の地域開発——工業団地の造成，道路・

港湾・空港等の整備，リゾート開発，再開発ビル建設など——が住民ニーズと乖離し，公害や自然環境・景観破壊を招き，巨額の財政負担のみを残すといった歴史的反省のうえに立っている。内発的発展の理念に基づく地域経済発展とは，中小企業をはじめとする地元の主体を重視した方法である。本章では，内発的発展論を引き継ぎ，地域の固有性，多様性，主体性，総合性といった視点をもち，ウェルビーイングとサステナビリティを最上位に据えた地域経済における中小企業の存在意義や役割について考える。

▷ 縮小する日本，加速する東京一極集中と「地方創生」

地域の古典的で構造的な問題は，都市と農村との対立，過疎過密の問題である。日本では，「国土の均衡ある発展」を理念におく画一的な全国総合開発計画によって，この問題に長らく国家主導で取り組んできたが，解決の糸口がみえない。現在は少子高齢化の進展により，2008年をピークに総人口が減少に転じたなか，東京一極集中問題が先鋭化している。

概して，出生率は地方に比べて大都市圏の方が低い。章扉のクイズにあげられていたように，東京都の出生率は47都道府県で最も低い。一方で，地方から東京圏（東京都，埼玉県，神奈川県および千葉県）への人口移動は進んでいる。超低出生率の東京圏に若年層が移動することにより，日本全体の出生率が引き下がり，ひいては日本の人口減少が加速したといった見立てもある（日本創成会議・人口減少問題検討分科会「ストップ少子化・地方元気戦略：増田レポート」2014年）。地方が消滅し，東京圏のみが生き残るようでは持続可能性に乏しい。これまでの日本経済の成長においては，東京を成長の極とし，そこでの利潤が地方へと滴り落ちていくトリクルダウン（均

霑）理論が信じられていた。この理論が現実と乖離してきたなかで，政府は，2014 年から「地方創生」を標榜し，人の流れを東京から地方へと逆回転させる政策を展開している。コロナ禍で一時的に東京からの人口流出がみられたが，その後，政策効果もみられず，東京圏への人口集中はむしろ加速している。

▷ **東京一極集中の原因，巨大都市の理論**

では，東京一極集中問題の原因はどこにあるのだろうか。2010～19 年までの東京圏への転入超過状況を年齢別・男女別にみると，男女ともに 20～24 歳の年齢階層が，いずれの年においても最も転入超過数が多い。また，その数は男女ともに増加傾向にあり，かつ女性の数が男性を常に上回って推移している。この年齢階層には大学等を卒業し，おもに就職をきっかけに東京圏へと移動する者が多く含まれるものと推察される。

「地方創生」第 1 期の政策評価に関する調査によれば，「やりがいのある仕事は東京圏に多い」「情報通信など成長している企業は東京圏に集中している」「女性が活躍できる仕事は東京圏に多い」といった仕事に関する原因が多く示された。それを裏づけるように，東京圏への人口移動と有効求人倍率および賃金水準との間には相関関係があるといったデータ分析結果も出ている。さらに詳しい産業別の分析では，東京圏（とくに東京 23 区）は他の地域に比べて，知識集約型の専門的サービスの労働需要が強く，高学歴労働者の雇用吸収の場になっているといった分析結果もある。なお，「娯楽・レジャー・文化・芸術等に触れる機会は東京圏に多い」「地元を離れて新しい人間関係を築きたかった」といった仕事以外の生活面における要因もあり，それは女性により多くみられた。

東京が他の都市と決定的に違うのは，単に大都市というだけでなく，ニューヨーク，ロンドンと並んで「世界都市」（フリードマン[1997]）や「グローバル・シティ」（サッセン[2008]）といった称号を得ている点であろう。こうした都市には国際金融センターとしての機能があり，また，多国籍企業が立地しそれを支える専門的な法人向けサービス業（広告会社，会計事務所，法律事務所，経営コンサルタントなど）やそこで働く個人向けサービス業（ホテル，レストラン，芸術文化，観光など）といったクリエイティブ産業（フロリダ[2008]）が集積する。そもそも東京には「都市化の経済」（フーヴァー[1975]）として都市集積の理論が働いている。東京一極集中は，都市化の経済として説明づけられ，それは，1企業内部での生産規模の拡大や同業種企業の集積とも異なり，全産業をひとまとめにとらえて単一の立地の経済全体の規模（人口，所得，産出，富）が拡大する結果として生じるものである。こうした都市発展の源泉として，「都市の多様性」（ジェイコブズ[2010]）がある。都市の多様性は，アイデア・新規企業・イノベーションを生み出す。都市における異業種集積は，接触の利益・近接の利益によりイノベーションが促され，集積がさらに集積を呼び，経済成長が指数関数的にもたらされる。その結果，東京のような巨大都市が誕生したといったところだろうか。

2　地域経済発展と中小企業

▷　地方の衰退，地域経済の循環システム

　一方で，地方の衰退は，「漏れバケツ」のように域外へと富が流

図 5-1 「漏れバケツ」を防ぐ地域経済循環システムの概念

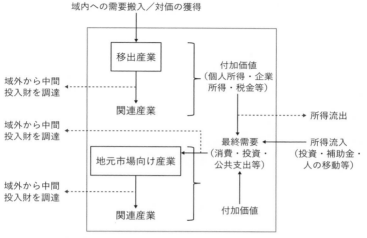

出所：佐無田［2008］を参考に筆者作成。

出し，地域経済の循環システム（図5-1）がうまく回っていないことによるとの指摘がある（枝廣［2018］）。地域経済は，他地域の産物を移入し，自地域の財・サービスを移出して対価（貨幣）を獲得しなければ成り立たない。そこで着目すべきは，地域外へ生産物を移出し，当該地域に所得をもたらす「**移出産業**」である。衰退する地域では，まず移出産業が衰退し，新しい産業も興らず，雇用の場が失われ，人口が減少するといった事態に陥っている。かつての産炭地域や企業城下町の衰退プロセスをみれば容易に想像できるだろう。第 4 章で取り上げた地場産業，地域製造業も地方における移出産業の担い手であったが，1990 年代以降，衰退し縮小の一途をたどる。日本の産業構造が転換し，サービス経済化の進展が地方の衰退を加速させた。リゾート（個人向けサービス業）の開発が失敗す

ると，建設業も厳しくなり，地方での解決策は少なくなる。事業所サービス業の拡大と大都市集中が進む一方，地方では社会保障給付（医療・介護サービス業）に依存するしかないのが現状だろう。

市場や技術の変化が速い現代経済においては，特定の業種や企業に移出産業を依存してしまうと，不況業種化や特定企業の移転・撤退のリスクが高まる。では，競争優位性のある移出産業が域内にあれば当該地域経済は成長するかといえば，必ずしもそうとはいかない。移出産業を東京など域外から誘致する外来型開発政策もあるが，誘致企業は地元産業との連関が弱く，営業利益も域外の本社に移転されてしまうので，地域経済の牽引役とはなりえない。移出産業があったとしても，自動的に資金が域内で循環するわけではない。ここで重要なのは，移出産業が生産するために必要な中間投入財（部品・機械やサービス）を地域内から調達してもらう点にある。そうすれば，地域内に産業連関を通じた経済波及効果が生じるからである。移出産業の誘致や振興のみならず，移出産業の域内仕入れを促す仕組みが求められよう。

次に，目を向けるのは，「地元市場向け産業」である。移出産業とその関連産業からは付加価値が発生し，消費・投資・公共支出等の最終需要として再び地域に還元される。この最終需要の受け皿となるのが地元市場向け産業である。地元住民が利用する商店街の専門店などはその典型例であり，小規模事業者が主な担い手である。地元市場向け産業が脆弱で魅力に欠けるならば，最終需要の多くは域外に漏出してしまう。まさに，「漏れバケツ」のようである。人口が多く多様な地域ニーズのある都市の場合，ニッチで専門的なサービスが生まれやすく，地元市場向け産業からも域内に関連産業が誘発され付加価値を発生し，所得として循環する。地方における人

口減少は，地元市場向け産業の衰退に直結している。観光による交流人口が増えても，地元市場向け産業がその消費から最終需要として取り込まなければ意味がない。地域活性化・地域づくりにおいては，こうした地元市場向け産業の存在意義と**地域経済循環システム**を念頭に置くことが肝要である。

▷ 移出産業として地域経済を牽引する中堅企業
──地域未来牽引企業

　移出産業のなかでも地域経済循環を高める担い手として，「**地域未来牽引企業**」への期待が高まっている。地域経済への影響力が大きく，成長性が見込まれるとともに，地域経済のバリューチェーンの中心的な担い手となっているこれらの企業に対しては，「地域未来投資促進法」（2017 年）などの関連支援施策が講じられる。地域未来牽引企業には，地域の特性を活かして，高い付加価値を創出し，地域の事業者に対する経済的効果を及ぼすことが求められる。同事業は，ハイテク産業集積とベンチャー企業を国（経済産業省）主導で支援する「産業クラスター政策」（● 第 10 章）と同じルーツといえる。ただ，これまでの外来型開発の失敗を反省し，地域未来牽引企業の選定にあたっては，地域経済循環システムが念頭に置かれ，①移出産業としての定量的基準（域外での販売額，域内の仕入額など）と，②地域経済への貢献期待度という定性的基準（自治体・商工団体・地域金融機関の推薦）の 2 点が用いられている。

　2017～20 年度で合計 4743 社が選定されたが，その約 9 割は中小企業であった。小規模事業者は 7% と少なく，当該地域を代表する中規模の中核的企業が選定されている。業種別では，製造業が 63% とその中心である。これらは，コネクター・ハブ企業とも呼

ばれる。地域のなかで取引が集中しており（取引関係の中心となっているハブの機能），地域外とも取引を行っている（他地域と取引をつなげているコネクターの機能）企業のことである。地域経済分析システム（RESAS）を使えば，地域内外の取引関係が可視化され，地域未来牽引企業の抽出も容易にできる。

　コロナ禍を経て，地域未来牽引企業の対象は，いわゆる中小企業基本法による中小企業の規模範囲を超えて，**中堅企業**を重視する方向性にある。「地域未来投資促進法」は 2023 年度に改正され，中堅企業を念頭に，とくに高い付加価値（3 億円以上）を創出し，地域内企業との取引や雇用を通じて地域経済に波及効果を及ぼす事業について上乗せ支援の対象としている。なお，「中小企業政策審議会」や「中小企業の成長経営の実現に向けた研究会」の近年の議論においても，「100 億企業」（売上高 100 億円以上の企業）といわれる中堅企業へと成長を促す「攻めの中小企業政策」が提起されている。成長志向の中堅企業には，地域経済の牽引役として，輸出等による外需の獲得，M&A による中小企業の子会社化・グループ化，地域DX（地域デジタル・トランスフォーメーション）や GX（脱炭素社会に向けたグリーン・トランスフォーメーション）の実証実験・推進，そして付加価値増加と賃上げといった点での期待が集まっている。

3　地域社会の課題解決と小規模企業の存在意義

▷　**地元市場向け産業として地域経済を支える小規模企業**

　日本の企業数は年々減少傾向にあり，2016 年では約 359 万社となっている（中小企業庁編 [2020a]）。このうち，中小企業は約 358

万社であり，その内訳は小規模企業が約305万社，中規模企業（中小企業のうち，小規模企業ではない企業）が約53万社となっている（中小企業の定義は第1章表1-1参照）。1999年を基準として規模別に増減率（2016年比）をみると，いずれの規模においても企業数が減少しているが，とくに小規模企業の減少率が25%超と最も高い。都道府県別に全企業に占める小規模企業数の割合および小規模企業で働く従業者数の割合をみると，人口密度が低く衰退している地方ほど高い。また，最も人口密度が低い地域（0～56.7人/km^2）において小規模企業の占める割合が高くなっている（中小企業庁編[2022b]）。

　小規模企業は，小売業・飲食サービス業・理容業など地域住民に必要となる生活必需品や生活関連サービスを提供し，住民の生活を支える地元市場向け産業としての役割を担っている。人口減少により人口密度の低くなった地方においては，最終需要が大きく減退する。需要減のマイナス影響をダイレクトに受けるのが，地元市場向け産業であり，小規模企業の多くである。業績不振で将来の見通しの暗い小規模企業においては，経営者の高齢化と後継者不足による事業承継問題も重なって廃業が相次ぐ。小規模企業の減少は，地域経済の衰退へとフィードバックする。なぜなら，小規模企業が減少してシャッター通り商店街のように地元市場向け産業が崩壊すれば，当該地域の消費そして所得が域外流出して「漏れバケツ」化するからである（前掲，図5-1）。

▷ 地域社会の課題を解決する小規模企業

　小規模企業の役割は，地域経済の問題（経済的側面）にとどまらず，地域社会の問題（非経済的側面）においてこそ，その特性をい

っそう発揮する。約6割の**小規模事業者**が実際に地域課題解決に向けた取り組みを行っているという調査結果がある（中小企業庁編[2022b]）。その取り組みの内容は，地域の祭り・伝統行事・イベントの開催，商業機能や交通サービスの拡充，空き家・耕作放棄地対策といった「まちづくり」が最も多い。小規模事業者がこうした地域社会の課題解決に資する取り組みを始めた理由としては，「地域の持続的な発展に貢献するため」が6割強と最も高い割合となっている。

また，住民が地域課題の解決にあたって期待する担い手として，「地域内の小規模事業者」をあげる回答が多く，とくに人口密度が低い地域では，「地方自治体」「公的支援機関」（商工会・商工会議所等）を上回る最多の回答割合となっている（中小企業庁編[2020b]）。小規模事業者が住民とともに地域社会・コミュニティの一員となっている実態をよく表したデータといえる。

基礎自治体（市町村）単位におけるコミュニティ・エリアからローカル・エリアの狭域な地域発展戦略にとっては，地域住民の暮らしと生活を支える小規模事業者の存在感がより高いものといえよう。わけても，地域の社会的課題を解決する「**コミュニティ・ビジネス**」は注目に値する（⊙第6章）。コミュニティ・ビジネスは，地域住民の主体性に基づき，地域の資源（シーズ）を活かして，地域の課題（ニーズ）を解決するスモールな事業活動のことをさす（細内[2010]）。そのおもな担い手は，地域密着の小規模事業者であり，小さな社会的起業家（ソーシャル・アントレプレナー ⊙第7章）でもある。

▷ 社会的連帯経済の潮流と社会的協同組合の台頭

　地域社会の問題には，本来，公共部門にも民間部門にも属さないサードセクター，「民間非営利組織」がその解決の担い手の筆頭として期待される。NPO や協同組合などの民間非営利組織には「市場の失敗」および「政府の失敗」を補完する役割があり，近年では「**社会的連帯経済**」という概念も広がりつつある。こうした組織の特徴としては，「自発的で開かれたメンバーシップ」「民主的運営」「自治」「起業家的精神」「メンバーや社会に資するサービスの提供と持続可能な開発のための剰余金の再投資」といった共通性がみられる。社会的連帯経済の広がりの背景には，地域に密着し，公益性を志向するマルチステークホルダー型の協同組合の領域が広がってきた点があげられる。そこには，イタリアの**社会的協同組合**やイギリスのコミュニティ協同組合の事例のように，地域社会に開かれた新しいタイプの協同組合の姿がある。

　むろん，日本にも協同組合はあり，中小企業組合も存在する。ICA（国際協同組合同盟）の声明において，協同組合とは「人々が自主的に結びついた自律の団体」と定義され，「人々が共同で所有し民主的に管理する事業体を通じ，経済的・社会的・文化的に共通して必要とするものや強い願いを満たす」ことを目的におく。SDGsのなかにも協同組合の思想は反映されている。また，協同組合第7原則として，「協同組合は地域コミュニティの持続可能な発展に関与する」とある。この原則により協同組合は，閉鎖的な「共益」（組合員の利益優先）を越えて，「公益」的な活動を展開するうえでの理念的基盤をもったといえる。

中小企業組合の原点回帰，協同労働への注目

　本来は社会的連帯経済に位置づけられる中小企業組合であるが，日本の場合，そうした社会的・公益的な動きとの乖離がみられる。中小企業組合は，「中小企業等協同組合法」（1949年），「中小企業団体の組織に関する法律」（1957年），「商店街振興組合法」（1962年），「生活衛生関係営業の運営の適正化及び振興に関する法律」（1957年）を根拠法とする組合の総称をさす。組合数は1981年の5万8721をピークに減少傾向が続き，2020年には3万5831とピーク時より約4割減となっている（全国中小企業団体中央会［2021］）。種類別でみると，事業協同組合の割合が全体の約8割（2020年：2万8299）を占めている。事業協同組合は，中小企業者が相互扶助の精神に基づき協同して経済事業を行うことによって，経営の近代化・合理化ならびに経済的地位の改善・向上を図ることを目的とする組合である。日本経済の戦後復興期・高度成長期に中小企業の組織化政策が進められてきたなかで，中小企業組合は共同事業を通じて「規模の経済」を実現し，市場経済において大企業へ対抗してきた。ただ，今や量的拡大が見込めないなかで，中小企業組合においても，協同組合理念への原点回帰論や「社会性・公共性」を発揮することへの期待が高まっている。

　それは，「労働者協同組合法」の施行（2022年10月1日）によって，協同組合が社会的連帯経済としての本来の存在意義を再確認できたことによる。日本労働者協同組合（ワーカーズコープ）連合会によると，労働者協同組合とは，「企業や会社に雇われて働くのではなく，働く人や市民が協同で出資し合い，主体的に経営に参加して，生活と地域に応える仕事を協同でおこす協同労働の協同組合」である。「協同労働」では組合員が出資・経営・労働のすべてを三位一

図 5-2 地域社会におけるウェルビーイング連鎖モデル

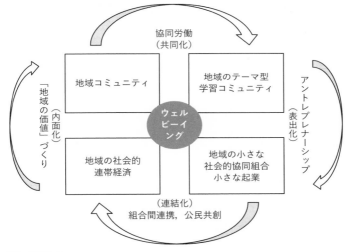

出所：筆者作成。

体で全員が担う。また，「協同労働」とは，「市民が協同・連帯して，人と地域に必要な仕事をおこし，よい仕事をし，地域社会の主体者になる働き方」を意味する。近年，地域の人々自らが「協同労働」を通じて地域づくりを実践する事例が増えている（長山［2022a］）。それらは，アントレプレナーシップをもった小規模な協同組合や任意団体であることが多い。協同組合における古い「共益」組織の限界性に対し，「協同労働」という仕組みを導入する。そして，新しいタイプの小さな社会的協同組合を多数生み出し，そこから草の根の組合間連携を進め，地域に社会的連帯経済を広げる。そうした流れができれば，地域社会にウェルビーイングの連鎖が広がっていくことだろう（図 5-2，● コラム 7）。今後，中小企業組合においても

協同組合第7原則に則り社会性・公共性を発揮して，地域社会の課題を解決する役割を積極的に引き受けることが求められよう。

4 新時代の地域経済・地域社会と中小企業

▷ **アントレプレナーシップと地域づくり**

　前節までは，議論をシンプルにするため，東京圏vs地方の2軸から地域の課題を分析し，そのうえで，地域経済の問題（経済的側面）と地域社会の問題（非経済的側面）の両面からアプローチを進めた。そして課題解決の主体として，前者では地域未来牽引企業のような中堅・中規模企業，後者では小規模企業および協同組合に着目した。本節では，両面からの検討にあたって，アントレプレナーシップによる主体形成と学習にポイントにおき，コロナ禍を経た新時代における中小企業と地域経済の未来を見通す。

　これまでみてきたように，地域問題と中小企業問題の重複領域は大きくなっており，複合化している。「地域」と「中小企業」という学習の場において，重視すべき主体とは，知識を創造し活用する人間である。そうなると，中小企業という組織よりも，中小企業家という個人，**アントレプレナー**（●第2章）に着目した検討が必要となる。アントレプレナーは，際立った個人特性がなかったとしても，経験や実践を通した起業学習によって輩出・育成が可能である。本章では，その学習の場として地域に焦点を当てた。アイデアなど知識創造の源泉は，アントレプレナーという個人に体化された「暗黙知」である。個人の経験や勘に基づく暗黙知は，言語化して説明できる「形式知」と比べて他人に伝え難い。この個人の「暗黙知」

を共有・移転するには，対面接触による相互作用の場（創発場）における「共同化」の過程を必要とする（野中・竹内［1996］）。ここから，対面接触が容易な「地域」という場が知識創造とアントレプレナーシップに結び付く。

▷ コロナ禍を経た新時代の村づくりの事例
——山梨県小菅村の分散型ホテルと村民アントレプレナー

　ここまでの説明に対して，具体的なイメージがわくように，1つの村の再生の事例を紹介する。「700人の村が1つのホテルに」のコンセプトを実現した小菅村の事例である。

　山梨県北都留郡小菅村は，多摩川の源流部に位置し，総面積の95％が森林の中山間地域である。2015年の人口は700人程度であったが，移住者が増えたことにより，2020年は715人と人口減少せずに踏みとどまっている。小菅村では「源流」をコンセプトにおいた村づくりを進めてきた。2001年に多摩川源流研究所を開設して以来，村の資源や本源的な魅力・地域の価値（佐無田［2020］）について調査研究している。そのうえで，NPO法人「多摩源流こすげ」などを設立し，下流域と源流域との連携事業に取り組んできた。その成果として，交流人口にあたる観光客数は，2014年から18年の間で約5万人から約13万人へと約2.6倍に増加した。また，関係人口（移住した「定住人口」でもなく，観光に来た「交流人口」でもない，地域や地域の人々と多様に継続的に関わる人々）は，村の人口の2倍（1500人以上）にまで増えてきている。さらには，村長の舩木直美氏直轄の村独自の起業支援をもとに，「源流」をコンセプトにおく5つのコミュニティ・ビジネス（源流野菜・わさび農家，獣害対策・ジビエ料理，タイニーハウス開発・製造など）を創出している。

順調であった村づくりに 2020 年のコロナショックがストップを
かける。ただ，そのタイミングで，3 密とならない「分散型ホテ
ル」事業を村ぐるみで開始した。「NIPPONIA 小菅　源流の村」事
業である。イタリアのアルベルゴ・ディフーゾと同様，「地域まる
ごとホテルでおもてなし」をコンセプトにした，持続可能な農村ツ
ーリズム事業である。同事業では，約 100 軒の空き家のなかから
古民家をみつけ，稼働率 3～4 割ほどの運営が続けられる高価格帯
のホテルへとリノベーションを行う。安価な地元旅館との差別化で
衝突を避けながら，空き家問題の解決とハイクラスな観光客の新規
顧客開拓を狙った。700 人の村人がコンシェルジュ，道の駅はホテ
ルの売店と温泉施設，道路や畦道は廊下，といった役割づけを行い，
宿の機能を分散させ，村が一体となったホテルの運営を実現した。
　分散型ホテルという新しいビジネスモデルは，株式会社 NOTE
が手がける「NIPPONIA 事業」を域外から取り入れた。NIPPON-
IA 事業とは，「なつかしくて，あたらしい，日本の暮らしをつく
る」という理念のもと，その土地に残る古民家等を店舗や宿泊施設
として再生させることで地域を活性化し，地域の暮らしが歴史的文
化的資源とともに次世代に継承されることをめざす事業である。株
式会社 NOTE はこうした社会課題解決モデルを全国展開すること
によってビジネスとして成長させた「ゼブラ企業」(⊙ 第 7 章) で
ある。
　小菅村では，域外の株式会社 NOTE に当該事業を丸投げするこ
となく，事業主体となる株式会社 EDGE を村主導で設立すること
で，行政・民間企業・村民が一体となった公民共創の事業実施主体
をつくった。分散型ホテルを運営する株式会社 EDGE は，地元雇
用を増やしたばかりか，域外から需要（観光客・観光消費金額）を搬

入し，域内関連事業者（建設業・食材供給業・クリーニング店など）との取引を通じて経済波及効果をもたらす，コネクター・ハブ企業であり，地域未来牽引企業といえる。

こうした新しい事業を村に導入するにあたって，小菅村では関係者と村人との対話が何度も繰り返され，合意形成のプロセスを踏んでいる。そのためか，ホテル開業後，村人が宿泊者に対してガイドやツアーを組むなど，関連ビジネスがフリーランスのような形態で多発し，村民のアントレプレナーシップが発揮されている。

▷ アントレプレナーシップを軸とした地域政策，自治体産業政策

自治体の人口規模や産業構造など背景は違えども，地域活性化・地域づくりには「よそ者・若者・バカ者」に期待が集まるように，「多様性」がポイントになる。多様なテーマの多様な起業家の輩出・育成といった文脈となれば，それは自治体にとって多様な政策テーマを解決する地域人材の輩出・育成と同じことになる。当然，自治体の産業振興部門（創業支援担当）だけではなく，他部門との連携や公民共創のようなオープンな仕組みが求められる。近年では，「コレクティブ・インパクト」という手法を取り入れる自治体も散見される（佐々木・横山・後藤編著［2022］）。コレクティブ・インパクトとは，特定の社会課題に対して，1つの組織の力で解決しようとするのではなく，行政，企業，NPO，基金，市民などがセクターを越え，互いに強みやノウハウを持ち寄って，同時に社会課題に対する働きかけを行うことにより社会変革をめざすアプローチのことである。このように公民共創やコレクティブ・インパクトが地域づくりの潮流となってきた昨今，小規模事業者や小さな協同組合の役割は重要性を増している。

図 5-3 新時代の自治体産業政策

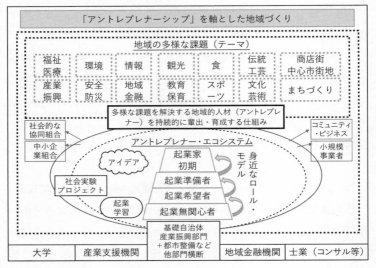

出所：筆者作成。

　基礎自治体（市区町村）における新しい地域産業政策として，総務省「自治体戦略 2040 構想研究会」報告では，2040 年頃の人口縮減時代に向けて，公・共・私の協力関係を再構築し，住民生活のニーズを満たす「プラットフォーム・ビルダー」へと転換することを自治体に求めている。先進的な自治体産業政策の事例においては，地域固有の多様な社会的課題を解決する多様な主体形成の事実発見がある（長山 [2021]）。子育て，教育，介護福祉，防災，環境，観光，食，まちづくりなど特定のテーマを地域的協働で実践的に学習するコミュニティが形成され，そこから多数の社会的実験があり，アントレプレナーシップによる実装が進む（図 5-3）。今後，基礎自治体では，「中小企業・小規模企業振興条例」に基づき，アントレ

> **コラム7　ウェルビーイングを測定する**　昨今，ウェルビーイングは地域づくりの政策において最上位のテーマとなっている。ただ，政策効果としてウェルビーイングをどう測定すればよいのか難しい面がある。岸田内閣では，「地方創生」を継承する「デジタル田園都市国家構想」を進めているが，その成果指標として「地域幸福度指標（**LWC**指標：Liveable Well-Being City 指標）」を導入している。LWC 指標は，市民アンケート調査等に基づく主観指標と，暮らしやすさを示す客観指標の両方を用いて，地域のウェルビーイングを数値化・可視化しようとするものである。
>
> 　主観的な個人の幸福感のみならず，「協調的幸福」という項目設定は特徴的である。協調的幸福としては，「多世代共創」「地域の一体感」「異質・多様性への寛容さ」など，日本人の協調的価値観に根ざした項目が設定されている。自治体の地域づくりにおいてもEBPM（エビデンスに基づく政策立案）が標準となっており，LWC指標を活用するケースが増えてきている。

Column 7

プレナーシップを軸とした地域の総合政策（部門横断的な政策）を制度設計していく動きが高まるであろう。新時代の自治体産業政策では，経済的価値のみならず非経済的な社会的価値の創出まで対象に広げ，小規模事業者・アントレプレナーを含む市民のウェルビーイングに資する地域活性化策として展開されていくことに期待したい。

*** Report assignment　レポート課題 ***

5.1　「地域経済循環システム」において，中小企業が貢献できること，中小企業に期待したいことを，考えてみよう。

5.2　本章の第4節で取り上げた山梨県小菅村の事例について，Chapter structure に示した視点に則して分析・整理を行ってみよう。

5.3　コロナ禍を経た新時代の中小企業と地域経済の未来について，基礎自

治体（市区町村）の首長の目線から発展戦略を考えてみよう。

地域コミュニティと
中小商業

商店街の再構築

次々と個店が閉店し，昼間でも
シャッターが閉まった商店街は
「シャッター商店街」や「シャッ
ター通り」と呼ばれる。こうした
現象は，地方だけではなく，都
市の駅前商店街でもみられるよ
うになった（写真提供：フォトラ
イブラリー）

Quiz クイズ

Q6.1 「商店街実態調査（令和3年度）」で「繁栄している（繁栄の兆
しがある）」と答えた商店街の割合は？
a. 2.2%　**b.** 4.3%　**c.** 15.8%

Q6.2 1つの商店街の空き店舗数の平均は？
a. 1.5　**b.** 5.5　**c.** 10.5

Answer クイズの答え

Q6.1　b.

　4.3%。3年前の調査結果の5.9%から減少した。商店街への来街者数（調査時点から3年前との比較）は，「減った」と回答した商店街は増加（前回調査55.1% →今回調査68.8%），「増えた」と回答した商店街は減少（前回調査11.8% →今回調査4.6%），厳しい現状が明らかになった。

Q6.2　b.

　1つの商店街の平均店舗数は51であり，平均空き店舗数は5.5，空き店舗率は約13.6%となっている。空き店舗が増えることは，単に商店の数が減って寂しくなるという以上の課題がある。詳しくは本文でみていこう。

Keywords キーワード

シャッター商店街，商店街不要論，買い物難民，商店街活性化，まちづくり，中心市街地，コンパクト・シティ，サード・プレイス，中小小売業のマーケティング

Chapter structure 本章の構成

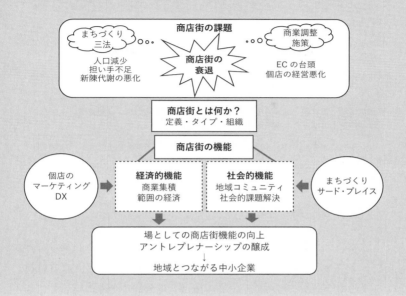

---

1 商店街の衰退と新たな役割

▷ 商店街の定義

　皆さんは，普段どこで物を買っているだろうか。インターネット上で欲しいものをみつけ，そのままクリックすれば商品が手に入る。こうした EC（Electronic Commerce）は，私たちの生活の一部となっている。学校やアルバイトの帰り，または休日には，繁華街のショッピングセンターに行くこともあるだろう。コロナ禍では，ネッ

表 6-1　商店街のタイプ

近隣型商店街	最寄品中心の商店街で地元住民が日用品を徒歩または自転車等により買い物を行う商店街
地域型商店街	最寄品および買回り品が混在する商店街で，近隣型商店街よりもやや広い範囲であることから，徒歩，自転車，バス等で来街する商店街
広域型商店街	百貨店，量販店を含む大型店があり，最寄品より買回り品が多い商店街
超広域型商店街	百貨店，量販店を含む大型店があり，有名専門店，高級専門店を中心に構成され，遠隔地から来街する商店街

注：最寄品：消費者が頻繁に手軽にほとんど比較しないで購入する物品。加工食品，家庭雑貨など。
　　買回り品：消費者が2つ以上の店を回って比べて購入する商品。ファッション関連，家具，家電など。
出所：中小企業庁委託事業「令和3年度　商店街実態調査報告書」。

トスーパーや Uber を活用し，その利便性を実感した人も多い。スマートフォン1つで買い物ができるいま，地元の商店街で買い物をする機会はあるだろうか。商店街は，現代的にどう再生していくのか，この章で考えてみよう。

　商店街というと，どのようなものをイメージするだろうか。シャッター商店街と呼ばれる，寂れてしまった商店街，惣菜店や鮮魚店，青果店の店員が買い物客と会話を楽しむ下町情緒溢れる商店街，「水木しげるロード」や「ウルトラマン商店街」などのキャラクター商店街など，人それぞれであろう。東京の繁華街の商店街と，地方の商店街とでは，その様子も大きく異なる。

　そもそも，商店街とはどのようなものをさすのであろうか。商店街には決まった定義はないが，商業統計では，小売店，飲食店およびサービス業を営む事業所が近接して30店舗以上あるものを1つの商店街と定義しており，2022年の「商店街実態調査」（中小企業

庁委託事業）では，各都道府県が把握している商店街数 は 1 万 3408
件となっている。商店街は，4 つのタイプに分類されることが多い
（表 6-1）。

商店街の組織

　日本における商店街の組織形態は，商店街振興組合法に基づく
「商店街振興組合」，中小企業の団体の組織に関する法律に基づく
「事業協同組合等」，これ以外の法人である「その他の法人」，非法
人である「任意団体」に分類できる。

　法人格をもつことで，組合としての不動産所有，銀行口座開設，
金融機関からの借入が可能となる等のメリットがある。国や地方自
治体から補助金を得てアーケードを設置することも可能となる。た
だし法人になると，総会や決算，納税の義務もあり，負担が大きい
という側面もある（辻井［2013]）。

　意外に思うかもしれないが，ハイブランドの店舗が立ち並ぶ原宿
の表参道も「商店街振興組合　原宿表参道欅会」という商店街であ
る。組合の会員数は 200 社，約 550 店舗（2023 年 1 月現在）を誇る
大規模な組織である。商店街として，まちのシンボルである欅の保
護や，清掃ボランティアの NPO 法人グリーンバードの設立と活動，
ハロウィーンパレードの開催，夏のよさこい祭り（原宿表参道元氣祭
スーパーよさこい）の開催，クリスマスの LED イルミネーションな
ど，さまざまな活動を行っている。ここで混乱を招きそうなのが，
商店街は，定義によれば商店が立ち並ぶ通りや場所のことをさすが，
実際には法人格を有する組合等の組織が活動をしている点である。
国や地方自治体が商店街を対象に振興策を行う場合，対象となる組
織が必要なことは理解できるであろう。ただし，最近では，組合に

加入する商店が減少するなか，商店街＝組合という図式が崩れてき
ている点には留意が必要である。

▷ 商店街の経済的機能

　商店街にはさまざまな機能がある。経済的機能と社会的機能に大
きく分けられる（小川 [2017]）。経済的機能は，商店街が本来的に
求められている買い物の機能である。商店街が存続するための前提
となる機能であり，さらに，①個店（独立した店舗）の経営機能，
②業種機能（商店街に必要な店の種類があること），③組織機能（組織
としての意思決定ができる体制をもっていること）の3つに分けられる。
　②の業種機能は，いわゆる「範囲の経済」であらわされるもので
ある。範囲の経済とは，企業が事業の多角化や製品・サービスの多
様化を通じて，それを行っていない場合よりシナジー効果で利益率
を高めるものである。商店街においては，1カ所にさまざまな商店
が集まっていることで，範囲の経済が存在するという考え方がある。
商店街のなかには，鮮魚店，精肉店，豆腐店，米穀店など，たとえ
ば夕飯を作るのに必要な食材が一通り揃う機能が求められる。最近
では，鮮魚店が後継者不足などで閉店してしまうということもよく
みられる。すると1カ所で買い物が済ませられるので，少し遠く
てもスーパーマーケットに買い物に行くようになる。本来は商店街
の米穀店で，いつものコメを精米してもらったり，精肉店の店主が
つくってくれたコロッケを買いたいとしても，利便性を考えると，
商店街から足が遠のき，その影響で今度は商店街に残っている精肉
店や米穀店，豆腐店なども経営が厳しくなり，場合によっては閉店
が続き，商店街が廃れていくという悪循環が起きてくる。

▷ 商業集積

　上記のような現象は，商業集積の分野で研究がなされてきた。商業集積とは，複数の小売店舗や関連施設が一定の場所や地域に集まった状態のことである。個店の集まりで，小売業や飲食業などは集合することでより多くの顧客を集客することができ，さまざまな商品を一度に買い揃えたり，消費の選択や比較購買などが可能となる。

　商業集積が成立するメカニズムは「集積の経済」が存在するためである。多数の店舗が集まることで魅力が向上し，より大きな市場が形成され，さらに多くの店舗が集積する。つまり，その集積に立地することで個店が単独では成しえない経済性を得ることができることを意味する。このように，他の業種と補完しあいながら商業集積を形成することで個店が得られる特性を外部性と呼ぶ。

▷ 商店街の社会的機能

　もう1つは社会的機能で，商店街も地域社会の主体としての役割を果たすことであり，地域社会への貢献機能ともいえる。たとえば，①社会的課題を解決する機能として，高齢者の買い物支援や子育て支援などは，商店街という場を使って果たせるものである。②地域交流機能（自然と集まれる場としての商店街の役割）や，③街区形成機能（安全で，便利で，快適で楽しい場。住民が楽しみに来てくれる場の機能）もある（小川 [2017]）。

　また，社会的機能に関して，2009年成立の「地域商店街活性化法」は地域コミュニティ法とも呼ばれるように，商店街の地域コミュニティの担い手としての役割を強く求めるものである。それまで商店街は経済的機能を果たすものと考えられていたが，この法律によって地域の社会的・文化的機能を果たすことが求められるように

なった。

▷ 商店街の衰退

　以上みてきたように，地域社会にとっても重要な意味をもつ商店街であるが，その現状は芳しくない。「**シャッター商店街**」が各地にみられるが，この語は，営業を休止してシャッターを下ろしたままの商店や事務所が多くみられる，活気を失った商店街や町並みを象徴的に表現している。

　近年では，スマートフォン1つで買い物ができ，注文したものを自宅や指定場所で受け取れるようになってきている。実店舗にしても，品揃えが豊富なスーパーマーケットや，ショッピングモールの方が一度で買い物が済むため，もはや商店街は不要であるという「**商店街不要論**」を耳にしたこともあるだろう。

　また高齢化が進むなか，「**買い物難民**」という言葉もセンセーショナルに受け止められたことは記憶に新しい。買い物難民とは，「商店街の衰退や大型店の撤退などで，その地域住民，とくに車の運転ができない高齢者が，近くで生活必需品を買えなくなって困っている状態」と定義される（杉田［2008］）。商店街は高齢者にとってはライフラインでもあり，社会的資本として考えるべきであるという考えがベースにある。

　こうした商店街の衰退に対して，**商店街活性化**事業として，国や地方自治体からさまざまな補助金等の支援が行われている。個々の商店ではなく，商店街を対象として支援するという性格上，アーケードを設置して悪天候でも買い物がしやすいようにしたり，街灯を整備して，地域住民や買い物客の安全に配慮したり，イベントの資金を補助するなどの支援が全国各地で共通してみられる。

さらに，空き店舗には顧客が見込めるチェーン店が入居することも多く，全国どこに行っても同じような商店街が散見され，その土地ならではの個性ある商店が立ち並ぶ商店街が減ってきている。

⤵ 商店街実態調査

「令和3年度　商店街実態調査」（中小企業庁委託事業）によれば，「繁栄している（繁栄の兆しがある，を含む）」と答えた商店街は4.3%，「衰退している（衰退の恐れがある，を含む）」が67.2%，まあまあである（横ばいである）」が24.3%となっている。商店街への来街者数が，3年前と比べて「減った」と回答した商店街が68.8%，「増えた」と回答した商店街が4.6%であった。

商店街が抱える問題は，「経営者の高齢化による後継者問題」が最も多い（72.7%）。次いで「店舗等の老朽化（36.4%）」「集客力が高い・話題性のある店舗・業種が少ない又は無い（30.3%）」となっている。

新型コロナウイルス感染症蔓延による影響については，9割の商店街で売上高に影響，8割の商店街で来街者数に影響，5割の商店街で空き店舗に影響が出ている。理由としては，「例年実施しているイベントができなかったため（53.7%）」が最も多く，次いで「休業・時短要請があったため（52.7%）」「飲食業店舗が多いため（48.5%）」と続く。

一方，新型コロナウイルス感染症蔓延による影響が生じなかった理由は，「新型コロナウイルス感染症まん延前から来街者は地域住民中心のため（43.4%）」が最も多く，次いで「飲食業以外の店舗が多いため（29.4%）」「商店街のある地域では新型コロナウイルス感染症があまりまん延していなかったため（20.9%）」となっている。

新型コロナウイルス感染症の蔓延による影響を踏まえ商店街で新たに取り組んだことは、「テイクアウト販売に対応した（45.6%）」が最も多く、次いで「地域住民に対して商店街が安心安全に買物できる場所であることを周知した（40.9%）」「キャッシュレス決済の積極的な導入（15.5%）」「インターネット販売に対応した（8.0%）」と続いている。

　以上の調査結果から全体の傾向をみると、商店街は商店の閉店が増え、客足も遠のき、衰退傾向にあることがわかる。同時に、コロナ禍の影響を受けにくかったのは、もともと地域住民の生活にとって必要な商店街であることがわかる。

2　商店街と「まちづくり」

◇　「まちづくり」とは

　「まちづくり」という言葉は共感を呼びやすく、また非常に多くの意味をもつため、これまで広範囲に使用されてきた。とくに、地方において人口減少が大きな課題となったため、さまざまなまちづくり政策が打ち出されるようになった。具体的には、行政による公園や道路の整備もまちづくりであるし、駅前の商業施設の再開発もまちづくりと呼ばれる。子育て世代や高齢者が暮らしやすくするための福祉活動もまちづくりの名のもとに行われてきている。

　「まちづくり」が小売業の世界で用いられるようになったのは、1980年代末以降の小売業の構造変化の加速により、地域商業のあり方を「まちづくり」という観点からとらえようとする機運が高まった頃である（石原・渡辺編［2018]）。

そもそも，「まちづくり」は公共的な要素の強い取り組みである。2000 年以降の流通政策は，都市計画と連携させた「まちづくり」の掛け声のものと，コミュニティ形成の担い手としての商店街の活性化をめざしてきた（満薗 [2015]）。たとえば，地元住民の買い物の場として経済的機能を果たしてきた近隣型商店街が，祭りやイベントの開催，地域通貨やスタンプカード，アートとの連携などの取り組みをする例がある。しかし，こうしたまちづくりの取り組みは，商店街に存在する個々の商店の利用に直接結びつくものではないことが多く指摘されている（辻井 [2013]，満薗 [2015]，小川 [2017]）。

▷ 商業調整施策

　商店街の中小小売業者にとっては，百貨店や大型スーパーマーケット，ショッピングセンターなどの大規模店舗が同じ商圏に存在した場合，その経営ひいては存続そのものへの影響が懸念される。大規模店舗は規模を活かして大量仕入れ・大量販売を実現でき，価格面でも中小商業より有利な経営が可能となる。とはいえ，中小小売者が競争に勝てずに廃業や倒産をしてしまっては，大規模店舗の独占や寡占状態を作り出す。そのため，中小商業は商業調整の対象となってきた。

　日本で中小商業の抱える問題が表面化した契機が，いわゆる「百貨店問題」である。1920 年代から各地に百貨店が出現し，不当に安い価格で商品を販売する「不当廉売」によって，中小小売業者が厳しい経営を迫られた。そこで制定されたのが百貨店法（1937 年）である。一定の売り場面積を超える百貨店が店舗の新設や増設をする際には行政の許可が必要となり，営業時間・日数にも規制が設けられた。大規模店舗の事業活動を調整することで，小規模小売業を

救済する商業調整政策である。百貨店法は，戦後一時的に廃止されたものの，戦後の復興過程で百貨店が力を得るなかで，1956年第2次百貨店法，1973年大規模小売店舗法（大店法）に引き継がれていった。

大店法は，高度経済成長期に急成長したスーパーマーケット（以下，スーパー）と中小小売業者の間での競合が激しくなるなかで制定された。スーパーは，百貨店法の対象となる規模には満たないため百貨店法の対象とならず中小小売業者の危機感が高まるなかで，百貨店法は廃止され，大店法が制定されるに至った。大店法は，一定規模以上の店舗の営業時間・営業日数に規制を設ける一方，新規出店は「許可制」ではなく「届出制」になったため，客観的には大規模小売店舗の出店のハードルは下がったといえる。その後，1980年代半ば以降になると，規制緩和や競争政策の重視やアメリカからの外圧もあり，2000年にはついにこの法律そのものが廃止されるに至った。

▷ まちづくり三法

日本のまちづくりに関しては「大規模小売店舗立地法」（1998年制定・2000年施行），「中心市街地活性化法」（98年制定），「改正都市計画法」（98年施行）のいわゆる「まちづくり三法」が制定されている。かつての中小小売業のための保護的な商業調整である「大店法」に代わり，「まちづくり」に政策的課題が移ってきたためである。

「大規模小売店舗立地法（以下，立地法）」は，大規模店舗の出展にあたり配慮すべき事項（交通渋滞，騒音，廃棄物処理等）を定め，地域の住環境との調和を図ることを目的に制定された。「中心市街

地活性化法」は，地方自治体が中心市街地活性化のための基本計画を策定し，国が認めるとさまざまな支援を受けられるというものである。「改正都市計画法」は，各市区町村が地域の実情に合ったまちづくりを行うことを目的として制定された。

中心市街地は，中心市街地活性化法の第2条で「当該市街地に，相当数の小売商業者が集積し，及び都市機能が相当程度集積しており，その存在している市町村の中心としての役割を果たしている市街地」と規定されている。中心市街地は，その地域の歴史的・地理的な状況を背景にして，地域独特の文化や伝統を中心的に育んできた。そして中心市街地ではその地域の都市活動機能や経済活力の維持，社会資本の蓄積がなされてきたがゆえに，中心市街地が衰退すると地域全体に影響を及ぼすとされ，活性化の対象とされてきた。そもそも，この背景には，多くの地方が人口減少の局面に直面し，地方の衰退を改善すべくさまざまな施策が打ち出されてきたという経緯がある。

しかし，中心市街地活性化法は何度も改正されてきたが，とくに地方都市ではシャッター通りが目立つことに象徴されるように，思うような効果は上がらず，中心市街地の空洞化が問題となった。2007年の改正以降，コンパクト・シティをめざす方向へシフトしたが，成功した都市はほとんどない。

コンパクト・シティとは，まちの中心部に住宅や商業施設，行政施設などを集中させた都市のことである。まちの機能の集約と人口の集積により，まちの暮らしやすさの向上，中心部の商業などの再活性化や，道路などの公共施設の整備費用や各種の自治体の行政サービス費用の節約を図ることを目的としている。2007年に，中心市街地活性化法に基づいた国からの認定第1弾は，以前から自治

コラム8 富山市のライトレールを核としたコンパクト・シティ構想　富山市は「くすりのまち」として知られ、薬業をはじめ多様な産業、文化、歴史をもつ中核都市として発展してきた。しかし急速な人口減少、自動車交通への高依存、既存鉄道路線の利用者減など課題もみえてくるなかで、2002年に就任した森雅志市長のリーダーシップのもと「コンパクトなまちづくり」が掲げられるようになった。2008年には「富山市都市マスタープラン」を策定し、「鉄軌道をはじめとする公共交通を活性化させ、その沿線に居住、商業、業務、文化等の都市の諸機能を集積させることによる、公共交通を軸とした拠点集中型のコンパクトなまちづくり」を理念とした。その実現のため、既存の公共交通（バスや電車）を活かしながら、公共交通の活性化を図った。

　富山市で運行しているライトレール（LRT）とは、低床車両、低騒音化、停留場のバリアフリー化などを取り入れた次世代型交通システムである。市街地では道路上に設けられた停留場から気軽に乗降でき、高齢者や障がい者など、だれでも使いやすい公共交通をめざすものである。

　富山市は、利用者が激減していたJR富山港線を、新駅設置、運行本数の増加等により日本初の本格的LRTとして蘇らせた。また、既存の市内電車の路線を一部延伸して環状線化することで、中心市街地の活性化と回遊性強化につなげた。そして、富山駅を挟んで南北で交通が断絶されていた状況を改善すべく、2020年には富山駅高架下にて富山港線と富山軌道線が接続され、利便性が大きく高まった。

　こうした取り組みの結果、公共交通の利用者数の増加、公共交通利用圏域人口の割合の上昇、中心市街地の空き店舗の減少（富山市活力都市創造部活力都市推進課［2021］）、古民家が魅力の岩瀬地区を訪れる観光客の増加（富山市［2022］）などの実績があらわれてきている。そうした数字にあらわれる部分以外にも、ライトレールが自分のまちの公共交通だと感じてもらうために、沿線の花壇の整備を地元の集まりで行ったり、個人や企業にベンチの寄付を呼び

掛けたり，4つの駅に企業の命名権を与えるなど，公共交通とその沿線の人々によるまちづくりの取り組みも行われている。

市内を走る新型の路面電車（左）と既存の路面電車（筆者撮影）

体としてコンパクト・シティの理念を掲げて事業に取り組んできた富山市と青森市であった。

3 新たな場としての商店街

▷ 地域コミュニティと商店街

　地域コミュニティとは，地域社会・共同体のことで，地域に根づき，地域と深い結びつきをもつコミュニティをいう。先述のとおり，商店街は経済的機能のみならず社会的機能も併せもつ。とくに「地域課題解決機能」（小川 [2017]）が注目されている。高齢化，核家族化，環境問題などを背景として地域課題は年々多様化してきており（たとえば祭りの担い手不足，買い物難民等），「場」としての商店街が果たす役割が重要となる。

　デジタル社会において，リアルな集まりの場としての商店街は，たとえ時間とともにプレイヤーが変わったとしても，人とつながり，

つながりが広がっていく場となりうる。

　新しいアーケードやカラー塗装，防犯カメラの設置，キャッシュレス決済の導入など，多くの商店街で共通して取り入れられるものがある一方，昔ながらの良さ，古いからこそ人気の商店街もある。

　たとえば大分県豊後高田市は，江戸時代から商業や農林水産業が盛んで賑わいのあるまちであったが，戦後の高度成長が始まると若年労働力が都会に流出し，過疎地域となった。そこで地元の商店街や商工会議所，行政がまちの再生に乗り出し，2001年に「豊後高田昭和の町」プロジェクトを開始し，寂れていた商店街を昭和30年代（1955〜64年）の懐かしさを観光客に体験してもらう「昭和の町」として再生させ，息を吹き返した。

▷　**サード・プレイス**

　「サード・プレイス」という言葉を聞いたことがあるだろうか。サード・プレイスとは，第1の居場所「家」，第2の居場所「職場，学校」とは異なる居心地のよい第3の居場所のことであり，その需要が高まっている（久繁［2013］）。

　商店街はサード・プレイスとして，住民がリラックスしたり，学んだり，人と交流できたりする居場所となりうる。そのためには，商店街の空き店舗やその他のスペースを活用し，人が集まりたくなる場所を提供し，さまざまなコンテンツで人を惹きつけることが重要になる。とくに都市部では，コロナ禍を経て仕事をオンラインでできる環境が整い，在宅勤務が増えた。このことで職住近接が新たな生活様式となり，改めて，1つの方向としてサード・プレイスが注目されている。

　たとえば，商店街の空き店舗に育児中の保護者を対象としたカフ

ェを開き，乳幼児がいてもくつろいで食事ができるスペースを提供
し，ベビーマッサージやリトミック等の習い事，保護者のためのお
金の貯め方講座などのセミナーを開催する，などはその例である。
または，商店街にカフェをオープンし，そのフリースペースで，地
域に住む外国人が講師となりその国の料理や文化の相互理解を深め
る例もある。

　そうした活動において，育児・介護・療養中などさまざまな理由
で求職中の人や障がい者や高齢者などが短時間，自分が得意なこと
を活かして活動に参加することで居場所ができ，やりがいや生きが
いをみつけ，社会復帰の第一歩につなげていく機会にもなりうる。
多様な人たちが第3の居場所として商店街に集まり，それが社会
貢献につながり，社会貢献に参加したい仲間が集まるという循環が
できていく可能性もある。

◁▷　**コミュニティ・ビジネス**

　地元市場向け産業のなかでも地域経済循環を高める担い手として，
「コミュニティ・ビジネス」は注目に値する。コミュニティ・ビジ
ネスという用語は，ここ10〜20年の間に浸透してきた。ただ，学
術的な定義としてはいまだに確立したとはいいがたい。異質多元で
多様な「中小企業」の概念に包含された1つの形態とだけはいえ
るだろう。コミュニティ・ビジネスの定義を巡る議論では，「コミ
ュニティ」のとらえ方が大きな論点となる。「コミュニティ・ビジ
ネス」という用語は，持続性，継続性，効率性や収益性を前提とし
ない「コミュニティ」と，それを前提とする「ビジネス」を組み合
わせた形容矛盾のある用語であり，わかりにくい。

　コミュニティ・ビジネスのおもな分野としては，①福祉，②環境，

③情報，④観光，⑤食，⑥伝統工芸・ものづくり，⑦商店街・中心市街地，⑧まちづくり，⑨地域金融，⑩安全・防災，⑪子育て・教育，⑫文化・芸術，⑬スポーツ，⑭①〜⑬の中間支援組織などがある。

こうした分類は，地域性によるものではなく，テーマ性に基づくものである。ただ，多くの先行研究（細内 [2010] など）で共通している点は，「住民・市民の主体性」に基づき，「地域の資源（シーズ）」を活かして，「地域の課題（ニーズ）」を解決する「スモールな事業」活動ととらえていることである。また，こうした活動から得られた利益を地域に還元することにより，地域の活力や雇用を創出し，地域内の経済循環性を高め，地域を活性化するビジネスモデルであるととらえている。

コミュニティ・ビジネスの領域は，「社会性・非営利」と「経済性・営利」との中間的な活動領域にあるといわれる。そのため，社会貢献と経済活動の両立をめざした地域密着型ビジネスといえる。いずれにしても，コミュニティ・ビジネスの概念は，「地域密着性」という要素なしでは成立しないことがわかる。そこでの「地域」とは，フェイス・トゥ・フェイスでの顔のみえるコミュニケーションが可能な地理的近接性のある場所といえる。

▭▷　**創業の苗床**

空き店舗活用として，地元の高校生のチャレンジショップなど，商店街が若者や女性の起業機会を提供する例がみられる。家賃を安く設定したり，数年分の家賃を補助したり，起業のアドバイスをするなど，地域の自治体や金融機関，商店街等が一体となって支援する。しかし補助金が途切れると事業継続が難しくなるなど，課題も

多い。とはいえ起業のハードルを下げる場、創業の苗床としての商店街の存在意義は認めることができよう。

　商店街においては、リアルな対面接触での対話が基本であり、人と人のつながる場、創発を生む仕組みが必要な要素であり、そこから「小さな起業」が生まれ、地域活性化、アントレプレナーシップの発揮へとつながるエコシステムが形成されることが期待される。しかしこれらは、人口が一定数いる都市部に当てはまる概念である。

　一方で、地方においては、あえて外からきた「よそ者」が空き店舗を借りてビジネスを始めるなど、新たな地域のつながりの場にしているケースもある。商店街が衰退し、うまく機能していないところに、アート、農家、クラフト、カフェなどをテーマに新たな店舗をオープンし、大手のフランチャイズ・ビジネスに頼らない拠点が生まれている。土地や建物の所有者（大家）は、はじめはよそ者に空き店舗を貸すのを躊躇する場合があるが、新たな拠点として人が集まり交流が深まっていくと、大家や商店街のメンバーたちの意識が変わってくるケースもみられる。

▷　中小小売業のマーケティング

　地方都市で百貨店の閉店が相次ぎ、大規模量販店（GMS）も低迷が続く一方、コンビニエンス・ストア（以下、コンビニ）やスーパーの小型店が都市部で増加している。中小の小売専門店も売上を伸ばしているところが少なくない。本来、地域密着が原点の中小小売業は、対象顧客や商品コンセプトが明確で、顧客からなくては困るといわれる店は少なくない。むしろ中小小売業は、それを得意とする分野のはずである（小川［2017］）。商店街の衰退の要因に、大型店やコンビニの台頭により顧客を奪われたという見解があるが、個店

の経営努力，マーケティング視点はあったのか，という厳しい見解
もある。

　また，これまでも述べてきたように，中小小売業は経済的機能の
みならず社会的な存在価値も有している。地域コミュニティとかか
わる地縁的な側面をもち，ときには経済的合理性を制約する条件と
して「近隣調和」という地縁的な制約を受け，意思決定を行わざる
をえない。近隣調和とは，限定された地域商圏において，他店に明
らかに深刻な影響を与える経営行為は，多くの地域住民の反発を招
くことがあるため，中小小売業は地縁的影響も意識して，近隣調和
的な品揃えを行うことを意味する（田中［2014］）。つまり，本来の
経済的自己実現という側面と，非経済的な地縁性の制約が，中小小
売業にとってはさまざまな制約を生む。いわゆる伝統的マーケティ
ングの4P（製品，価格，販促，販売経路）で考えてみると，立地を変
えることは困難であり，規模が小さい小売業にとっては価格の操作
も容易ではない。このように，**中小小売業のマーケティング**につい
ては，伝統的な考え方を単純に当てはめることはできない。

　そこで，規模が小さいからこそできる変化対応力，地域密着力
（買い物の地元回帰）など，地域とのつながりを武器に小規模メリッ
トに焦点を当ててみていこう。経済成熟化にともない個人の価値観
や生活様式が多様化するなか，マス商品では満たされないニーズを
求める顧客，小さな店，地元の店，こだわりのある店に惹かれる顧
客が増えている（岩崎［2004］）。そうした顧客に選んでもらうため
には，中小小売業の経営努力が必要不可欠で，マーケティングの視
点も重要となってくる。

　小規模であることを活かしたマーケティングは，商店街の個店の
経営を考えるうえで重要である。

図 6-1 小規模を強みに代える力

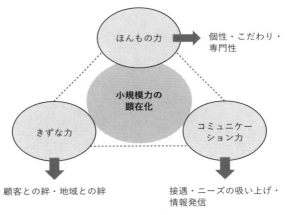

ほんもの力 → 個性・こだわり・専門性

小規模力の
顕在化

きずな力
顧客との絆・地域との絆

コミュニケーション力
接遇・ニーズの吸い上げ・情報発信

出所：岩崎［2012］76頁に筆者加筆。

　マーケティングは顧客の創造と維持である。顧客に選ばれるためには，自らの強みを活かし，弱みを改善することが必要になるが，とくに小さな企業の場合は，個性，サービス，独自性，こだわり，親しみやすさ，地域密着が重要なポイントとなる（図6-1）。

▷ **ファンベース・マーケティング**

　また最近では，ファンを大切にし，ファンをベースにして中長期的な売上や価値を上げていく「ファンベース・マーケティング」（佐藤［2018］）が注目されている。好きなアーティストを応援する「推し活」に稼いだアルバイト代のほぼすべてをつぎ込む学生も多いだろう。企業にとっては，全顧客の上位20％が売上の80％を生み出しているという「パレートの法則」は周知の事実であるし，ファンはファン自身の周りに新たなファンを増やしてくれる存在で

もある。人口減少，超高齢社会，成熟市場などを背景に，今後ますますファンを大切にするマーケティングが重要となる。

ファンの支持を強くするためには，①その価値をより高め，「共感」を強くすること，②その価値を他に代えがたいものにして「愛着」を強くすること，③その価値の評価を高めて「信頼」を強くすることである。これは，中小小売業にとっては「常連さん」を大切に，「常連さん」を少しずつ増やしていくことにほかならない。

ファンを大切にしていることを明確に伝えること，商品を単なる「モノ」ではなくストーリーをまとった「コト」にしていくこと，ファンがファンであるゆえんの商品・サービスの軸は変えずに，改善・改良をしていくことが重要である。

▷ 地域商業と DX（デジタル・トランスフォーメーション）

最近では，地域限定の QR コード決済（例：渋谷区のハチペイ，世田谷区のセタペイ）が続々と登場している。地域の商店のみで利用できる決済方法で，自治体の補助などもあり，住民が利用する際にはポイント等のお得感があることや，地域の商店を応援しようという気持ちで利用を増やしている。

商店街の小さな商店は，コロナ禍でキャッシュレス決済が促進されたとはいえ，高い手数料等のハードルは依然として高く，導入を躊躇または取りやめる店舗もある。地域限定の QR コード決済は，地域振興，商店街活性化を目的として，小規模な小売業のデジタル化，キャッシュレス化を自治体が補助するものである。こうした地域限定 QR コード決済は今後も増えていくことが予想される。

このほかにも，地域住民のニーズや需要の把握，業務改革等を行うための手段として，AI カメラや POS システム等，デジタルツー

ルを活用することがますます重要となってくる。

　今後は，単なる決済方法の利便性を高める目的だけではなく，こうして集まった利用データを活用する段階へと進み，地域での経済活動のオープンデータ化と，その活用の段階に入ると考えてよいだろう。

商店街の再構築

　本章では商店街についてみてきた。商店街を商店街や商店だけでみるのではなく，地域社会と切り離せないことを理解することが重要である。地域産業，地域経済が活気をもつことで，雇用機会を通して，結果として地域商業が活性化する。人々が商店街に集まり，繋がり，創業へと動き出す，創発の場なのである。地域の担い手不足が深刻になるなかで，商店街は学習の場となり，コミュニティの役割を果たすことが期待される。

　商店街を主体として考えた場合，商店街は，地域社会になくては困るという存在になっているだろうか。そうでないならば，どのように商店街を再構築すべきなのか。地域の資源や歴史を活かし，現状を把握し未来を見据えて再構築していく必要がある。それと同時に，商店，商店街は顧客の求める価値を提供できているのか，というマーケティングの原点を忘れてはならない。

　コロナ禍では，各地で祭りやさまざまなイベントが中止になり，思うように集まって活動することができない時期を過ごした。こうした困難や危機を経て，それらのイベントが復活した今日，改めて地域の人々は「集まることのできる場の価値」に気づきはじめている。日常生活の豊かさ，地域文化の継承が可能となる商店街の経済的価値・社会的価値の再発見ということができよう。

6.1 買い物難民への対応策として，宅配サービス，移動販売，商店への移動手段の提供（コミュニティバスや乗り合いタクシー等），顧客の近くに店舗をつくるなど，さまざまな方法が考えられる。それぞれのメリット，デメリットを考えてみよう。

6.2 「まちづくり」が商店街の個々の店舗の経営にも意味のあるものにするためには，どうしたらよいか，考えてみよう。

持続可能な社会を
実現する中小企業

Chapter

第IV部

第7章

持続的発展と中小企業

持続可能な発展

身近な
中小企業

善意の連鎖

市場の
限界

政府の
限界

ソーシャル・インパクト

第8章

ウェルビーイングと中小企業

マルチステークホルダーの幸せ

自己実現

エシカル消費

ワーク・エンゲージメント

ウェルビーイング経営

健康経営　働き方改革

ダイバーシティ・
マネジメント

サステナブル・
バリューチェーン

地域
コミュニティ

持続的発展と
中小企業

SDGs の先を見据えて

SDGs のポスター（https://www.un.org/sustainabledevelopment/）
※本書の内容は国連，その職員，または加盟国の見解を反映したものではありません

Quiz クイズ

Q7.1 SDGs 策定前の 25 年間（1990〜2015 年），「極度の貧困層」
（1 日 1.25 ドル以下で生活する人々）は世界でどれほど減少した
だろうか。
a. 34%　**b.** 45%　**c.** 56%

Q7.2 社会課題解決の創出環境を 45 カ国で比較したイギリスの『エ
コノミスト』誌によるソーシャルイノベーション・ランキング
（2016 年）によれば，1 位はアメリカ，2 位はイギリス，3 位は
カナダ，さて，日本は何位？
a. 15 位　**b.** 23 位　**c.** 40 位

Answer クイズの答え

Q7.1　c. 56%

　話題になった本『FACTFULNESS（ファクトフルネス）』（H. ロスリング＝O. ロスリング＝A. ロスリング［2019］）によれば，乳幼児死亡率の低下や児童就学率の向上など，世界は確実によくなっており，極度の貧困層は半減した。ネガティブな情報の方が報道されやすいし，更新されない記憶が定着しがちだが，それなりに社会は改善されている。とはいえ，貧困を撲滅するまでには至らず，SDGs ではその実現がめざされている。

Q7.2　b. 23 位

　日本は 23 位。このほか 5 位はベルギー，12 位は韓国，30 位はロシアなどとなっており，日本は上位ではない。評価指標は，①政策と制度的枠組み，②金融支援，③アントレプレナーシップ，④市民社会で構成される。日本は③と④で低評価（とくに③）である。

Keywords キーワード

SDGs，MDGs，成長の限界，市場の限界，政府の限界，持続可能な発展，CSR，CSV，ESG，ソーシャル・インパクト，事業型 NPO，社会的企業，身近な中小企業，本業，ゼブラ企業，善意の連鎖

Chapter structure 本章の構成

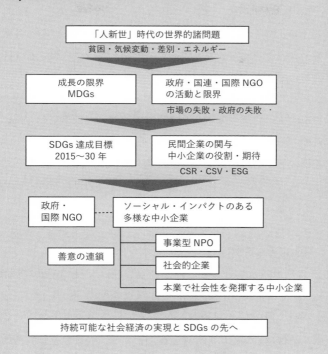

「人新世」時代の世界的諸問題
貧困・気候変動・差別・エネルギー

成長の限界
MDGs

政府・国連・国際 NGO
の活動と限界

市場の失敗・政府の失敗　・

SDGs 達成目標
2015〜30 年

民間企業の関与
中小企業の役割・期待

CSR・CSV・ESG

政府・
国際 NGO

ソーシャル・インパクトのある
多様な中小企業

事業型 NPO

善意の連鎖

社会的企業

本業で社会性を発揮する中小企業

持続可能な社会経済の実現と SDGs の先へ

1 持続可能な発展とは何か

▷ 世界的な諸問題

　2030 年の世界を見据えて国連が提起した **SDGs**（Sustainable Development Goals：持続可能な開発目標）は，広く知られるところとな

った。SDGs は貧困，飢餓，教育，気候変動，エネルギー，ジェンダー，環境，イノベーション，雇用，インフラ，平和など 17 の大項目と 169 の細分類目標から構成される。国連に加盟する各国政府が第一義的にこれらの課題に対して計画，実行，成果に責任を負うべきものである。

　しかし，人類が地球規模の環境変化を及ぼす「人新世」時代ともいえる現代において，みるからに政府部門だけでは手に負えない課題・目標であることは明らかである。国際機関や公共セクター，非営利組織に加えて，大企業や中小企業を含めた民間部門を巻き込んだ枠組み設計となっているところが，SDGs の大きな特徴といえる。なぜ，そうなったのだろうか。

▷ MDGs から SDGs へ

　2015 年の SDGs 提起以前に，国連は 2000 年から 15 年の期間に MDGs（Millennium Development Goals：ミレニアム開発目標）に取り組んでいた。MDGs の目標は SDGs の約半分の 8 項目で，対象となる国・地域は基本的に開発途上国で，かつ，かなり個別具体的な枠組みが設計されていた（表 7-1）。

　たとえば，初等教育の就学率向上や乳幼児死亡率の削減，妊産婦の健康改善，HIV／エイズ・マラリア等の蔓延防止などである。ここでは，日本をはじめとした先進諸国は政府を中心に ODA を含めた資金提供や知識・技術移転などで貢献していたものの，一般国民や民間企業は MDGs の取り組みと成果について政府任せで，広く周知されるまでに至らなかった。

　MDGs は，目標の完全達成とはいかないものの，大きな成果を残している。1990 年比で極度の貧困人口（1 日 1.25 ドル以下で生活

表 7-1 MDGs と SDGs の違い

	MDGs（ミレニアム開発目標）	SDGs（持続可能な開発目標）
期　間	2000～15 年	2015～30 年
対　象	開発途上国	開発途上国および先進工業国
取り組み機関	国際機関，政府・自治体，NGO/NPO 等	国際機関，政府・自治体，NGO/NPO 等＋民間企業（大企業・中小企業）
目標一覧	極度の貧困と飢餓の撲滅 乳幼児死亡率の削減 妊産婦の健康の改善 HIV／エイズ，マラリアおよびその他の疾病の蔓延防止 普遍的初等教育の達成 ジェンダー平等の推進と女性の地位向上 環境の持続可能性の確保 開発のためのグローバル・パートナーシップの推進	貧困をなくそう 飢餓をゼロに すべての人に健康と福祉を 質の高い教育をみんなに ジェンダー不平等をなくそう 安全な水とトイレを世界に エネルギーをみんなにそしてクリーンに 働きがいも経済成長も 産業と技術革新の基盤をつくろう 人や国の不平等をなくそう 住み続けられるまちづくりを つくる責任使う責任 気候変動に具体的な対策を 海の豊かさを守ろう 陸の豊かさを守ろう 平和と公正をすべての人に パートナーシップで目標を達成しよう

注：SDGs の目標は簡易表記である。
出所：筆者作成。

する人口）を 19 億人から 8.4 億人に半減し，途上国の初等教育純就学率を 80％ から 91％ に向上，5 歳未満児および妊産婦の死亡率をそれぞれ 53％，45％ 減少させるなどである。

　このように，途上国における諸問題を大いに改善する取り組みとして評価できるものの，国や地域，性別や年齢，経済状況などの観

点からは，依然として格差の解消とまでは至っていない。「取り残された人々」の存在が途上国で浮き彫りになったことに加え，支援側の先進諸国の国内においても同様に，格差の拡大や「取り残された人々」が少なくない現実がこの間，社会的に認知されてきた流れもあった。

他方，国境や経済発展の度合いに無関係な，地球規模での諸問題，すなわち，気候変動（地球温暖化）やそれにともなう自然災害や環境問題，資源・食料やエネルギーの問題はますます厳しさを増してきた。さらに，先進諸国は日本をはじめとして経済成長の度合いが低調なうえ，厳しい財政構造のもとで公的セクターの余力に限界が生じている。

このような情勢のもとで，MDGs の成果と課題，世界各国の抱える諸問題を総括した結果，国連がその後継として策定した SDGs はより対象が拡大した（前掲表 7-1）。そのため，公的セクターばかりでなく，民間部門の積極的な参画が不可欠なものとして制定されたといえる。日本やアメリカ，ヨーロッパ諸国の企業数の 90% 以上が中小企業で構成され，雇用の 5 割から 7 割を担っている。直接的な表現や記述は見当たらないが，この民間部門の重要なセクターとして中小企業が想定されることは，2017 年に国連が毎年 6 月 27 日を「マイクロ・中小企業の日（Micro-, Small and Medium-sized Enterprises Day)」と定めたことからもうかがえる。

▷ ローマクラブ「成長の限界」

ところで，このような世界的な社会課題や経済発展について問題提起したローマクラブの『成長の限界』（1972 年）と題した 50 年以上前のレポートを知っているだろうか。このレポートは欧米や日本

の経済発展がめざましい一方で，資源の有限性や環境コスト（外部不経済）を無視すれば21世紀前半にはさまざまな困難と危機に直面すると警告した。MDGs や SDGs は，この『成長の限界』からの警鐘に対する国際的かつ協調的対応の流れを汲むものといえる。その警告から半世紀を経て，ローマクラブはより複雑で困難化した国際社会を踏まえ，独自の提言書『Earth for All 万人のための地球』（2022 年）を公表した。そこでは「劇的な方向転換」と称する政策目標を提起して，政府と民間部門が協力してウェルビーイングを高める経済社会への転換を実現する運動を提言している（●第8章）。

▷ 市場・政府・非営利組織の限界

　大企業であれ中小企業であれ，ビジネスが成立する分野であれば市場メカニズムに基づいた競争原理と価格決定が合理的に行われる。しかし，この経済活動や取引によって市場の外で発生した不利益や損失，すなわち外部不経済が発生し，当事者がそのコストを負担しない現象を市場の失敗という。あるいは，創意工夫と努力で事業を成功させることは，企業の成長ばかりでなく，その地域や国の発展にも貢献することではあるが，成果配分には平等性の原理は成り立たないため，所得格差を生む。近年，グローバル化とデジタル社会の進展でますます格差は拡大傾向をみせており，**市場の限界**への対処が社会的に要請される。

　とはいえ，先進諸国，新興国，途上国のいずれも政府部門，すなわち財政に余裕があるわけではない。多様化かつ複雑化する社会諸問題の増大に対して，機動的な対応を公的セクターでまかなうことには限界がある（**政府の限界**）。

これまで，そうした社会課題に対峙する主体として重要な役割を果たしてきたのが非営利組織（NPO）や非政府機関（NGO）などである。ただ，これらの団体・組織は，資金や人材などで潤沢な資源に恵まれているわけではないことが一般的であろう。

　このように，財・サービスの供給主体のそれぞれにおいて限界性に直面している。この状況に一定の指針を示し，国際協調と各国が国・地域・企業の視点で多角的に取り組むべき課題として SDGs が提起された。

▷　**持続可能な発展**（Sustainable Development）

　21 世紀になって，国連の掲げる世界の共通課題は MDGs と SDGs に引き継がれてきたわけだが，この間，development の意味合いに相違が生じてきている。日本国内の一般的な表記・訳語では，「持続可能な開発目標」と表記されることが多く，国連が担う使命として発展途上諸国の社会「開発」という意味が引き継がれているものといえよう。とくに MDGs の場合には，「開発」という意味に受け止められてよい。

　ただ，SDGs においては，社会開発の意味に加えて，民間セクターの参画と貢献を多分に意識して，持続可能な「発展」という意味での development の性質も強いといえるだろう。経済学や経営学の領域からすれば，途上国も先進国もともに経済「発展」をいかにして持続可能な仕組み・制度として再構築あるいは新規に打ち立てていくかが問われていると受け止められよう。現代の世代の欲望を満たすために，外部不経済や将来リスクを無視して現存の資源を消尽するような振る舞いはもはや許されない。すなわち，資源・環境の保全と経済成長を両立させ，地域や国際間の協調によってよりよ

い社会の創造を実現していくことが，**持続可能な発展**（Sustainable Development）である。

　天然資源を枯渇させない，生物多様性が維持される，特定の土地に企業や市民が過度に集中しない，資源と経済の動脈と静脈が偏りなく循環する，人が教育や訓練を受けて再び労働市場に参入できる，こうしたことが地域，国，地球規模でさまざまな主体，とりわけ雇用の多数を占める中小企業によってめざされることが，持続可能な発展を体現しうる。

　他方で，消費者の意識と行動も少しずつ変化している。エシカル（ethical）消費といわれるように，企業が製品の製造や調達の過程で環境汚染や児童労働，人種差別，搾取，不公正取引などをしていないことを意識して商品選択をする消費者も現れてきている。とりわけ先進国でその傾向は強く，日本でも「フェアトレード」認証マークのついたコーヒーやチョコレートなどをみる機会が増えつつある。

2 持続可能性への関与を問われる企業

▷ 企業の社会的責任（CSR）

　ビジネス・企業経営の世界においても，社会・地域のなかの企業市民としての責任や役割に配慮する気運と取り組みは 20 世紀からあった。ただ，持続可能性（sustainability）という概念をともなった企業活動への認識や社会的要請が強まるのは，21 世紀になってからともいわれている（谷本 [2020]）。

　企業の活動は調達，生産，流通を通じて経済，社会，環境と密接

につながっており，相互に依存する関係でもある。1人の市民に比べて企業・会社の影響力は大きく，そのため，企業の社会的責任（Corporate Social Responsibility：CSR）が問われるようになった。

　CSRは企業が法令遵守や企業倫理の遂行を基本とし，ステークホルダー（利害関係者）や地域社会に対する責任を果たすことをいう。事業活動を通じて適正な利益を創出し，法人税や固定資産税を納めたうえで地域奉仕や環境保全，社員のボランティア支援や寄付行為などを行う例が多い。ステークホルダーを株主に偏重させず，従業員，取引先，サプライヤー，地域社会など幅広くとらえ，コーポレート・ガバナンス（企業統治）の観点からも企業の社会的責任を果たすことが普通に求められる時代である。

　大企業はCSR担当の専門部署を設置して，企業理念やビジネスプロセスの観点からさまざまな工夫をこらした活動を展開することが多い。他方，資源に制約的な中小企業が同様の対応を取ることは容易ではないのが現実的である。では，中小企業はCSR活動への理解や取り組みで劣るのだろうか。

　事実，CSR専門部署のない中小企業がほとんどであるが，多くの中小企業はその地域社会での事業展開と人脈形成の観点から，この概念や用語が普及する以前から「三方よし」（三方にとってよい）の経営と社会関係の形成に尽力してきたといえる。三方よしとは，「売り手よし」「買い手よし」「世間よし」という近江商人に由来する標語である。「世間よし」とは，独りよがりな機会主義的行動を控え，多方面の利害関係者に責任をもつ行動規範といえる。また，取引関係以外では地域のお祭り・行事への協賛と社員の積極的な参加をはじめ，学校に対する企業見学やインターンの受け入れ，独居高齢世帯への配達時の声かけなど，地域に密着した社会貢献活動を

日頃から幅広く行っている。

　600年超の歴史を有し和菓子・薬を製造販売する株式会社ういろうは，現所在地の小田原に来て500年余，この地で事業を行っている。歌舞伎の口上「外郎売」でも知られる同社は，仕事道具や江戸時代から続く歌舞伎界とのつながりなどの歴史的資料を自社の蔵を改装した博物館として地域社会に公開している。

▷ **共有価値の創造（CSV）**

　2010年代になると，単なる利潤追求（経済的価値）ばかりでなく，社会的ニーズにも事業活動そのもので社会的価値との両立を図るべく「共有価値の創造（Creating Shared Value：CSV）」という概念が提唱された（ポーター＝クラマー［2011］）。世界的な金融危機（リーマンショック）を経て，その震源地であるアメリカでは資本主義に対する考え方や経済社会のあり方が改めて問われることとなった。そのような社会背景や時代性をともなって，企業利益と公共利益のトレードオフを超克する経営のあり方を示すものとして提唱されたのがCSVである。

　CSRとの最大の違いは，CSVは企業の競争戦略と成長の観点から，社会的価値の創出を事業体系に組み込んで経済的価値の追求，両立を強調している点である（表7-2）。

　提唱者らは3つのアプローチを解説している。1つめは，「製品と市場を見直す」で，新しい商品・サービスを開発し，新しい市場を開拓・創造することである。2つめは「バリューチェーンの生産性を再定義する」で，エネルギーや資源，物流，調達，立地などを見直すことをさす。3つめは「事業を営む地域に産業クラスターを開発する」で，イノベーションにつながるような公正でオープンな

表 7-2 CSR と CSV の比較

	CSR	CSV
正式名称	Corporate Social Resposibility	Creating Shared Value
価　値	善　行	コストと比較した経済的便益と社会的便益
担い手	企業（企業市民，フィランソロピー）	企業と地域社会による共同
姿　勢	任意，社会的圧力	競争に不可欠，主体的
利益との関係	利潤最大化とは無関係	利潤最大化に不可欠
事業との関係	一部に取り込む（例：フェアトレード）	事業プロセス全体で再構築（例：調達網）
予　算	業績・部門予算に制約	経営計画・戦略の全体で再編成

出所：ポーター＝クラマー［2011］および丹下・新家［2022］を参照し改変。

エコシステムを地域社会に構築するというものである。マイケル・ポーターらはアメリカの著名な大企業を例にあげて CSV がすでに展開されているとしたが，この時点では「まだ端緒についたばかり」であった。

　この概念は経営戦略論の泰斗であるポーターが提起しただけあって，学術界に大きなインパクトを与え，彼の影響から大企業向けの戦略論的意味合いが強い。したがって，一部の大企業が企業ミッションや経営方針で CSV を採用する向きはあるものの，中小企業にはあまり普及していない。

▷　**ESG**

　近年，ESG は大企業の資金調達に関する報道でよくみかける用

語の1つである。環境（Environment），社会（Social），ガバナンス（Governance）の頭文字の組み合わせによる。これらに十分に考慮した経営を体現した企業でなければ投資対象から外されかねないという風潮が，大企業を中心に進みつつある。巨額な資金を擁する海外の機関投資家にその傾向が強く，日本の大企業も無視しえないものとなっている。

　一般に資金を提供する側は，対象企業の経営実績を反映した財務情報を審査し，事業リスクを勘案して投資や融資の決定を行うのが普通である。しかし，社会課題や社会ニーズに向き合い，環境や社会，人権，気候変動などに責任ある経営実績やビジョン，企業統治がなされているかといった，いわゆる非財務情報も評価基準として重視されるのがESG投資といえる。ゆえに，大企業のホームページをみてみると，統合報告書や財務状況以外に，サステナビリティ・レポートやCSRレポート，ESGデータブック，SDGsへの取り組みなどを積極的に公開，PRしている。

　ヨーロッパでは資金調達にとどまらず，EU域内で活動する大企業（国籍を問わない）に対して，気候変動対応，人権対策などサステナビリティ基準による外部の監査・認証を求める動きが強化されている。日本でも，上場企業に対して有価証券報告書にサステナビリティやコーポレート・ガバナンスに関する情報開示を義務づけ，要件水準を高めていく方向にある。大企業が単に見栄えよく，都合のよいことをアピールするだけでは社会的影響の大きさの観点から不十分とみなされる。社会的価値の観点から市場や制度における規則や規制を設けて，持続可能な発展の実現をめざすものといえる。

　このような基準づくりや認証の監督強化に至る背景には，環境に配慮したふりだけの，うわべだけの社会貢献アピールをする企業を

「グリーンウォッシュ（greenwashing）」と称するが，資産運用会社が実態をともなわない「みせかけの ESG 投資」（つまり ESG ウォッシュ）で投資家から資金を集めているといった問題が発生していることがある。SDGs ウォッシュについても注意を要する（遠山[2021b]）。

　大企業への社会的圧力は，中小企業にとっても無縁ではない。大企業は ESG やサステナビリティ報告書を作成するにあたり，重要なサプライヤーや下請先として事業を行う中小企業を含めてその取り組みを説明する必要がある。ゆえに，大企業から環境・温暖化対策や人権，調達網に関する適切な対応と報告を求められる立場に中小企業は置かれるであろう。

3　ソーシャル・インパクトとは何か

▷ 市場性と社会性

　21 世紀になって，前述した経済社会環境や意識の変化，SDGsへの理解や取り組みが普及するにしたがって，社会課題そのものをビジネスで解決する社会的起業家への注目が集まっている。市場，公共部門，非営利組織の限界のもとで，大企業ほどの資源投入を必要とせずに，市場性が低くても，つまり，規模の経済性を追求せずとも事業を成立させることのできる中小企業は，多かれ少なかれ社会志向型の事業を行ってきた。よく知られる市場性と社会性の軸で事業体を類型化した模式図（図 7-1）に，規模の経済性の観点を付加すれば，社会志向型中小企業の事業領域は第 1 象限でもっと右上方向により広い活動領域をもつこととなろう（図中グレー部分）。

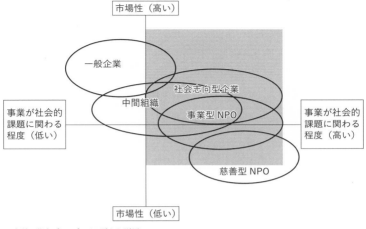

図 7-1　各組織形態の位置づけ ──────────────

市場性（高い）

一般企業

社会志向型企業

中間組織

事業型 NPO

事業が社会的
課題に関わる
程度（低い）

事業が社会的
課題に関わる
程度（高い）

慈善型 NPO

市場性（低い）

出所：谷本［2020］187 頁より引用。

────────────────────────────────

　以下では，いくつかの事業形態・類型について代表的な事例を取
り上げ，その特徴と可能性・課題を紹介しよう。そこでの着眼点は，
その事業活動や提供価値が社会に与えるインパクトの大きさ，**ソー
シャル・インパクト**である。

▷　**事業型 NPO**

　NPO（非営利組織）は，慈善活動やボランティアの組織として認
識されることも多いが，社会的に排除され困難に直面している人々
に一定の受益者負担で事業を行い，収益を上げる事業型の NPO も
存在する。法人格としては，特定非営利活動法人という。実現した
収益は事業の拡大のための投資や社員教育などに当てられ，配当に
は分配しない。

マドレボニータ（東京都渋谷区，創業 1998 年）は，産前産後ケア教室を全国で開催し，ケアプログラムを実施できるインストラクターの養成・認定などをしている認定特定非営利活動法人（NPO）である。ウェブサイトによれば，「産後うつ・乳幼児虐待・夫婦不和・M 字カーブ問題など産後が起点となる社会問題」を解決したいと表明している。日本の直面する少子化問題の，市場や公的セクターの手の届かない面のサポートに，するどい切り口で 20 年以上にわたって取り組んでいる。

　同法人の展開する産前産後のボディケア・フィットネス教室事業では約 1800 人，インストラクター養成事業では 100 人超の受益対象者がいた（2021 年度事業報告書）。後者の養成事業から巣立ったインストラクターによる派生的な受益者の数は，業歴の長さも加味すれば，全国で数万人にも及ぶのではないだろうか。その経済的な効果や価値を計数化することはできないが，受益者の個人・家庭・職場・地域に良好かつ健全な好循環を生み出すソーシャル・インパクトは甚大なものと推察される。

　このような認定 NPO 法人は少なくないものの，事業収入単独で経営が成り立つことは難しく，会員や企業などからの会費や寄付，自治体からの補助金や業務委託費の混合収入で運営されている。事業の急激な拡大や展開を意図する団体は多くはないが，寄付金や補助金は相手の業績や財政事情に左右されかねないため，事業の成長性と財務体質の両立に課題を抱えている。とはいえ，「政府かボランタリーか」という二項対立を超えた事業体として，**事業型 NPO** の存在は社会にとって重要である。

▷ 社会的企業

　未解決の社会課題に対してビジネスの論理で解決を図り，収益を再投資と社員教育・事業拡大に割り当て，小さく始めるにしてもスケールもねらうのが，**社会的企業**（ソーシャル・ビジネス）である。創業者らは社会的起業家（ソーシャル・アントレプレナー）ともいわれ，ベンチャー・キャピタルや機関投資家，銀行などから積極的に資金を調達する場合もある。社会的企業は新たな市場や価値提供を前提としたビジネスの論理が求められ，事業性，社会性，革新性の3つの要素が成立していなければならない。

　社会的起業家の出自はさまざまだが，一般企業などで働きつつ，何かしらの原体験をきっかけに社会課題を発見してしまったゆえに，起業に至る場合が少なくない。世界的に著名なケースは，アメリカ帰りの元大学教授で，貧困者向けの無担保小口融資（マイクロファイナンス）を巨大な事業につくりあげたバングラデシュのムハマド・ユヌス氏（グラミン銀行元総裁）であろう（ユヌス［2010］）。キャンパスの外では，貧困から脱却したい意欲はあるが，小さな商いを始めたくても，銀行をはじめ誰からも資金支援を受けられない女性らが眼前に大勢いた。ユヌス氏のポケットマネーの貸付で始まった取り組みは，40年余を経て960万人（うち女性が97%）に対し総額300億ドルを超える融資が行われる事業に育ち，返済率は99.85%といわれる。グラミン銀行のビジネスモデルは，その後世界中に広がった。

　市場が小さすぎて成立せず，また，既存のビジネスの常識では無視あるいは見落とされているため事業も雇用も付加価値も生まれない状況から，市場と価値を創造するビジネスモデルの構築が社会的企業の意義と役割である。他方，消費者や需要サイドの側面からも，

こうした挑戦に共感して，消費の選択肢とする層も増えてきている。もちろんビジネスであるかぎり，1度限りの共感消費のみでは企業としての継続性に欠けるため，品質，価格，デザイン，ブランディングで持続的に消費者のニーズを満たす必要がある。

▷ 海外にも広がる社会的企業

アンドゥアメット（andu amet，東京都渋谷区，創業 2015 年）は，エチオピアの羊皮でデザイン・製作されたバッグや小物類を現地工場で生産し，日本で輸入販売している。創業者の鮫島弘子氏は化粧品メーカーで，大量生産・大量消費型のビジネスに疑問を抱きつつ，プロダクトデザインを手がけていたが，欧米の高級ブランドの素材として買い叩かれているエチオピアン・シープの現状を知る。誤解を恐れずに単純化すると，カカオ豆やコーヒー豆などと同様に，被服や皮革製品などの素材供給地の途上国に落ちる付加価値はきわめて微々たるものである。

エチオピアン・シープの場合も同様で，安価で海外輸出され，イタリアでなめし加工と染色がなされ，同国あるいはフランスで製品に仕上げられたラグジュアリー・ブランド品は，驚くほどの価格で販売される。鮫島氏は，エチオピアの大自然と文化，素材と，自身のデザインと日本品質による技術指導とを掛け合わせ，現地に雇用と付加価値を創出するビジネスモデルをつくりあげた。

ダリケー（dari K，京都府京都市，創業 2011 年）の代表，吉野慶一氏は，インドネシア産カカオ豆が産地の規模（世界 5 位）にもかかわらず日本に輸入されない現実を知った。アフリカの産地と違い，チョコレート原料としての品質と価格に影響の大きい発酵工程が根づいていないため，国際相場の最底辺で取引されているという課題

図7-2 ダリケー（dari K）の事業モデル

◆dari K による一元管理モデル

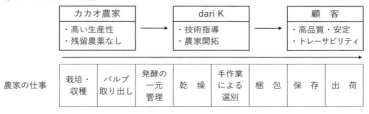

◆従来型のケース

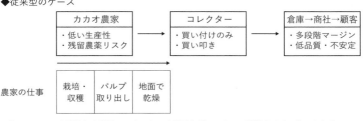

注：ここでいう顧客とは菓子メーカーや2次問屋などのことで，消費者はその先に存在することを想定している。
出所：同社資料を参考に，改変して筆者作成。

もあった。その現状を打破したいと思う少数の農家と出会い，発酵工程を含めて高品質なカカオ豆の産出と日本への輸出を実現した（図7-2）。

　同社は現地の契約農家に対してはアグロフォレストリー農法（混植）による収入源の多角化も指導しつつ，基準を満たした高品質カカオ豆は国際相場の変動に関係なく安定した高価格で買い付けている。自社製造によるチョコレート菓子の製造販売でその魅力の発信と市場開拓に邁進して，百貨店や商社のバイヤー，地方菓子メーカーの経営者，一般消費者らをファンに取り込み，エシカル消費の市場をつくってきたのである。次第に契約農家数と収量も増え，カカ

オ豆の卸売先も広がり，流通大手と共同で商品開発・販売をするなど，事業を拡大させている。

エコシステムから生まれる社会的企業

社会的企業のビジネスは，知名度のないなかで商品・サービスの需要と供給のバランスを適度に調整しながら，事業が頓挫しないように運営する手腕が問われる。当然，社会的課題解決をビジネスとして立ち上げるのは，容易なことではない。

ボーダレスジャパン（東京都新宿区，設立2007年）は貧困や環境問題，教育，フードロス，耕作放棄地，地方創生など国内外24の課題領域で47社の企業グループを形成している（田口 [2021]）。既存事業で働きつつ，社員が独自に見出した課題に関する事業をグループ内の研修と資金支援を受けて起業できるエコシステムを形成している。ピープルポート（神奈川県横浜市，創業2017年）はその1つで，日本へ難民申請している就労困難な外国人をパソコンのリユース・リサイクル事業で雇用している。パソコン再生作業は比較的標準的な英語でこなせるため，言語のハードルが低く，また，培ったスキルは日本以外でも通用する。社会的に孤立しがちな難民（申請者）が再生させたエシカルパソコンを安価に会社や個人に販売し，生活の安定を手に入れられる仕組みを作り出している。

本業で社会性を発揮する中小企業

SDGs が認知されるにつれ，社会的企業への注目が増す一方で，私たちに身近な中小企業が本業として SDGs 以前から社会性をもつ取り組みを展開してきたことは，もっと知られてよい（遠山[2019]）。

図7-3 パン・アキモトの「救缶鳥プロジェクト」

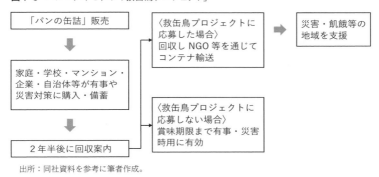

出所：同社資料を参考に筆者作成。

　栃木県那須塩原市で学校給食をはじめ店頭でパンを製造販売しているパン・アキモト（創業1947年）は，阪神淡路大震災（1995年）の被災者支援でパンを届けた際，配布までに時間がかかり，多くを腐らせてしまった。被災現場からは「柔らかくておいしくて，長持ちするパンが欲しい」という声が寄せられた。一念発起した秋元義彦氏（前社長）は，1年がかりで賞味期限37カ月のパンの缶詰を開発した。開発には成功したものの，まったく売れなかったが，2004年の新潟県中越地震で支援物資として提供したところ，マスコミにも取り上げられたことによってようやく認知され，徐々に売れるようになった。東日本大震災（2011年）後は，自治体や企業をはじめ，災害時の備蓄食としても一躍日本中へ販路を広げた。

　その後，備蓄用に販売したパンの缶詰を2年で回収し，飢餓で苦しむ国や地域への支援物資として寄付する流れを，販売先やNGO，大手運輸会社と協力して構築した（救缶鳥プロジェクト：図7-3）。小さな町のパン屋が日本中の自治体・大企業，非営利組織を巻き込んで，それまでなかった市場・製品・海外支援の仕組みを本

業の一環として成し遂げたのである。

　大川印刷（神奈川県横浜市，創業1881年）では，6代目経営者の大川哲郎氏が事業承継を機に社会志向型企業に大きく舵を切った。1990年代から環境に配慮した経営を行ってきたが，2003年にみずから「ソーシャルプリンティングカンパニー」を表明し，社員とともに「本業を通じて社会的課題を解決できる企業を目指」した。具体的には，大気汚染や化学物質過敏症の原因となる揮発性有機化合物を含まないノンVOCインキ（石油系有機溶剤0％）の使用率をほぼ100％とした。また，納品に使う車両は電気自動車やディーゼル車に変え，段ボール使用をやめて回収型コンテナに代替した。さらに，年間の温室効果ガス排出量を算出し，社員一丸となってカーボン・オフセット活動に取り組んでいる。このような経営方針と実績は業界や地域で受け入れられて取引先も増え，さらには外資系企業の日本法人が同社に印刷物の発注をするまでとなった。

　このように，身近な中小企業の本業での取り組みが社会をよりよいものにしているケースは多く存在する。情報発信力に課題のある中小企業ではあるが，地域金融機関や自治体がその事実を発見し，地域の模範としてPRすることで次第にソーシャル・インパクトが広がっていくことも少なくない。

4　身近な中小企業の善意の連鎖による持続的発展

▷　SDGs の認知の広がり

　日本と世界のいたるところで，さまざまな中小企業やソーシャル・ベンチャーによる社会課題解決の挑戦が小さな波紋となって，

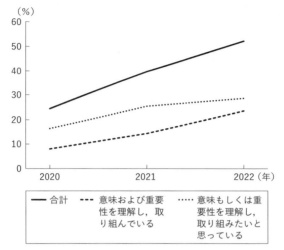

図 7-4 SDGs への理解と取り組み

（%）

注：各年度とも大企業・中小企業 1 万社超からの回答による。
出所：帝国データバンク「SDGs に関する企業の意識調査（2022 年）」より筆者作成。

持続可能な社会づくりが進んでいる。SDGs に関するさまざまな調
査においても，持続可能な社会づくりに向けた中小企業の取り組み
が進んでいることは確認できる。SDGs に取り組む企業と取り組む
意欲のある企業の割合は，2020 年に 24.4％ であったが，2 年後に
は過半数を超えて倍増した（図 7-4）。取り組んでいないと回答した
企業のなかには，本業の一部や協同組合活動において社会志向型事
業を組み込んでいても，控えめに回答をしたところも多いはずと推
察される。

　身近な市井の中小企業がこれまで以上に SDGs に取り組み，ま
た社会的起業家，事業型 NPO などが，自治体や地域金融機関，中
間支援組織などとさまざまな社会的なつながりを深めることによっ

て，「取り残されるひとがいない」社会の形成が期待される。社会的排除に直面したり制度の隙間で苦しんでいる人々のために法改正や政策転換，新制度創出を促したりする「政策起業家」の層の厚みも，これからの社会に求められている（駒崎［2022］）。

ゼブラ企業への注目と日本の身近な中小企業

　2023年6月に公表された政府の「経済財政運営と改革の基本方針2023」は，「加速する新しい資本主義」と題して社会課題解決型の中堅・中小企業群「**ゼブラ企業**」を取り上げ，政策的な支援の強化を打ち出している。そうした企業が創業すること，また既存企業がゼブラ企業に変質することが，持続可能な社会と経済の発展に寄与することは歓迎すべきことと考えられる。

　ゼブラ企業はアメリカ発の概念で，一般にその特徴はアメリカの経済社会と企業のあり方を反映したもので構成される（表7-3）。短期利益と巨額な経営者報酬，配当重視といった株主資本主義への批判に端を発しているものである。巨大企業の経営者団体であるビジネス・ラウンド・テーブルが，株主資本主義からの離脱を宣言した時期にも重なる。この流れを受けて，2023年度の日本政府の方針に採用されたわけであるが，このゼブラ企業とわれわれの身近にある中小企業を改めて比較してみると，前者がやや成長志向が強い以外は，それほど目新しさを見出すほどのものではない。

　第3節で紹介した本業で社会性を発揮する中小企業の事例のほかにも，読者の住む町には長期的視点にたって「三方よし」や「身の丈」経営を行っている身近な中小企業がいくつもみつかるはずである。そうした中小企業はCSRやSDGsをわざわざ喧伝していないかもしれないが，それは，日常の経営において地域社会と従業員，

表7-3 ゼブラ企業と身近な中小企業の概念比較 —————————————

	ゼブラ企業	身近な中小企業
時　期	2017年（アメリカの女性起業家らが提唱）	近世・現代にかけて普遍的に存在
危機感	短期・独占・株主至上主義への危機感	地域・地球の持続的発展への危機感
対ステークホルダー	マルチ・ステークホルダーへ配慮	「三方よし」
成長志向	長期の視点で企業成長	長期視点，「身の丈」経営
日本政府の位置づけ	インパクト投資を呼び込む存在	中小企業憲章（閣議決定）に明記

出所：筆者作成。

取引先との共存共栄を意図しているからである。2010年に閣議決定された中小企業憲章にそれはよくあらわれているし（● 第10章），近年では地域における中小企業の「共生性」に重点を置く議論も展開されている（池田［2022］）。

⬜▷ 善意の連鎖

　地域に根づき，地域とつながる中小企業の多くが誠実で真面目なビジネスを本業として展開しており，その延長線上にSDGsに効果のある取り組みが補完的に備わっている。そのような「**善意の連鎖**」は，社会関係資本（ソーシャル・キャピタル）ともいわれ，経済諸関係のみに拘泥されない，危機の際にもしなやかでしぶとい回復力（レジリエンス）や信頼に基づく新しい枠組みを生み出す地域の力ともいえる。そこには，日本の消費者と海外の労働者・生産者をつなぐ，新しい価値の創造に結びつくことも少なくない（● 第5章）。

あらためて繰り返すと，資源・環境の保全と経済成長を両立させ，地域や国際間の協調によってよりよい社会の創造を実現していくことが，持続可能な発展（Sustainable Development）である。資本主義や社会経済のあり方は，それぞれの国や地域の歴史や文脈，制度の経路によってその性質を異にしている。表面的な看板政策に振り回されない，本質的でホンモノ志向の地域レベルの中小企業支援は今後ますます重要性を増すだろう。

*** *Report assignment*　レポート課題 *///*

7.1　皆さんに身近な関係者の勤める会社では，どのような CSR 活動をしているか，その取り組みと意義，社員の参加具合を聞き取りし，受講者同士で情報交換をしてみよう。中小企業と大企業で，なにがどのように違うのか，話し合ってみよう。

7.2　SDGs の 169 ターゲットのなかから自分が参画・関与したいと思うものを 1 つ選び，どうしたら 2030 年までに実現できそうか，そこに中小企業はどのようにかかわれるだろうか，考えてみよう。

//

ウェルビーイングと中小企業

マルチステークホルダーの幸せへ

ウェルビーイング（well-being）とは、「身体的・精神的・社会的に良好な状態」を示す概念である。SDGs の 17 目標の 3 番目に「Good Health and Well-Being」があり、ウェルビーイングへの注目の高さを示している。

社会的

ウェルビーイング

身体的　　精神的

Quiz クイズ

Q8.1 世界 149 の国・地域を対象にした国連の世界幸福度ランキング（2023 年度）で、1 位となったのは 6 年連続でフィンランドだった。トップ 60 のうち、日本は何位？
a. 15 位　**b.** 47 位　**c.** 60 位

Q8.2 ジェンダー・ギャップ指数（GGI）は、世界経済フォーラム（WEF）が毎年公開しており、各国の男女格差を数値化したものである。2023 年の調査結果では、日本は 146 カ国中、何位？
a. 53 位　**b.** 125 位　**c.** 143 位

Answer クイズの答え

Q8.1　b.

　47 位。日本は 2022 年度の 54 位からランクアップしたが，G7 では最下位だった。前年同様，国民 1 人当たりの GDP と健康寿命ではスコアを稼いだものの，人生の選択の自由度や寛容さに課題があることが示された。

Q8.2　b.

　125 位。日本は前年（146 カ国中 116 位）から 9 ランクダウンし，順位は 2006 年の公表開始以来，最低だった。近隣の韓国（105 位），中国（107 位）にも遅れを取っている。

Keywords キーワード

ウェルビーイング，健康経営，ウェルビーイング経営，ワーク・エンゲージメント，ダイバーシティ・マネジメント，働き方改革

Chapter structure 本章の構成

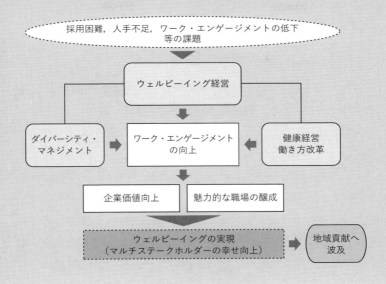

```
┌─────────────────────────────────────────────────┐
│  採用困難，人手不足，ワーク・エンゲージメントの低下  │
│                  等の課題                         │
└─────────────────────────────────────────────────┘
                       ↓
              ┌──────────────────┐
              │ ウェルビーイング経営 │
              └──────────────────┘
                       ↓
┌──────────────┐  ┌──────────────┐  ┌──────────────┐
│ ダイバーシティ・ │→ │ ワーク・エンゲージ │  │   健康経営    │
│  マネジメント   │  │  メントの向上   │← │  働き方改革   │
└──────────────┘  └──────────────┘  └──────────────┘
                       ↓
       ┌──────────────┐  ┌──────────────┐
       │  企業価値向上   │  │ 魅力的な職場の醸成 │
       └──────────────┘  └──────────────┘
                       ↓
       ┌──────────────────────────┐     ┌──────────┐
       │     ウェルビーイングの実現     │ →   │ 地域貢献へ │
       │ (マルチステークホルダーの幸せ向上) │     │   波及    │
       └──────────────────────────┘     └──────────┘
```

---

1 ウェルビーイングと企業活動

⬜▷ ウェルビーイングへの注目の高まり

　昨今，社会課題の広がりを背景に，これまでの利益偏重の資本主義社会のあり方に懐疑的な見方が広がっている。皆さんのなかにも，就職活動をするにあたり，社会貢献に熱心な会社かどうかを調べる人がいるかもしれない。自分らしく働けるかどうか，働きがいはあるかなどを重視する人も多いだろう。大企業は中小企業と比較する

と，福利厚生や社員教育の充実など，有利な点が多くみえる。実際に中小企業は，人口減少の波のなかで人手不足が深刻化しており，採用にも苦慮している企業が多い。こうしたなか，企業経営に関するすべての人（マルチステークホルダー）を幸せにするというウェルビーイング経営に注目が集まっている。

　ウェルビーイング経営に取り組むことで，従業員や経営者の心身の健康が向上すると，職場の雰囲気がよくなり，顧客や地域社会との関係性がよくなることが期待できる。そのことが，従業員のモチベーションやワーク・エンゲージメントの向上につながる。そして自ら生産性を高める行動をとるようになると同時に，心理的安定性が担保された職場環境が従業員の創造性の面でもプラスに作用する。それが業績向上へとつながっていく。幸福度の高い従業員が多ければ，人材獲得の面でも有利に働くことが期待される。将来的な企業の成長や発展を考えるうえで，ウェルビーイングへの取り組みは有益といえる。とくに中小企業は，企業規模が小さく，経営者と従業員の距離が近いことや，地域密着性など，ウェルビーイングの取り組みにおいて有利な点もある。以下では，具体的にウェルビーイングについてみていこう。

ウェルビーイングとは何か

　「ウェルビーイング」（well-being）とは，身体的・精神的・社会的に良好な状態にあることを意味する概念で，「幸福」と訳されることも多い。かつては狭義の「健康」を意味していたが，いまでは「幸せな感情」も含めたより広義な意味で用いられている。

　世界保健機関（WHO）憲章の前文では，「健康とは，病気ではないとか，弱っていないということではなく，肉体的にも，精神的に

も，そして社会的にも，すべてが満たされた状態（well-being）にあることをいいます」（日本 WHO 協会訳）とされている。SDGs（●第 7 章）が定めた 17 の目標の 1 つに「Good Health and Well-Being（すべての人に健康と福祉を）」があることからも，ウェルビーイングが重要な課題であることがわかる。ウェルビーイングを推進していくことで，企業は生産性の向上や離職率の低下などが期待できるだけでなく，従業員や経営者，地域社会の人々の幸福をもたらすことが期待される。

　では，企業活動とウェルビーイングにはどのような関係があるのだろうか。これまでのさまざまな調査から，自分が幸せだと感じる従業員は，創造的で業務のパフォーマンスが高く，組織に良い影響をもたらすことがわかっている。ウェルビーイングでは「心身ともに健康であること」が重要で，後で述べる「健康経営」とも深い関係性がある。

　ウェルビーイングと似たような言葉にウェルフェア（welfare：福祉）があるが，ウェルフェアはおもに「福利厚生」として認識される。福利厚生は給与以外で従業員やその家族に提供される制度や仕組みのことで，社会保険などの法定福利厚生と，家賃補助や社員食堂といった法定外福利厚生があり，最近では，学生が就職活動で企業を選ぶ際に重視する項目として上位を占めている。

　どちらも従業員や家族の健康，働きがいを向上させるものであるが，ウェルフェアが「手段」なのに対して，ウェルビーイングは「目的」となり，ウェルビーイングを実現させるために，多様なウェルフェア・サービスがあると考えてよいだろう。

　本章では，健康，福祉，happiness（感情の幸せ）を包括した「幸せ」をウェルビーイングと定義する（前野・前野 [2022]）。

▷ 健康経営の推進

健康経営は文字どおり，働く人の健康に留意して経営を行うことである。経済産業省では，より広義な意味合いで健康経営を定義しており，健康長寿社会の実現に向けた取り組みの1つとして，従業員等の健康管理を経営的な視点で考え，健康の保持・増進につながる取り組みを戦略的に実践する「健康経営」を推進している。

その方法として，経済産業省は健康経営優良法人を認定している（図8-1）。「健康経営優良法人2023」は大規模法人部門に2676法人（上位法人には「ホワイト500」の冠を付加），中小規模法人部門に1万4012法人（上位法人には「ブライト500」の冠を付加）が認定された（2023年3月8日時点）。

従業員の健康管理に取り組むことを投資と考え，業績向上に結びつける考え方である。大手企業やスタートアップをはじめとして，福利厚生の充実や柔軟な働き方を認める形で健康経営をめざす企業が増えつつある。健康経営に期待される成果としては，メンタルヘルス対策，業績の向上，ブランド価値の向上があげられる。

実際の健康経営への取り組みの第1歩は，健康診断やスポーツジム費用の補助，ウェアラブル・デバイスの支給，健康セミナーの実施など，運動や食生活の改善を通じた身体の健康管理にとりかかることである。しかし従業員の身体が健康なら無理が利くから生産性が上がるという認識では，ウェルビーイングの実現にはならない。健康経営に取り組む企業は，従業員の「社会的健康」向上にも目を向け，単に心身の病気にならないということだけではなく，ウェルビーイングを追求し，人材の育成と快適な職場環境づくりをめざしている。

図 8-1　健康経営優良法人マーク

2　ウェルビーイング経営

ウェルビーイング経営とは

　ウェルビーイング経営とは，自社の利益を追求するだけではなく，経営にかかわる関係者全員（マルチステークホルダー）の幸せを追求する経営である。現在では，社員の健康状態の把握・管理・改善を目的とする健康経営だけでは不十分とされている。体や心が健康で病気にならないだけではなく，目的意識をもって主体的に仕事に取り組み，生き生きと働きがいを感じながら働ける状態をめざそうというものである。そのために，ウェルビーイング経営が必要とされる。

　中小企業は，大きな間接部門を抱える大企業と違い，経営者，従業員，顧客，地域などのステークホルダー間の距離が近い。そのため，ウェルビーイング経営に取り組む際に，中小企業に優位な側面がある。具体的な手順について，以下でみていこう。

　1つめに，それぞれの企業がウェルビーイング経営の目的を明示し，自社に合わせたウェルビーイング経営の定義をする。2つめに，その定義・概念の浸透をよりスムーズにするために，具体的な施策

や社内ルール・規定に落とし込む。そして3つめに，取り組んだ結果を可視化するために，数値等の指標を用いて，成果を明示する。

　このプロセスのなかで，時短や残業抑制といった働き方改革をはじめとして，社員が幸せに働けるための仕組みづくりが進められていく。

　ウェルビーイングには，5つの要素があり，この要素を満たしていると，人は幸せを感じる（Seligman [2011]）。5つの要素とは，①positive emotion：ポジティブな感情，②engagement：エンゲージメント，③relationship：他者との良好な関係，④meaning：生きる意味や意義の自覚，⑤accomplishment：達成感である。

　より具体的に仕事や生活面でのウェルビーイングに目を向けると，仕事に情熱をもって熱心に取り組んでいること，信頼と愛情でつながっている人間関係を築いていること，生活するのに十分な資金的余裕があり，経済的に幸福であること，健康状態が良好で日々の生活に必要な活力が十分にあること，地域社会に根をおろして，つながっている感覚があること，といった点が満たされていることがウェルビーイングな状態を生み出すものと考えられる。

　これらをマネジメントとして取り組むことが「ウェルビーイング経営」であり，従業員の仕事へのやる気や組織へのエンゲージメントを高めようとする経営手法に取り組むことが求められる。

　エンゲージメント（engagement）とは，もともと「誓約」「婚約」「契約」などの意味をもち，信頼が構築された関係性を示す用語である。たとえば，「従業員エンゲージメント」といえば，従業員が会社に愛着や信頼をもち，貢献意欲を深めることをさす。

図 8-2 ワーク・エンゲージメントの特徴（類似概念との比較）

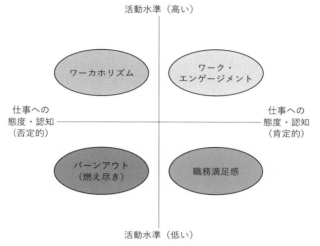

活動水準（高い）

ワーカホリズム

ワーク・
エンゲージメント

仕事への
態度・認知
（否定的）

仕事への
態度・認知
（肯定的）

バーンアウト
（燃え尽き）

職務満足感

活動水準（低い）

出所：厚生労働省［2019］より一部修正。

ワーク・エンゲージメントの向上

「ワーク・エンゲージメント」は，オランダ・ユトレヒト大学の
ウィルマー・シャウフェリが提唱した概念で，「仕事から活力を得
ていきいきとしている」（活力），「仕事に誇りとやりがいを感じて
いる」（熱意），「仕事に熱心に取り組んでいる」（没頭）の３つが揃
った状態として定義される。特定の対象，出来事，個人，行動など
に向けられた一時的な状態ではなく，仕事に向けられた持続的かつ
全般的な感情と認知である。

　ワーク・エンゲージメントは，バーンアウト（燃え尽き）の対局
の概念となっている。図 8-2 は，「活動水準」「仕事への態度・認
知」といった軸を用いて，「バーンアウト（燃え尽き）」「ワーカホリ

ズム」「職務満足感」といった，ワーク・エンゲージメントに関連する概念を整理したものである。「バーンアウト（燃え尽き）」は「仕事に対して過度のエネルギーを費やした結果，疲弊的に抑うつ状態に至り，仕事への興味・関心や自信を低下させた状態」（島津[2022]）であり「仕事への態度・認知」について否定的な状態で，「活動水準」が低い状態にある。

　「ワーカホリズム」は過度に一生懸命に強迫的に働く傾向のことで，「活動水準」が高い点がワーク・エンゲージメントと共通しているが，「仕事への態度・認知」が否定的な状態にある。

　「職務満足感」は，自分の仕事を評価してみた結果として生じるポジティブな情動状態であり，ワーク・エンゲージメントが仕事を「しているとき」の感情や認知をさす一方で，職務満足感は仕事「そのものに対する」感情や認知をさす点で差異があり，どちらも「仕事への態度・認知」について肯定的な状態であるが，後者は仕事に没頭しているわけではないため，「活動水準」が低い状態にある。ワーク・エンゲージメントについては，「仕事への態度・認知」について肯定的な状態であり，「活動水準」が高い状態にあることから，バーンアウト（燃え尽き）の対極の概念として位置づけられていることが特徴となっている。

　ワーク・エンゲージメントの概念がここ数年で重要視されている背景には，人手不足とそれが職場に与える影響が大きいことが理由にあげられる。とくに人手不足に悩む中小企業では，従業員の働きがいや意欲の低下は深刻である。こうした状況は，働くことによるストレスや疲労感を高め，健康に悪影響を与える可能性があることに加えて，仕事のパフォーマンスの低下につながることも懸念される。

コラム9 ワーク・エンゲージメント尺度の国際比較　ワーク・エンゲージメントを測定するものとして，ユトレヒト・ワーク・エンゲージメント尺度（Utrecht Work Engagement Scale：UWES）が用いられている。日本を含めた16カ国の比較調査結果によると，日本は他国と比較して相対的に低い状況にあることがわかっている。

　しかし質問項目をみると，ポジティブな態度や感情の表出は，各国の文化等にも影響を受ける可能性があることが指摘されている。たとえば，日本人はこの図にあるような質問項目に対して，「いつも感じる」や「とてもよく感じる」と回答することは躊躇する傾向にあるかもしれない。結果については，一定の幅をもたせて解釈することが重要であると指摘されている。皆さんはどう感じるだろうか。

図　ワーク・エンゲージメント尺度を活用した国際比較

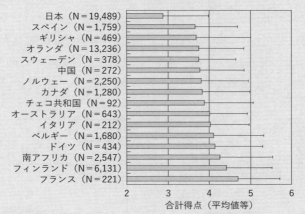

【質問項目】
（活力）
①仕事をしていると，活力がみなぎるように感じる／②職場では，元気が出て精力的になるように感じる／③朝に目がさめると，さあ仕事へ行こう，という気持ちになる

（熱意）
④仕事に熱心である／⑤仕事は，私に活力を与えてくれる／⑥自分の仕事に誇りを感じる

（没頭）
⑦仕事に没頭しているとき，幸せだと感じる／⑧私は仕事にのめり込んでいる／⑨仕事をしていると，つい夢中になってしまう

【回答】
0点：全くない／1点：ほとんど感じない（1年に数回以下）／2点：めったに感じない（1ヶ月に1回以下）／3点：時々感じる（1ヶ月に数回）／4点：よく感じる（1週間に1回）／5点：とてもよく感じる（1週間に数回）／6点：いつも感じる（毎日）

注：1　棒線は，9つの質問項目の総得点を9で除した1項目当たりの平均的な得点を示している。
　　2　棒線の右線は，平均値＋1標準偏差の上限を示しており，その上限までの範囲内に，サンプルの68％が含まれる。
出所：厚生労働省［2019］。

　こうした状況のなか，就労を望む多くの人が「働きがい」をもって働くことができる環境を整備し，働く人がより豊かな職業人生を過ごしながら，健康の増進と労働生産性の向上を同時に実現していくことが，ますます重要な課題となっている。

3　ダイバーシティ・マネジメント

◇　ダイバーシティ（多様性）

　ウェルビーイングがここまで注目される背景には，価値観の多様化があげられる。性別，国籍，宗教，文化など，多様なバックグラウンドをもつ人が集まり，ともに仕事をするようになってきたことで，企業が従業員の多様性（ダイバーシティ）を尊重することの重要

性が高まっている。そして多様性を尊重することで，新たなアイデアが生まれ，コミュニケーションが活発になるという側面がある。

　しかし，そうした国際的な潮流が背景にあるだけではなく，日本における切実な要因として，「男性労働力の減少」があげられる。とくに中小企業ではこの問題は顕著であり，この生産年齢人口の減少を埋める方法として，①高齢者の雇用継続，②専業主婦の社会的就業による女性雇用の拡大，③外国人労働力雇用の拡大，④障がい者雇用の拡大，⑤AIやロボットの導入による人材雇用不足の補塡（出家［2022］）が取り組まれてきている。

▷ ダイバーシティから「包摂」「公平性」「帰属」へ

　「ダイバーシティ」は多様性がある状態のことをさすが，それに加えて，社員が仕事をともにする集団において，その個人が求める帰属感と自分らしさの発揮が，集団内の扱いによって満たされ，メンバーとして尊重されている状態を「インクルージョン（包摂）」といい，最近ではダイバーシティ＆インクルージョン（D&I）と呼ばれる。

　さらに，1人ひとりの固有のニーズに合わせてツールやリソースを調整し，誰もが成功する機会を得られるように組織的な障壁を取り除いていく「エクイティ（公平性）」という概念も加わり，より広義な意味での関心や取り組みへとつながっている。

　しかし，ダイバーシティ＆インクルージョン＆エクイティに社内で取り組んだものの，効果が乏しい例も多い。そうしたなか，「ビロンギング（belonging：帰属）」という概念が加わるようになった。ビロンギングとは，社員がありのままの自分を偽らず，会社などの組織の一員として居場所があると感じられる状態を示す考え方

である。Glint 社の調査によると，強い帰属意識をもつ社員はそうでない社員よりも 6 倍以上エンゲージメントが強くなり，彼らは自分の最善を尽くしてベストな仕事をする。これは「心理的安全性」（チーム内において個人が対人行動を起こすにあたり，その行動が非難されないという共通認識が存在する状態〔Edmondson〔1999〕〕）を生み出すことの重要性を示しているともいえる。すべての社員が組織に求められていると感じられる環境にすることをめざすことが必要といえよう。

ダイバーシティ・マネジメント

　そこで「ダイバーシティ・マネジメント」に取り組むことが重要となる。**ダイバーシティ・マネジメント**とは，経済産業省によれば「多様な人材を活かし，その能力が最大限発揮できる機会を提供することで，イノベーションを生み出し，価値創造につなげている経営」のことである。「多様な人材」とは，性別，年齢，人種や国籍，障がいの有無，性的指向，宗教・信条，価値観などの多様性だけでなく，キャリアや経験，働き方などの多様性も含む。「能力」には，多様な人材それぞれのもつ潜在的な能力や特性なども含む。「イノベーションを生み出し，価値創造につなげている経営」とは，組織内の個々の人材がその特性を活かし，生き生きと働くことのできる環境を整えることによって，自由な発想が生まれ，生産性を向上し，自社の競争力強化につながる，といった一連の流れを生み出しうる経営のことをさす。

　中小企業では以前から，人材不足だったり人材の流動性が高かったこともあり，女性や高齢者など，多様な人材を雇用してきたという経緯がある。しかしこれからは，後ろ向きの人手不足対策ではな

く，企業価値を創造する組織を作るための人材対策（中山［2020］）が中小企業のダイバーシティ・マネジメントには必要な視点となる。

▷ 働き方改革の推進

　2019年4月から安倍政権が推進してスタートした**働き方改革**は，残業時間の上限規制や，産業医の機能強化，同一労働・同一賃金の適用などを定めた。企業は，多様な価値観やライフスタイルをもつ従業員が働きやすい環境を整備する必要がある。また，働きやすく魅力的な労働環境を整備することは，優秀な人材を確保することにもつながる。とくに人手不足に直面する中小企業は，どのような働き方であれば従業員の幸福度が増してやりがいを感じるのかといった観点で，制度や仕組みを検討する必要がある。

　もともと，働き方改革の推進は，少子化により働き手不足が課題となるなかで，一億総活躍社会の実現の一環で導入され，女性も高齢者も障がい者も力を合わせて生き生きと働こうという考え方からスタートした。そして働き方改革が進み，時短や残業抑制などは進んだが，実際には仕事量が減らないなか，残業が制限され，就業時間内には時間に追われ，残業代も出なくなるなど，はたして従業員は幸せになったのかという課題も浮き彫りになった。そこで働き方改革とウェルビーイングを両立させるべきだという考えが生まれ，幸せな従業員は生産性，創造性が高いというエビデンスをもとに，従業員を幸せにすることが働き方改革にもつながる，という認識へとつながった。

4 中小企業とウェルビーイング

▷ 大企業の日本的経営の終焉

そもそもウェルビーイング経営という概念が登場してきた背景には，日本の大企業における日本的経営が変化してきたことがある。これまで大企業における日本的経営の特徴の1つに家族主義的経営があげられてきた。これは家族制度における家父長的温情主義を企業経営にもち込み，それを経営の運営原理とすることである。経営家族主義のもとでは，経営者と従業員の関係を親子になぞらえ，両者の利害は決して対立するものではなく，一致するものだと主張されている（労使一体）。そうした温情で結ばれた家族的労使関係は，欧米のように金銭によって結ばれた契約的労使関係とは異なり，日本独自の企業文化を形成してきた。

1990年代初頭にバブル経済が崩壊した後，日本経済は停滞が続いた。その間，経済のグローバル化がさらに進み，日本でも株主第一主義や成果主義が取り入れられるようになった。大企業は成果主義を取り入れるなかで，事業再編やM&A，リストラを断行してきた。そうしたなかで家族主義的経営，経営者と従業員の共同体的な価値観が薄れてきた。

一方，2008年のリーマンショック，11年の東日本大震災などを経験するなかで，人々はより「幸せ」を大切にするということに重きをおくようになった。会社経営においても，社員を大切にし，顧客や地域等，ステークホルダーを幸せにすることに価値を置くなかで，まさにウェルビーイング経営が重要になってきており，中小企

業が果たす役割も大きい。

　実際に，「社員とその家族」「社外社員とその家族」「現在顧客と未来顧客」「地域社会・地域住民」「株主・出資者」の五者を幸せにする会社は業績もよいという研究もある（坂本［2008］）。

▷　中小企業とウェルビーイング経営

　社員第一主義は，中小企業にとってはむしろ取り入れやすい。中小企業は，もともと大企業と比べて従業員数が少なく，経営者や経営層との距離感が近く，これまでも従業員やその家族の顔がみられるなかで，ウェルビーイング経営の取り組みは，意識せずとも行われてきた側面がある。

　いかに最先端のオフィスでも，利用する社員が不満足なら生産性は上がらず，企業価値も向上しない。地域に根を張り，転勤が少ない中小企業は働きやすさに強みがあるといえる。大きな間接部門を抱える大企業と違い，顧客と近い中小企業は仕事の達成感を実感できる機会も多い。このように，ウェルビーイングには中小企業が優位な側面がある。ただ，福利厚生や従業員教育などは，経営資源の制約により大企業と比べて手薄になりがちである。

　まずは，従業員の拠り所となる経営理念を浸透させることが重要である。従業員の働き方や働くときに大事にすべきことが統一され，トラブルが解消される。それをベースに，経営理念の達成につながる仕組みが整備され，より経営理念に即した働き方ができ，業務効率が上がることが期待される。残業時間，人間関係，賃金などさまざまな面で従業員のウェルビーイングを上げることにつながっていく。

　一見，中小企業でのウェルビーイングは難しそうにみえるが，従

コラム 10 株式会社ベアーズの取り組み　株式会社ベアーズは，社長の高橋健志氏と副社長の高橋ゆき氏が，日本に暮らしの新しいインフラを作ろうと夫婦で 1999 年に創業した企業である。家事，仕事，育児等で忙しく，がんばりすぎてしまう日本の女性に，心のゆとり・癒しを感じてもらう時間をもってもらうため，家事代行サービス会社として創業した。個人向けサービスのほか，法人向けサービスの充実も図ってきている。高橋ゆき氏は，ウェルビーイングこそ企業経営に重要なものであるとの認識から，社員 1 人ひとりのウェルビーイングを高め，そこから社会にもウェルビーイングの風を吹かせるために活動している。同社はこれまで，「東京ワークライフバランス認定企業」の選定，「ベストベンチャー 100」（2010～16 年）や「第 9 回勇気ある経営大賞」特別賞（2011 年）など，多数の受賞歴がある。

　2017 年からは外国人家事支援人材の受け入れを開始（外国人家事支援人材事業者認定を取得）し，現在ではフィリピン等から来日した約 300 名（23 年 8 月時点）が社員として働いている。

　高橋ゆき氏は「日本を職場に選んで来てくれた彼女たち 1 人ひとりがいつか母国に帰国していくときに，日本および日本人を愛してもらえるよう，1 人ひとりが安心・安全にイキイキとお客様の暮らしをサポートすることで活躍すること，それが何よりこの事業に携わり，かかわってくださっている社員，お客様すべての方々のウェルビーイングにつながるものと信じています」と述べている。

フィリピンから新たに社員となったメンバーたち（株式会社ベアーズ提供）

　同社は，法人向けサービスに福利厚生制度「Well-Being プラン」を展開している。これはハウスクリーニングだけでなく，料理代行，キッズ・ベビーシッター，高齢者支援など充実した生活支援サービスを提供するものである。これにより，従業員が家族との時間を増やしたり自身

業員に幸せになってほしいというトップの決意と従業員の拠り所となる経営理念の浸透をスタート地点にすることで，大企業ではなかなか達成が難しいステークホルダーと一体となったウェルビーイングが達成できるのではないだろうか。経営者や経営陣と従業員の距離が近く，組織が複雑ではない中小企業こそ，ウェルビーイングを意識した経営が重要かつ成果が出てくることが期待される。

　実際のウェルビーイング経営に向けた取り組み例としては，健康診断，カウンセリング，チーム・ビルディング（メンバー 1 人ひとりのスキルや経験を最大限に活かし，目標を達成できるチームをつくり上げる取り組み），QC サークル活動（QC は Quality Control（品質管理）の略で，職場で自主的に製品やサービスの質の管理や改善に，小集団で取り組む活動），清掃活動や朝礼（時間の共有），休憩時間の充実，課外活動，地域社会貢献活動，相互表彰制度などがあげられる。これらは，中小企業が「ウェルビーイング」という言葉を意識する前から，地道に行ってきたことにほかならない。中小企業は地域社会や従業員とその家族，取引先など，ステークホルダーを大切にしていくなかで，これまでもさまざまな活動を行ってきている。それが実はCSR や SDGs の取り組みであったり，ウェルビーイング経営であった，ということが多くみられる。よって，こうしたキーワードは，

中小企業がよりそれを意識し，取り組みの指標として活用したり，従業員との共通理解を生み，活動するために，学び，活用することが重要となる。

ウェルビーイング経営は，実は中小企業こそ実現可能性が高く，むしろ中小企業だからこそ取り入れるべき考え方であるといえる。

▷ ウェルビーイング時代の自己実現

これまでの大量生産・大量消費の資本主義の時代には「マズローの5段階欲求説」によると，働いて経済的に自立をし（生理的欲求），安全で安心な住居が満たされると（安全欲求），会社や家庭，友人仲間等との所属意識（社会的欲求）や，肩書や収入など，自分の頑張りを認めてほしいと願うようになる（承認欲求）。それが満たされると，自分の可能性や希望を探求したい（自己実現）と思うように，人間の欲求は次の次元へと変化するものとされてきた（図8-3）。

しかしSDGsやウェルビーイングが重視される昨今，「自己実現」の先に「自己超越」（または超越）という次元が付け加えられた。それは「地球環境の有限性や多様性を認識しながら，個人をしっかり立てつつ，個人を超えてコミュニティや自然，生命とつながる志向」（広井［2021］）ともいえる。

社会的企業（ソーシャル・ビジネス）を立ち上げる若者の増加や，エシカル消費（消費者が社会的課題に取り組む事業者を応援しながら消費活動を行うこと）への関心や活動は，こうした変化をあらわすものといえる。個人が限りなく利潤を極大化する，あるいはGDPの無限の増加を追求するといった近代資本主義のベクトルとはやや異なり，コミュニティや自然とのつながり，社会貢献，ゆるやかに流れる時間といったものへの志向を含んでいる。それはビジネスとして

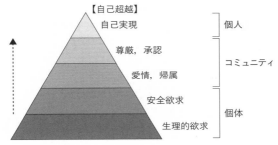

図 8-3 ウェルビーイング時代の自己実現プロセス

【自己超越】

自己実現 —— 個人

尊厳，承認

愛情，帰属 —— コミュニティ

安全欲求

生理的欲求 —— 個体

出所：広井［2021］。

の事業性をもちながら，SDGs 的な理念とも通じる性格を併せもつものである（広井［2021］）。

　人間の欲求の最後の領域としてウェルビーイングがあると考えるならば，中小企業にとっても，こうした新しい時代の新しい世代の欲求を満たし，社会に貢献し，社員をはじめとしたステークホルダーを幸せにするための場となることが重要となる。ステークホルダーの自己実現，超越の場としてさまざまな機能を果たすことで，そうした中小企業の活動が重なり合い，企業から地域へとベクトルが向かい，地域貢献へと波及していくといえよう。

地域とウェルビーイング

　最近では，まちづくりにもウェルビーイングの視点が取り入れられている（● 第 5 章）。その多くは，まちづくりを行う際に，地域の人々の幸せを向上させることを考慮している。たとえば「幸せを実感できるまちづくり」（埼玉県さいたま市）や「島の幸福論」（島根県海士町）などがある。こうした取り組みのベースには，社会関係

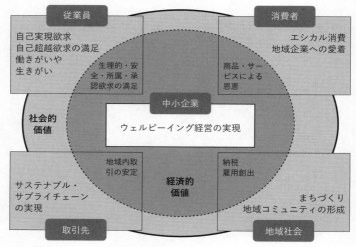

図 8-4 中小企業のウェルビーイング経営とマルチステークホルダー

従業員

自己実現欲求
自己超越欲求の満足
働きがいや
生きがい

生理的・安
全・所属・承
認欲求の満足

消費者

エシカル消費
地域企業への愛着

商品・サー
ビスによる
恩恵

社会的
価値

中小企業

ウェルビーイング経営の実現

サステナブル・
サプライチェーン
の実現

地域内取
引の安定

経済的
価値

納税
雇用創出

まちづくり
地域コミュニティの形成

取引先

地域社会

出所：筆者作成。

資本（ソーシャル・キャピタル）やコミュニティ・キャピタルの醸成
がある。地域でゆるやかにつながること，「弱い紐帯」があること，
地域に居場所があること，これらのことが人々の幸福度を上げると
考えられ，各地でさまざまな取り組みがなされている。

　そもそも中小企業は，地域社会の一員として存在している。従業
員の多くはその地域に住む人たちであり，地域における雇用創出の
役割を担っている。取引先や消費者も地域の企業や人たちであるこ
とが多い。そして企業活動によって製品やサービスを消費者に提供
して利潤を生み，地域には納税という形で地方財政を支え，貢献す
る。そのため，中小企業は地域に根づいた企業，地域密着企業とい
われる。

このように考えると，中小企業は地域社会においてマルチステークホルダーと結びつくことで成り立っていることがわかる。図8-4が示すように，中小企業がウェルビーイング経営を実現することで，マルチステークホルダーに対して，経済的価値のみならず，生きがいや働きがい，地域コミュニティの形成といった社会的価値をも生み出すことが期待される。まさにウェルビーイング経営は，地域とつながる中小企業の存在意義を再確認するものであるといえる。

Report assignment レポート課題

8.1　あなたが会社で働く場合，どのような職場ならばあなたのウェルビーイングが向上するだろうか。考えてみよう。
8.2　中小企業が従業員エンゲージメントを高めるためには，どのような取り組みや工夫が必要か，考えてみよう。

第V部

第9章
中小企業金融を学ぶ

中小企業金融の問題
情報の非対称性

小規模企業における
金融排除問題

リレーションシップ・
バンキング

信用補完制度

公的
機関　　　信用保証　　　金融
機関

地域をつなぐ協同組織金融　　協同組織
金融機関

第10章
中小企業政策を学ぶ

2010年代　　国　　近年
中小企業憲章　　　　中小企業基本法

ライフ
サイクル　創業　経営革新　事業継続　事業承継
　　　　　　　　　　　　　　M&A　中堅企業化

小さな
起業家

ベンチャー,
スタートアップ企業

小規模
企業

中堅・中規模
企業

創業支援

中小企業・小規模企業振興条例

地方自治体

中小企業金融を学ぶ

リレーションシップ・バンキングから
地域密着型金融へ

庫是

道徳を根とし
仁義を幹とし
公利を花とし
私利を実とす

信用金庫のルーツは，二宮尊徳の流れを汲む報徳社運動にある。1895（明治 25）年，掛川信用組合（現在の島田掛川信用金庫の前身）は，二宮尊徳の高弟らによって地域振興を目的に，日本の最初の信用組合として設立された（写真提供：島田掛川信用金庫）

Quiz クイズ

Q9.1 中小企業向けの貸出残高（2022 年 3 月末）に最も近いものはどれだろうか。

a. 300 億円 　b. 3 兆円 　c. 300 兆円

Q9.2 新型コロナウイルス感染症拡大で売上が減少した企業を支援するための無利子・無担保融資の通称として正しいのはどれだろうか。

a. 持続化給付金 　b. 事業再構築補助金 　c. ゼロゼロ融資

Answer クイズの答え

Q9.1　c.

　323.6 兆円（2022 年 3 月末）。金融機関の業態別では，国内銀行 227.4 兆円，信用金庫・信用組合 66.2 兆円，政府系金融機関 30 兆円。コロナウイルス感染症拡大前の 2020 年 3 月末と比べて 33.5 兆円の大幅増加となった。

Q9.2　c.

　利子無し（ゼロ），担保無し（ゼロ）の融資なので，「ゼロゼロ融資」と呼ばれる。新型コロナ感染拡大の初期は，日本政策金融公庫などの政府系金融機関が手掛けていた。利用が相次いだため，2020 年 5 月からは民間金融機関でも可能になった（民間ゼロゼロ融資）。

Keywords キーワード

情報の非対称性，担保・保証，リレーションシップ・バンキング，信用補完制度，フィンテック，協同組合金融，地域密着型金融，サステナブル・ファイナンス

Chapter structure 本章の構成

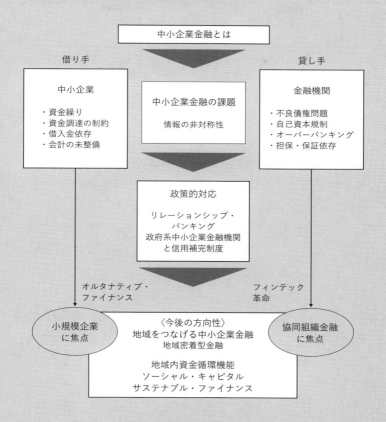

中小企業金融とは

借り手

中小企業

・資金繰り
・資金調達の制約
・借入金依存
・会計の未整備

中小企業金融の課題

情報の非対称性

貸し手

金融機関

・不良債権問題
・自己資本規制
・オーバーバンキング
・担保・保証依存

政策的対応

リレーションシップ・
バンキング
政府系中小企業金融機関
と信用補完制度

オルタナティブ・
ファイナンス

フィンテック
革命

小規模企業
に焦点

〈今後の方向性〉
地域をつなげる中小企業金融
地域密着型金融

地域内資金循環機能
ソーシャル・キャピタル
サステナブル・ファイナンス

協同組織金融
に焦点

1 　中小企業における金融の問題

▷　「金融」は中小企業経営にとって最重要課題

　本章では「中小企業金融」について学んでいくが，まずはお金を借りる側の中小企業の実態と課題からみていく。そもそも「金融」とは，お金（貨幣）を融通しあうことである。資金が余っている者（資金余剰主体）と，資金が不足している者（資金不足主体）がいれば，その間を仲立ちするのが「金融」である。その機能から，金融は「経済の血液」と例えられる。企業は，経済活動として，材料や商品を資金で購入し，生産した製品を販売して再び資金にする。資金が循環することにより企業は存続することができ，収益をあげることもできる。企業の経営資源は，「ヒト」「モノ」「カネ」「情報」といわれるが，お金は「企業の血液」とも例えられるようにきわめて重要なものといえる。企業は赤字になっても倒産しないが，カネ（資金）がなくなると帳簿上では黒字だとしても倒産してしまう。通常，仕入れ先等への支出の方が売上による入金よりもタイミング的に早いため，企業は「資金繰り」（現金収支の流れの管理）に余裕を持たせておく必要がある。大企業と比べて相対的に経営資源が少ない中小企業にとって，お金の問題は生死を分ける重要な経営課題といえる。

▷　資金繰りに苦しむ中小企業

　中小企業は大企業と比べて資金繰りが楽ではない。企業の資金繰り状況については，日本銀行の「全国企業短期経済観測調査（日銀

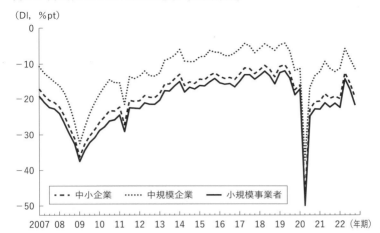

図 9-1 資金繰り DI の四半期ごとの推移（企業規模別）

(DI, %pt)

注：1 資金繰り DI は，前期に比べて，資金繰りが「好転」と答えた企業の割合（%）から，「悪化」と答えた企業の割合（%）を引いたもの。
2 ここでの中小企業および小規模事業者とは，中小企業基本法第 2 条の規定に基づく。「中規模企業」とは，中小企業から小規模事業者を除いた企業をいう。
3 前期比季節調整値。
出所：中小企業庁編［2023a］I -17 頁より。

短観)」や中小企業庁・中小企業基盤整備機構の「中小企業景況調査」等により把握できる。図 9-1 のとおり，中小企業の資金繰り DI は，2008 年の世界金融危機（リーマンショック），2011 年の東日本大震災，2020 年の新型コロナウイルス感染症パンデミック，といった危機の後に急激に大きく悪化していることがわかる。また，こうした外的ショックによる資金繰りの悪化は，中小企業のなかでも，小規模事業者においてより深刻なものとなっている。

▷ **中小企業における資金調達手段**

それでは，資金不足の中小企業は，どのようにして資金を調達し

ているのだろうか。一般的に企業の資金調達の方法は，資金の源泉が企業内部（内部留保，減価償却費）にある内部金融と，企業の外部にある外部金融に分かれる。内部金融は，企業活動による利益等で蓄積された資金である。外部金融としては，直接金融，間接金融，リース，企業間信用，補助金などがある。直接金融（株式や社債等）では資金提供者が直接，資金の提供を行う仕組みであるのに対して，間接金融（借入金等）では資金提供者と資金を借り入れる企業等の間に金融機関が介在する。

　直接金融においては，たとえば株式会社の場合，不特定多数の出資者から多額の資金を集めることを可能とする仕組みの1つとして，「持分（株式）譲渡の自由」がある。これにより，出資者は自分の好きなときに株式市場を通じて，自らが保有する株式を自由に売買することができる。しかしながら，中小企業の場合，その株式が未上場のため株式市場で売買されることは少なく，持分譲渡の自由が事実上制限されている。中小企業は投資の対象となりにくく，株式による資本調達が難しい。現実には，中小企業の株主の大半は，その企業の経営者である。企業の所有者と経営者とが同一であり，経営者およびその一族以外の出資者はきわめて少ないというのが中小企業の実態だろう（小川 [2022]）。

　内部金融と外部金融のうち，返済義務のない資金を「自己資本」という。企業が稼いだ利益の蓄積である内部留保は，この自己資本に入る。また，株式についても，外部金融であるが返済義務はないので自己資本となる。中小企業の場合，この自己資本の比率（総資産に占める自己資本の割合）が低く，返済義務の生じる資金，すなわち間接金融（借入金）に依存するという特徴がみられる（図9-2）。

図9-2 企業規模別の資金調達構造の変化

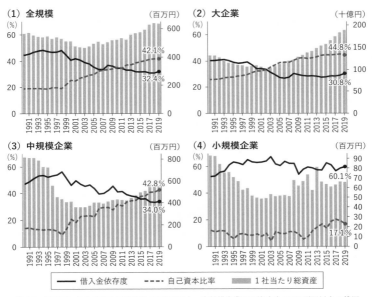

(1) 全規模

(2) 大企業

(3) 中規模企業

(4) 小規模企業

借入金依存度 ----- 自己資本比率 ▨ 1社当たり総資産

注:1 ここでいう大企業とは資本金10億円以上,中規模企業とは資本金1000万円以上1億円未満,小規模企業とは資本金1000万円未満の企業とする。
2 借入金依存度=(金融機関借入金+その他の借入金+社債)÷総資産
3 自己資本比率=純資産÷総資産
出所:中小企業庁編 [2021a] Ⅱ-4 頁より引用。

▷ **間接金融(借入金)に依存する中小企業**

間接金融の優位は,中小企業金融にかかわらず,伝統的な日本の金融システムの特徴であった。それは,資金の運用側からみた場合,日本の家計が安全資産を選好する点と符合する。日本の家計は現金・預金比率が非常に高く,家計金融資産の半分が銀行(ゆうちょ銀行など含む)に預けられている。また,日本では元本確定型の金融商品が中心であり,家計金融資産の8割以上が安全資産といえ

る状況にある。このように日本では，家計部門が金融リスクを負担しない代わりに，金融機関が間接金融という形でリスクを負担しているのが特徴といえる。

一方，資金の調達側からみた場合，日本の企業金融は伝統的に外部資金に依存する割合が高く，わけても金融機関からの借入金の依存度が高い点が特徴的であった。高度経済成長期，企業は設備投資の意欲が高かった一方で，内部資本の蓄積が少なかったためである。この企業部門の資金調達ニーズと国の産業政策が一体となり，大企業体制と産業金融モデル（銀行中心の預金・貸出による金融仲介機能）が確立された。当時の規制金利のもと，銀行は低利で安定的に集めた預金を，企業に対し設備投資資金として長期の融資の形で供給し，金融仲介機能を果たしてきた。そこではおもにメインバンク制（企業がおもに取引する金融機関を1行に定め，密接な関係を保つという日本特有の金融慣行）が採用され，間接金融の優位といわれる状態が続いた。

ただし，バブル経済崩壊後，産業金融モデルは崩れていき，メインバンク制の意味合いも薄れた。実際，図 9-2（前掲）のとおり，全規模の企業の借入金依存度は 1990 年代後半から低下しており，2019 年度の段階でピーク時よりも 10% ポイント低い 32.4% となっている。大企業では「無借金」経営の割合が多くなっている。一方，中小企業では，中規模企業と小規模企業において状況は異なり，前者が大企業並みに借入金依存度を 34.0% まで下げたのに対し，後者は 60.1% と依然として高い割合のまま推移している（中小企業庁編［2021a］）。

　従来から中小企業における資金調達の不利という問題性は指摘されてきた。中小企業，とくに小規模企業は，大企業と比べて相対的に利益率が低く内部留保が増えないため，自己資本比率の低い財務体質にある。利益率を高めるために，技術力の向上や製品開発を行おうとしても，資金不足に悩まされる。金融機関からの借入で資金調達することになるが，信用力の低さから融資が得にくく，金利の高い資金調達をせざるをえない。ひいては，それが収益性の低下を招く。こうした悪循環が小規模企業における構造的な金融問題であると考えられる。

　直接金融にアクセス困難な中小企業においては，やはりメインバンクとの良好な関係性を築き，いつでも借入が容易な状態としておくことが必要なのだろう。ただ，バブル崩壊後に起きた銀行の不良債権問題，「貸し渋り」問題にみられたように，金融機関の貸出態度が慎重になると，中小企業の資金調達環境は決定的に悪化する。次節では，貸し手の金融機関サイドにおいて，中小企業向け融資にどのような問題性があるのかをみていくこととする。

2　金融機関からみた中小企業金融の問題

▷ 中小企業向けの金融機関とは

　日本における間接金融のおもな担い手は，銀行などの民間金融機関である（図9-3）。日本では中小企業の資金問題に対して，中小企業金融の円滑化を目的とした専門の金融機関が設けられている。具体的には，信用金庫・信用組合・政府系金融機関（日本政策金融公

図 9-3　中小企業の間接金融の体系

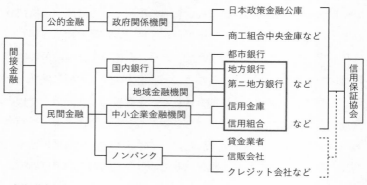

出所：筆者作成。

庫・商工組合中央金庫）である。信用金庫と信用組合は相互扶助を理念とする非営利法人の協同組織金融機関であり，株式会社の普通銀行とは組織形態が異なる。銀行の出資者は株主であるが，信用金庫は会員，信用組合では組合員が出資者となる。信用金庫の会員資格は，地区内に住所を有する者や従業員 300 人以下，資本金 9 億円以下の事業者などと決められている。信用金庫と信用組合は営業区域に制限があり地域密着型金融となるため，地盤とする地域経済の衰退により厳しい経営を強いられる場合もある。

▷ 地域金融機関による地域内資金循環機能の低下

金融機関は集めた預金をもとに貸出することで収益を得るビジネスモデルであり，地域金融機関はそれを一定の地域において行っている。大まかにいえば，地方銀行と第二地方銀行は都道府県単位の広域な地域，信用金庫と信用組合は市区町村単位の狭域な地域にお

図 9-4 地域内資金循環のイメージ

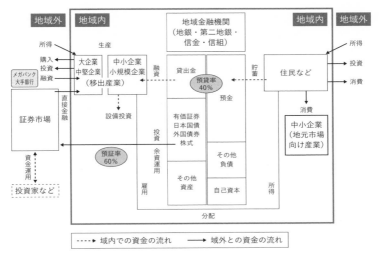

出所：筆者作成。

いておもに営業している。いずれにしても，地域経済を活性化するには当該地域内で資金が円滑に循環している状態が好ましく，その金融仲介機能を地域金融機関は担っている。

　預貸率は，金融機関における貸出残高を預金残高で除した比率であり，地域内資金循環機能のバロメーターとなる。金融機関の業態別にみた預貸率は，1998 年以降，すべて低下傾向にある（中小企業庁 [2016]）。とくに，信用金庫と信用組合の預貸率は大きく低下し，40% 台の低水準にある。預貸率が低いということは，資金余剰が発生することになる。そのことは，金融機関が，貸出による運用ではなく，国債等有価証券を購入するなどで，余った資金を運用（余資運用）することを意味する。証券取引の主要な市場は東京にある

ので，地方の金融機関における預証率（金融機関の預金残高に対する有価証券残高の比率）が高まることは，地方（地域内）から東京（地域外）へとマネーが流れることを意味する（図9-4）。

▭ 金融機関における不良債権問題と経営健全化

では，なぜ，金融機関の預貸率は低下したのだろうか。もちろん貸出残高が増加傾向にあっても，預金量がそれ以上に増加していれば，預貸率は低下する。しかしながら，1998年から2002年まで中小企業向け貸出額は減少しており，この時期における預貸率の低下は金融機関サイドの問題にあったといえる。

1997年から98年にかけては，住宅金融専門会社の倒産に始まり，山一證券，北海道拓殖銀行，日本長期信用銀行，日本債券信用銀行などの経営破綻があり，日本の金融システムが危機を迎えていた。その背景には，1990年代初頭のバブル経済崩壊により，金融機関において膨大な不良債権の重荷がのしかかったことがある。不良債権とは，銀行など金融機関が貸し出した債権のうち，約定どおりの元本や利息の支払いが受けられなくなるなど，回収困難な状態または回収困難になる可能性が高い債権をさす。

日本では，この金融危機に対して行政当局が信用秩序維持政策（プルーデンス政策）によって介入し，国際標準に適合する金融システムの改革（日本版金融ビッグバン）が進められた。1998年，「金融システム改革法」が制度化され，銀行に対してBIS規制など自己資本比率規制が課された。自己資本比率が十分高ければ，銀行は保有する資産価値の変動に対し，自己資本によりリスクを吸収することができる（ショック・アブソーバー機能）。同年，金融監督当局は，金融機関の経営健全性を確保するため，自己資本比率基準に基づく

早期是正措置を導入した。それにともない，銀行は自己査定により適切な償却引当を行い，決算に反映させることになった。ただ一方でそれは，不良債権問題の心配のない優良な企業を選別して貸し出すことにつながった。金融機関においてリスキーな中小企業向けの貸出に厳しい態度が取られるようになり（いわゆる「貸し渋り」「貸し剥がし」），中小企業への貸出残高は減少して預貸率が低下していった。

　2002年になると，小泉内閣のもと，金融庁により「金融再生プログラム——主要行の不良債権問題解決を通じた経済再生」が発表された。これは，大量の不良債権を抱えた大手銀行（メガバンク）に向けられた施策であり，2005年3月までに不良債権比率を半減する数値目標の達成を迫ったものである。資産査定の厳格化やバランスシート改善（資産と負債の圧縮）および新しい会計手法の導入等により，大手銀行の不良債権処理は急速にハードランディングで進められた。その結果，2000年代に入ってからの不良債権比率（金融再生法開示債権を総与信で除した比率）は低下傾向にある（中小企業庁 [2016]）。ちなみに，リーマンショック等の経済危機が発生した際にも金融機関の不良債権比率は大きく上昇しておらず，金融機関の経営は健全な状態が続いている。

▷ オーバーバンキング問題，合併・再編の加速

　オーバーバンキング問題とは，日本の貸出市場において銀行の数が過大であることや，銀行セクターの預金・資産規模が過大であることをさす議論である。高度成長期，1980年代までの金融業界は，護送船団行政の庇護のもと，銀行の規模が拡大し続けた。ただし，1990年代以降の金融自由化や金融システム改革に際して，銀行の

再編・統合の動きが進んだ。地域金融機関においても，大手行（メガバンク）と同様，規模の経済性による業務効率化を狙っての再編・統合を繰り返している。信用金庫と信用組合では，経営環境の厳しさに対応するため合併・集約の動きが進展しており，その数は大きく減少している。2021年3月末現在で信用金庫数は254金庫（1999年3月末は396金庫），信用組合数は145組合（1999年3月末は322組合）であり，3割減，5割減とそれぞれ大きく減少している。効率化を追求する金融機関の経営は，地域に密着した金融仲介機能を果たすことができるのか懸念される。

▷ 「情報の非対称性」による中小企業向け融資の難しさ

　中小企業の金融は，大企業向けに比べ，**情報の非対称性**の度合いの強い分野である。融資対象の中小企業に関する情報は，外部者の金融機関よりも，内部者である中小企業の経営者の方が多くもっている。中小企業の情報は，決算データなど定量的な情報だけでは実態把握が難しく，経営者の特性など定性的情報も融資審査に欠かせない。そもそも，中小企業（とくに小規模企業）は会計が未整備であり，法人の経理と経営者の家計が未分離の場合もある。決算データ自体に信憑性が欠けるとなれば，金融機関では融資する際に将来起こりうるあらゆる事態を想定した完全な条件付き契約を締結することもできない（契約の不完備性）。このような情報のギャップが大きい中小企業金融は，金融機関にとってリスキーなものとなる。

　金融機関は，情報の非対称性が大きい状況において，中小企業の貸出にあたって，審査（スクリーニング）や融資実行後の回収・経営監視（モニタリング）のコストに苦慮する。両者の間の情報の非対称性のもとでは，中小企業経営者がリスクの高いプロジェクトの融

資を申請しようとする機会主義的行動（逆選択）や，融資実行後に
ハイリスクのプロジェクトを追及するような機会主義的行動（モラ
ル・ハザード）をとる可能性がある。中小企業金融の場合，このよ
うに信用リスクが大きく，金融機関にとってコストの高いものとな
ってしまう。

　さらにいえば，中小企業向けの融資は，金融機関にとって取引が
小口多数となるため，規模の経済性が働かず，多大なコストを要す
るという面もある。金融機関はこうしたコストを加味して金利を設
定するため，中小企業に対する貸出金利は大企業向けに比べて相対
的に高くなってしまう。そこで，中小企業金融にともなうリスクや
コストを引き下げるため，担保や保証に過度に依存する傾向となる。

▷ 担保・保証に依存した融資

　本来，金融機関は，融資にあたって，企業の業績や返済能力をみ
て審査を行い，信用リスクを判断する。ただし，現実の融資手続き
においては企業審査に加えて，**担保**や**保証**を徴求することが多い。
担保とは，債務不履行に備えて，借り手（債務者）と貸し手（債権
者）の間で設定されるものであり，債務不履行になった場合，債権
者はその担保によって資金を回収する。担保に供されるものは，土
地・建物・機械・有価証券など債務者が保有する資産であるが，こ
のうち不動産に債権者が抵当権を設定して担保とする物的担保が中
心である。日本経済が右肩上がりの経済成長にあり，とくに景気が
過熱したバブル期においては，「土地神話」（不動産の価格は必ず値上
がりする）のような考えもあって，銀行は不動産担保に依存した安
易な融資を進めた。融資先企業に対する審査・モニタリングを怠っ
た結果，不良債権問題が発生したとの説（レイジー・バンク仮説）も

ある。もちろんこの問題は，中小企業金融に限ったものではなく，都市銀行等による大企業向けの融資においてもみられた。

　中小企業金融においては，経営者個人保証の方が特徴的だろう。中小企業（とくに小規模企業）においては，企業と経営者個人とが一体になっている。そこで金融機関は，中小企業への融資の際，物的担保の設定と同時に，経営者に対しても個人保証を求める。仮に，当該企業が借入金を返済できない事態に陥ったとき（債務不履行）には，経営者が自身の個人財産を供与して返済に充てることになる。経営者の個人保証は，所有と経営が分離された企業にとってみれば合理性を欠く慣行であり，最近は，創業や事業承継の妨げになる経営者保証制度を見直す動きが出てきている。

3　中小企業金融問題への政策的対応とその評価

▷　リレーションシップ・バンキング

　中小企業金融における「情報の非対称性」の問題を解決するモデルとして，**リレーションシップ・バンキング**（以下，「リレバン」）があげられる。2003 年 3 月，金融審議会金融分科会第二部会より「リレーションシップバンキングの機能強化に向けて」と題した報告書が出され，その翌日に金融庁は「リレーションシップバンキングの機能強化に関するアクションプログラム」を公表した。このプログラムに従って，地域金融機関は不良債権処理のみならず，地域経済活性化の 2 つの課題を同時に解決していくことを迫られた。

　リレバンといえば，金融審議会の報告書に記された定義，すなわち，「金融機関が顧客との間で親密な関係を長く維持することによ

り顧客に関する情報を蓄積し，この情報をもとに貸出等の金融サービスの提供を行うことで展開するビジネスモデル」をさすことが多い。また，同報告書ではリレバンの機能として，「貸し手は長期的に継続する関係にもとづき借り手の経営能力や事業の成長性など定量化が困難な信用情報（ソフト情報）を蓄積することが可能であり，加えて，借り手は親密な信頼関係を有する貸し手に対しては一般的に開示したくない情報についても提供しやすい」といった点をあげている。これは，リレバンが中小企業金融における「情報の非対称性」の問題を解決することができるといった指摘である。また，リレバンのメリットとして，「長期的な関係を通じた金利設定の平準化」「借り手企業が経営危機に陥った場合の貸し手主導による企業再生等へのコミットメント」などがあげられていた。

リレバンの研究は欧米で早くから進んでおり，「リレーションシップ貸出」という概念がある。これは貸出の技術という観点からの類型であり，企業の財務諸表等の定量情報（ハード情報）に基づき融資するトランザクション・バンキング（以下，「トラバン」という）と，それに対置する「リレーションシップ・バンキング」である（表9-1）。リレバンは，長期継続的な取引に基づく定性情報（経営者等に関するソフト情報）を重視して融資する。メガバンクなど大手銀行での融資はおもにトラバン，信用金庫など中小規模の地域金融機関はリレバンを採用する。

日本の実証研究（家森［2007］など）によるリレバンの評価としては，「親密な取引関係を通じてソフト情報を蓄積し，情報の非対称性を緩和することによって，中小企業の資金調達を促進することができる」といった点でおおむね一致する。しかしながら，リレバンは万能薬とはいえない。業績の悪い企業や零細な企業においてはリ

表 9-1 リレーションシップ貸出の特徴

	リレーションシップ・バンキング	トランザクション・バンキング
担い手	中小規模の地域金融機関 （地域限定的）	大銀行・中銀行 （地域横断的）
重視する情報	経営者等に関するソフト情報 （定性的情報）	財務データ等のハード情報 （定量的情報）
情報収集の方法	フェイス・トゥ・フェイスで入手	信用情報機関を活用
審査の方法	経営者に対する面談を重視	クレジット・スコアリング
融資の判断	顧客の取引店（分散型）	ローン・センター（中央集権型）
取引の期間	長期継続的	一時的（スポット取引）
顧客による金融機関の選択	単独行取引 （メインバンク制）	複数行取引
顧客にとっての利点	個別ニーズへの柔軟な対応	低金利，審査スピードの速さ
課 題	高コスト，ホールドアップ問題 ソフト・バジェット問題	低価格競争の激化 自由度が低い

出所：村本［2005］を参考に筆者作成。

レバンのメリットがみられないという評価もある（内田［2008］）。信用金庫や信用組合においては，他業態と比べて中小企業のなかでも小規模な企業との取引が多いが，従業員数の5人未満の零細な企業はリレバンの対象外となっている可能性が高い（長山［2022b］）。この小規模零細層は，財務データ等のハード情報が未整備であるため，クレジット・スコアリング・システムに基づくトラバンの利用も難しい。そうなると，この小規模零細層において，適切な金融サービスを受けられないといった金融排除の問題が残される。

▷ 政府系中小企業金融機関と信用補完制度によるセーフティネット

　中小企業金融における政府の政策介入として，日本政策金融公庫など政府系中小企業金融機関が中小企業向けに直接貸出するものと，民間金融機関の中小企業向け貸出に債務保証を付ける**信用補完制度**の大きく2つが存在する。政府系中小企業金融機関による貸出は，中小企業向け貸出残高全体の10%程度を占め，民間金融機関を補完している。総額としては大きくないが，民間銀行が扱わない小規模零細層に対する資金供給にも応じる。また，リーマンショックや新型コロナウイルスのパンデミックといった危機的局面において中小企業金融を支える。

　もう1つ，セーフティネットとして，中小企業金融を公的に支えてきたのが信用補完制度である。中小企業の多くは十分な資産を保有していないので，金融機関からの借入の際に提供する担保がなく，融資を受けられないという問題がある。そこで，公的機関が保証人となり債務を保証することで，中小企業の信用を補完する制度である。その歴史は古く，1937年に東京で信用保証協会が設立されて以来，各自治体等により設立された。信用保証協会を中心とした信用補完制度の仕組みは，（図9-5）のとおりである。

　まず，中小企業が信用保証協会に直接もしくは金融機関を経由して保証を申し込む。信用保証協会は中小企業に対して信用調査を行ったうえで，保証料（年1%程度）を徴収し，金融機関の融資に対して保証承諾する。金融機関は保証付きでの審査をして中小企業に融資実行する。仮に中小企業が倒産などで債務不履行となった場合，信用保証協会が債務を肩代わりして金融機関に返済し（代位弁済），協会が中小企業から債務の回収を行う。信用保証協会が中小企業から債務を回収できずに損失が生じた場合，あらかじめ結んでいた日

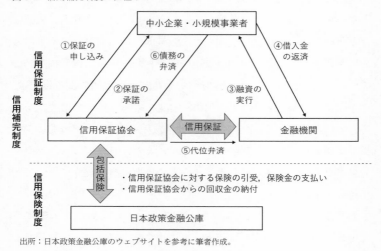

図 9-5 　信用補完制度の仕組み

中小企業・小規模事業者

①保証の申し込み

⑥債務の弁済

③融資の実行

④借入金の返済

②保証の承諾

信用保証協会

信用保証

金融機関

⑤代位弁済

包括保険

・信用保証協会に対する保険の引受，保険金の支払い
・信用保証協会からの回収金の納付

日本政策金融公庫

信用保証制度

信用補完制度

信用保険制度

出所：日本政策金融公庫のウェブサイトを参考に筆者作成。

本政策金融公庫からの保険でカバーする（信用保険制度）。この保険の原資は国民の税金である。

　従来，信用保証協会は融資金額に対して 100％ を信用保証していた。ただそれでは，金融機関の審査・モニタリング機能がまったく発揮されずに，代位弁済額が増えていく問題が生じた。そこで，「責任共有制度」（2007 年）が実施され，信用保証協会 80％，金融機関 20％ の割合で責任を共有する部分保証に変わった。それでも，保証のないプロパー融資に比べて金融機関の審査は甘くなる傾向は否めない。

　実際，政策金融における過去の反省として，信用保証協会の 100％ 保証であった特別信用保証制度（1998 年 10 月～2001 年 3 月）と緊急信用保証制度（2008 年 10 月末～2011 年 3 月）において，巨額の

代位弁済が発生し，結果，国民の負担になってしまったことがある（植杉［2022］）。信用補完制度は，2016年以降，さらなる制度変更が実施され，金融機関が保証付き貸出とプロパー貸出を合わせた与信状況を信用保証協会に報告すること，また，保証協会による経営改善支援の拡充も図られるようになった。2020年以降のコロナ禍では，信用保証付き貸出だけではなく，補給金を組み合わせた無利子無担保の制度融資が大規模に提供されている。今後の動向を注視すべきだろう。

4　新しい中小企業金融と地域経済の未来

▷　金融のデジタル革命
──フィンテック革命，オルタナティブ・ファイナンス

　金融機関では，これまでにもIT化を進め，巨大なコンピュータ・システムで顧客データや取引データを高速処理し，基本業務（預貸金取引・決済業務など）のセンター集中化・効率化を実現してきた。また，IT化による金融の高度化を進め，リスク管理の計量化（資産と負債を一元的に総合管理するALMなど）やデリバティブ取引などハイテク金融商品の開発なども実現している。それは，トラバンを進める大手都市銀行における競争力の源泉であった。

　ただ，近年は，大手銀行を震撼させるような，「**フィンテック**」（ファイナンスとテクノロジーを掛け合わせた造語）と呼ばれる**IT**を活用した革新的金融サービスが誕生している。その1つが，インターネット上で流通しはじめた仮想通貨「ビットコイン」である。ビットコインは電子商取引（EC）の代金決済手段となるばかりか，

金融機関を介さずに国境を越えて個人間でやりとり可能な仮想通貨である。既存の通貨のように中央銀行が発行を管理することができず，コンピュータのプログラムでコイン発行総額が管理され，その取引データは「ブロックチェーン」という分散型台帳に記録される。フィンテック革命によって，規模の経済性を活かした大手金融機関の圧倒的優位は今後失われるかもしれない。

　フィンテックそして社会のデジタル化の潮流のなか，中小企業の新たな資金調達手法として，インターネットを活用した資金調達手段である「オルタナティブ・ファイナンス（補完金融）」が注目されてきた。オルタナティブ・ファイナンスの普及は，大手銀行のみならず，信用金庫・信用組合などの中小企業専門・地域金融機関においても，その存在意義を揺るがすトピックといえる。その代表的なものとして，クラウドファンディングがあげられる。クラウドファンディングとは，銀行・投資家など金融の専門家ではないクラウド（不特定多数の群衆）から，インターネットを経由して小口の資金をファンディング（資金調達）する仕組みをいう。資金の受け手と出し手の間に仲介が入ることなく，通常インターネット上で両者が直接関係を結ぶ。このマッチング機能を担うクラウドファンディングの運営者は，デジタル・プラットフォーマーである。日本では2011年の東日本大震災を契機に注目を集め，「レディフォー」「キャンプファイヤー」「マクアケ」などのプラットフォームが次々に開設されている。クラウドファンディングは，小口の資金を調達して試作品開発や小ロット生産をめざす小規模事業者や起業家にとって活用しやすいものである。クラウドファンディングのようなオルタナティブ・ファイナンスという新たな資金調達手段の登場によって，小口・多数の資金の融通を専門領域とする信用金庫・信用組合

の存在意義はますます揺らぐこととなる。

▷ リレバンから地域密着型金融へ──地域をつなぐ協同組織金融

　新しい金融の時代のもと，あえて，地域金融機関においては原点回帰して，自らの存在意義を示す必要があるだろう。とくに，信用金庫・信用組合のような**協同組織金融**機関は，株式会社の銀行と違い，その特性は人格的結合と相互扶助の精神にある。その源流は，イギリス系協同組合（ロッチデール先駆者協同組合）やドイツ系協同組合（ライファイゼン／シュルツエ），そして頼母子講や無尽，報徳思想にまで遡ることができる。協同組織金融という組織の枠組みにおいては，人と人とがつながることによって，信頼が発生し，協力が生まれる。本来，協同組織金融は，ソーシャル・キャピタル（社会関係資本）の製造装置となりうる。

　現実的には，金融庁が示すように，リレバンをさらに一歩進めて，中小企業の経営相談や地域の面的再生支援など，「地域密着型金融」としての機能を発揮することが望まれる。中小企業という存在は，「企業」の側面からみれば地域の経済的価値を生み出し，一方で，「人」（起業家・企業家・経営者・後継者）の側面からみれば，地域の「市民」の顔を併せもつので，非経済的価値を生み出す担い手ともいえる。民間非営利組織である協同組織金融機関は，ソーシャル・キャピタルの蓄積プロセスを通じた中小企業支援によって，経済的側面（情報の非対称性の克服と信用リスク管理コストの低下）のみならず，社会的側面（地域社会の安定と豊かさ，地域の人々のウェルビーイング）におけるメリットを享受できよう。

コラム11 サステナブル・ファイナンス 2015年に持続可能な開発目標（SDGs）と気候変動対策に関するパリ協定が採択され，世界は持続可能な社会の構築に向けて大きく舵を切った。近年，日本では，民間金融機関や機関投資家が主体的に**サステナブル・ファイナンス**（持続可能な社会を実現するための金融）を拡大させ，ESG投資（環境・社会・ガバナンスにおける課題の解決に資する投資）やグリーン債等の発行額も増加している。こうしたなか，金融庁では，サステナブル・ファイナンスを単なる金融商品としてではなく「持続可能な経済社会システムを支えるインフラ」として位置づけ，これを政策的に推進していく方針を打ち出している。その際，日本におけるサステナブル・ファイナンスについて，「持続可能な経済社会システムの実現に向けた広範な課題に対する意思決定や行動への反映を通じて，経済・産業・社会が望ましい在り方に向けて発展していくことを支える金融メカニズム」ととらえている（2021年「サステナブルファイナンス有識者会議報告書」）。

　むろん，それは国際社会での先んじた動き（国際資本市場協会のソーシャル・ボンド原則など）に対応したものとなっている。また，経済産業省が従来の産業政策（1980年代までの伝統的産業政策，90年～2010年代までの新自由主義的政策）を転換し，多様化する中長期の社会・経済課題の解決をめざす「ミッション志向」政策への新機軸を打ち出したが，それとも符合する。中小企業金融においては，1980年代までの産業金融，2000年代からの地域密着型金融という時代の流れに組み込まれてきたが，今後はミッション志向のサステナブル・ファイナンスという大きな概念に包含されていくかもしれない。

　環境省の「ESG地域金融実践ガイド2.2」（2023年）をみると，地域金融機関におけるサステナブル・ファイナンスの具体的なイメージがわく。そこでは，地域金融機関が自治体等と連携し，ESG要素を考慮したファイナンスを提供することにより，環境・経済・社会が統合的に向上する地域循環共生圏モデルを描いている。地域金融機関における実践的な取り組みとしては，ESGインパクト評

価等を含む「事業性評価」での目利きにポイントがあるという。事業性評価とは，金融機関が現時点での財務データや保証・担保にとらわれず，企業訪問や経営相談等を通じて情報を収集し，事業の内容や成長可能性などを適切に評価することである。サステナブル・ファイナンスの時代となっても，地域金融機関によるリレーションシップ・バンキングの機能が中小企業や地域経済社会の発展に資するものと見通せる。

... Report assignment **レポート課題** *...*

9.1 中小企業金融の問題性について，中小企業（借り手）サイドと金融機関（貸し手）サイドの両面から整理してみよう。

9.2 地域金融機関によるリレーションシップ・バンキングが機能を発揮する条件について，考えてみよう。

9.3 金融のデジタル化が進むなか，中小企業金融機関（信用金庫・信用組合）はどのような取り組みを強化すべきか，考えてみよう。

中小企業政策を
学ぶ

第 **10** 章

歴史的変遷からの検討

7月20日は 中小企業の日

中小企業基本法の公布・施行日である 7 月 20 日を「中小企業の日」，7 月の 1 カ月間を「中小企業魅力発信月間」とし，中小企業・小規模事業者の魅力発信に資する関連イベントを官民で集中的に実施する。ロゴマークでは，右肩上がりの青の 3 本線や，緑の矢印で「企業の成長」を表現している。

Quiz クイズ

Q10.1 中小企業政策は日本固有のものであって，海外にはない。
YES か NO か。
a. YES　**b.** NO

Q10.2 日本の中小企業政策はいつからスタートしたのだろうか。
a. 明治時代　**b.** 戦後すぐ　**c.** バブル経済崩壊後

Answer クイズの答え

Q10.1　b.

　中小企業政策は世界各国に存在する。たとえば，アメリカでは，「中小企業法（Small Business Act）」に基づき，連邦中小企業庁（U. S. Small Business Administration: SBA）が所管官庁となって中小企業政策を展開している。

Q10.2　b.

　戦後すぐ。1948 年の中小企業庁の設立によって，日本では「中小企業政策」という概念が確立したといえる。「中小企業庁設置法（1948 年）」の第 1 条には，「健全な独立の中小企業が，国民経済を健全にし，及び発達させ，経済力の集中を防止し，且つ，企業を営もうとする者に対し，公平な事業活動の機会を確保するものであるのに鑑み，中小企業を育成し，及び発展させ，且つ，その経営を向上させるに足る諸条件を確立すること」を同法の目的としている。その当時は，GHQ の経済民主化・自由競争原理の考えが反映されたものであったといえる。

Keywords キーワード

中小企業基本法，二重構造，近代化政策，創業支援，事業承継，中小企業憲章，小規模企業振興基本法，中小企業・小規模企業振興条例，小さな起業家（マイクロ・アントレプレナー）

Chapter structure 本章の構成

中小企業政策の歴史

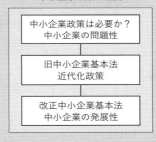

中小企業政策は必要か？
中小企業の問題性

旧中小企業基本法
近代化政策

改正中小企業基本法
中小企業の発展性

21 世紀の中小企業政策

| 政策課題
（ライフサイクル別）

・創　業
・経営革新
・事業継続
・事業承継 | 政策実施主体
（国と地方）

・国による政策
・広域自治体，都道府県
　による政策
・市区町村による政策 | 政策対象
（規模別）

・ベンチャー・ビジネス，
　スタートアップ企業
・中堅企業，中規模
　企業
・小規模企業 |

中小企業憲章
中小企業・小規模企業振興条例

地域をつなげる中小企業政策
サステナビリティ，ウェルビーイング
小さな起業家（マイクロ・アントレプレナー），コミュニティ・ビジネス

1 中小企業政策は必要なのか
—— 歴史的変遷からの検討

▷ **政策対象としての中小企業——中小企業の問題性**

　第1章で論じたように，中小企業とは大企業に対置する相対的な概念であり，「中小規模」事業者の総称である。中小企業の量的な定義は，「**中小企業基本法**」による資本金・従業員数の基準で決まる。その基準による中小企業とは，政策対象としての中小企業といってよい。では，なぜ，中小企業を大企業と区別し，中小企業を政策対象として支援する必要があるのだろうか。中小企業政策の歴史的変遷をみれば，それぞれの時代背景に中小企業問題および中小企業観が横たわっていることに気付く。中小企業政策を学ぶことは，「中小企業とは何か」という本質的な課題におのずと向き合うことになる。

　戦後復興期から高度成長期にかけて，中小企業は，「過小過多」「多産多死」の状況にあり，過当競争や倒産・廃業の問題性を抱えていた。そもそも経営資源が過小で財務構造が脆弱な中小企業は，大企業と比べて，間接金融に依存せざるをえず，資金調達に困難がある。設備投資も難しいので，技術も遅れ，製品の品質が低く，付加価値も生産性も低くなり，経営不安に陥りやすい。低賃金で労働条件も悪いので，人材の確保も難しい。さらには，下請の中小企業に起きているような，取引関係上の不利を強いられるといった問題もある。当時，中小企業とは，こうした問題を共通に抱える存在としてとらえられていた。

▷ 大企業と対置した二重構造問題，ネガティブな中小企業観

　中小企業の問題性は，大企業と対置させながら，一国の国民経済の問題としてとらえられるようになる。1950年代半ば，中小企業問題は日本経済の二重構造問題として取り上げられ，その解決が中小企業政策のテーマとなった。**二重構造**問題とは，1957年の『経済白書』の指摘にあるように，「雇用構造において一方に近代的大企業，他方に前近代的な小零細企業・農業が両極に対立し，中間の比重が著しく少ない。いわば一国のうちに，先進国と後進国の二重構造が存在するのに等しい」といった，大企業と中小企業との格差問題である。当時の日本は，先進国へのキャッチアップをめざし，近代化や産業構造の高度化を進めるような時代背景にあり，中小企業が抱える共通の問題性は，一国経済のシステム全体の問題としてクローズアップされることとなった。こうして上から中央から国が主導的に中小企業問題の解決に向けての中小企業政策を展開していくこととなる。国の政策対象となった中小企業という存在に対する見方（中小企業観）は画一的なものとなる。中小企業は，問題性のある存在として悲観的な認識の一色に染まった。

▷ 国の産業政策の一環として展開された中小企業の近代化政策

　戦後復興をとげた日本は高度経済成長と呼ばれる急速な経済成長を続け，1956年の『経済白書』には「もはや戦後ではない」と記された。鉄鋼・電力・造船・石油化学などの重化学工業において，設備の大型化と工程の一貫化が進められ，規模の経済性が追求された。大企業では欧米からの先進技術が導入され，設備投資が旺盛なものとなった。都市銀行による大企業向けの融資が集中する制度（融資集中機構）も強化された。国の産業政策としては，繊維や雑貨

等の輸出向け製品の高級化を図るとともに，重化学工業・機械工業へとウェイトを高めていくといった，産業構造の高度化が図られた。ここでの産業政策とは，国際競争における市場規模のシェア増大のため，補助金や輸入規制・競争制限等を通じて，「ターゲット」産業を保護・育成する国策である。先進国へのキャッチアップをめざしていた当時の日本では，重化学工業のように軽工業より生産性の高い産業をターゲットに決め，特定産業として重点育成する産業政策を展開していた。中小企業の近代化は，そうした国の産業政策の一貫として進められた。具体的には，業種別**近代化政策**（機械工業振興臨時措置法，電子工業振興臨時措置法，繊維工業構造改善臨時措置法）が開始され，中小企業の設備近代化と技術向上による合理化策が実施され，業種別の産業高度化政策への移行が進展した。

▷ 中小企業基本法（1963年）の理念，実体法としての中小企業近代化促進法

「二重構造」概念は，中小企業の存立形態を従属型としてとらえている。従属型の中小企業は，系列化や下請制のもと，独占資本の大企業による直接的・間接的な収奪から資本蓄積力を削減され，二重構造の底辺に滞留する。中小企業の成長はありえず，中小企業と大企業の間には越えがたい断層が存在する。その断層とは，生産性や賃金等の諸格差として示される。

1963年の旧「中小企業基本法」の政策目標は，こうした格差の是正にあった。同法の前文・第1条にあるとおり，高次の目的として「産業構造の高度化及び産業の国際競争力の強化」，具体的目的として「企業間格差の是正を目途とする中小企業の成長発展——中小企業の生産性及び取引条件の向上」が掲げられた。こうした目

的を実現するための政策手段として，①中小企業構造の高度化（近代化，高度化，共同化），②事業活動の不利の補正，③小規模企業対策などが体系的に示された。同法の政策対象は資本金や従業員数という量的基準で示された中小規模の事業（会社および個人事業）であったが，主として製造業の中小企業を対象に育成する狙いがあった。同年には，産業構造の高度化政策の一環として中小企業の生産性向上を図るため，「中小企業近代化促進法（近促法）」が実体法として制定された。

▷ **業種別・地域ぐるみの構造改善事業，中小企業の組織化**

以降，近促法に基づく施策が中小企業政策体系の中心となっていく。当時の中小企業問題とは，「過小過多」で「過当競争」であるがゆえの「低い労働生産性・低い利益率」であった。そこで，近促法では，近代化設備の投資促進により「適正規模化」を図って中小企業の規模を大きくすることとした。それに際して，改正近促法（「近促法の一部を改正する法律」，第2近促，1969年）では，同じ業種や関連の深い事業者が協力して中小企業組合（⊙第5章）を「組織化」し，業種ぐるみで事業の「共同化」「高度化」を進める，といった業種別の構造改善事業計画制度が施された。

▷ **二重構造問題の解消，知識集約化路線へ**

1970年代に入ると，日本経済には陰りがみえはじめた。これまでの過剰投資に労働力不足が加わって，企業の設備投資は鈍化し，経済成長率も低下しはじめた。そこに追い打ちをかけるように，1973年，第1次石油危機（オイルショック）が起こった。第4次中東戦争を機にOPEC（石油輸出国機構）が原油価格を引き上げると，

その影響は世界中に波及し，多くの国で不況とインフレが同時進行するスタグフレーションが生じた。日本経済の成長も減速し，1973年から80年代前半の10年間の平均成長率は約4%にとどまった。政府は，「安定成長」を政策目標に掲げ，資源多消費型経済からの脱却，資本集約型から知識集約型への産業構造の転換を図ろうとした。鉄鋼や石油化学などの素材型重化学工業は，輸出の激減と生産稼働率の低下にみまわれ，深刻な設備過剰の状態に陥った。国の産業政策のターゲットは，重厚長大型産業から軽薄短小型産業へとシフトしていった。機械工業やエレクトロニクス産業といった加工組立型産業の振興を図り，産業構造の転換を進めたのである。

　国の産業政策の変更に呼応して，中小企業政策においても知識集約化路線への転換が図られた。その考え方は，中小企業政策審議会意見具申「70年代の中小企業のあり方と中小企業の方向について」（1972年）に記されている。そこでは，中小企業の問題性よりもむしろ，中小企業の機動性を活かした環境への適応力を重視し，知識集約化策・事業転換策へと導くとされている。政府の認識としては，すでに1960年代を通じて，大企業と中小企業における二重構造問題は解消したものとみなしていたのである。確かに中小企業の近代化は進み，1960年代の10年間で，中小企業の賃金上昇率は毎年10%以上を続け，大企業との間の付加価値生産性格差も縮小した。70年代に入り，近促法は2回の改正が行われ，構造改善事業に知識集約化事業が導入された。中小企業の新商品開発や新技術開発が業種ぐるみで進められた。さらには，構造改善事業の対象に産地（地域産業集団）が加わり，中小企業政策に地域の視点が導入された。

⬜▷ ポジティブな中小企業観，「地方の時代」へ

1980 年代に入ると，政府の「1980 年代中小企業ビジョン」で発表されたように，中小企業に対する問題性の意識はよりいっそう弱まり，むしろ，中小企業は「活力ある多数」として積極的に評価されるようになった。同じく，地域間の格差や過密・過疎の問題認識も後退し，この安定成長期は「地方の時代」の標語や「田園都市」構想に示されたように，地域固有の良さを再認識する機運が高まった。国は，「技術立国構想」のもと，産業構造の知識集約化と定住構想を結びつけ，産・学・住の調和したまちづくりをめざし，「高度技術工業集積地域開発促進法（テクノポリス法）」を制定（1983 年）した。

1985 年のプラザ合意によって円高が急速に進み，輸出に依存していた日本経済は大きな打撃を受けた（円高不況）。円高の影響を回避するために生産拠点を海外に移す企業も多くなり（海外直接投資の増加），「産業の空洞化」問題が懸念されるようになった。円高不況対策としての低金利政策は，企業の設備投資に活かされるだけでなく，株式や土地の購入といった財テクを促すことにもなった。株価と地価が経済の実態をはるかに超えて上昇し，1980 年代後半からのバブル景気をもたらした。この時期の中小企業問題は，日本経済の国際化・情報化・サービス化という激変にいかに適応するかにあった。そこで，円高不況業種や下請けの中小企業，輸出型産地や企業城下町の中小企業に対して，「特定中小企業者事業転換対策等臨時措置法（新事業転換法）」（1986 年）や「特定地域中小企業対策臨時措置法」（86 年）に基づく新分野進出促進策および事業再構築支援策が実施された。また，「異分野中小企業者の知識の融合による新分野の開拓の促進に関する臨時措置法（融合化法）」（88 年）に基

づいて，異業種中小企業の交流促進と交流グループでの共同研究開発の支援も行われた。さらには，中小企業事業団や日本貿易振興会（JETRO）などによる中小企業の海外進出促進支援も矢継ぎ早に実施された。

▷ 競争とイノベーション，創業支援の登場

1990 年代に入って，中小企業政策は，政府の「1990 年代の中小企業ビジョン」にみてとれるように，「競争とイノベーション」の概念が強調されていく。そこでは，中小企業に期待される役割として，①競争の担い手，②豊かな国民生活への寄与，③創造的挑戦の場の提供，人間尊重の社会への貢献，④個性ある地域づくりへの貢献，⑤草の根レベルの国際化の担い手，をあげている。すでにこの段階において，これまでの社会的調整機能を有する中小企業政策体系からの転換がみられる。

1990 年代半ばから，創業・新規事業の支援策が次々と繰り出された。新規開業率が低下し，開廃業率の逆転が生じ，自営業者が減少していったためである。従来は中小企業の規模を大きくしながら集約して数を減らしていこうといった「適正規模化」政策が中心であった。**創業支援**とは小さな企業を増やすことになるので，これまでとは正反対の施策といえる。この時期の典型的な創業・新規事業支援策として「中小企業創造活動促進法」（1995 年）が制定されているが，同法は業種を定めずに個々のベンチャー企業や個人の創業と研究開発等を支援するものであり，すでに中小企業基本法（63年）の枠組みを超えていた。

▷ 新中小企業基本法（1999年）による理念の大転換

　こうした実体に合わせる形で，1999年，中小企業基本法は抜本的に改正された。中小企業政策は「格差是正」を理念に置く看板を下ろし，代わって，競争とイノベーションという概念が導入された。根底には，レーガノミクスないしはサッチャリズム由来の新自由主義・市場原理主義，そのもとでの「小さな政府と規制緩和」「民間活力と市場メカニズム重視」「自助努力と競争促進」といった考え方が日本の社会・経済に蔓延していたことがある。

　新中小企業基本法（1999年）においては，中小企業像を「画一的な弱者」といったイメージではなく，①新たな産業の創出，②就業機会の増大，③市場における競争を促進，④地域経済の活性化の役割を担う存在と規定しなおす。そして，旧基本法（1963年）の基本理念であった「格差の是正」から転換し，「多様で活力ある独立した中小企業者の成長発展」を新基本法の政策理念とし，創業と経営革新（イノベーション）の促進を主題に置いた（表10-1）。この理念転換に応じ，実体法に位置づけられる「中小企業近代化促進法」（1963年）も「中小企業経営革新支援法」（99年）へと切り替えられた。

　バブル経済崩壊後の平成不況期に日本の産業政策は大きく転換しており，アメリカ・シリコンバレー型のイノベーションを求めるようになった。国は産業政策の転換によって，自動車産業など1つのリーディング産業に牽引される産業発展モデルではなく，イノベーション促進による多極型の産業構造をめざすようになった。中小企業の近代化政策・構造改善事業のような，地域ぐるみや業種ぐるみの面的・底上げ支援は必要のないものとみなされた。中小企業政策においても，「自助努力」を前提に，新商品・新サービスの開発

表 10-1 中小企業基本法の新旧比較 ─────────────────────────

	旧中小企業基本法（1963 年）	新中小企業基本法（1999 年）
基本理念	企業間における生産性などの諸格差の是正	独立した中小企業の多様で活力ある成長発展
政策の柱	○中小企業構造の高度化（生産性の向上） ・設備の近代化，事業共同化組織の整備など ○事業活動の不利の補正（取引条件の向上） ・過度の競争の防止，国などからの受注機会の確保，下請取引の適正化など	○経営革新・創業の促進（自ら頑張る企業の支援） ・経営革新の促進（技術・設備・ソフト面の支援），創業の促進（情報提供・研修，資金供給の円滑化等）など ○経営基盤強化（経営資源の充実） ・経営資源の確保，連携・共同化の推進，産業集積の活性化など ○環境激変への適応の円滑化（セーフティネットの整備） ・経営の安定，事業の転換等の円滑化，共済制度の整備など

	産　業	資本金	従業員数	産　業	資本金	従業員数
中小企業の定義（いずれも以下，または）	製造業・その他	1 億円	300 人	製造業・その他	3 億円	300 人
	卸売業	3000 万円	100 人	卸売業	1 億円	100 人
	小売業・サービス業	1000 万円	50 人	小売業	5000 万円	50 人
				サービス業	5000 万円	100 人

出所：中小企業庁資料などをもとに筆者作成。

や新たな生産方式の導入などイノベーションを促すものとなった。

　2005 年には，中小企業の異分野ネットワークによるイノベーション創出に期待し，「新連携支援」を目玉とする「中小企業新事業活動促進法」が制定された。同法は，「中小企業創造活動促進法」（1995 年），「中小企業経営革新支援法」（99 年），「新事業創出促進法」（98 年）を統合して 1 本の法律としたものであり，改正後の新

中小企業基本法の狙いに合致した典型的な施策といえる。その後，同法は改正され，現在は，「中小企業等経営強化法」（2016年）が施行されている。新法では，これまでのイノベーション支援（創業支援と経営革新，ベンチャー支援）に対し，「本業の成長」を支援する内容が加わった。

2 中小企業のライフサイクルに応じたテーマ別政策

▷ 中小企業のライフサイクルと経営課題——面から点の政策へ

　2000年代以降の中小企業政策は，新中小企業基本法（1999年）に基づき展開されていくことになるが，その特徴の1つは，中小企業のライフサイクル（創業期→成長期→安定期→低迷・衰退期→第2創業期）に応じた課題（テーマ）別の政策といえる（図10-1）。大企業と対置しての中小企業群の共通課題といった従来型の「面の政策」からの転換であり，個々の中小企業のライフステージにおける経営課題に応じた「点の政策」である。

▷ 創業支援と経営革新支援，ベンチャー・ビジネス支援

　日本の新規開業率（企業ベース）をみると，1970年代までは6%前後と比較的高かったが，80年代に下降しはじめ，90年代以降は3%～4%で低迷した（『中小企業白書』各年版）。政府は，開業率が廃業率を下回った1990年代以降，日本経済のダイナミズムを取り戻すために各種の創業支援策を講じてきた。しかしながら一向に開業率は上昇することのないまま，政府はKPI（政策目標）として「米国・英国並みの開業率10%台を目指す」ことを「日本再興戦略

図 10-1 中小企業のライフサイクルとステージ別支援

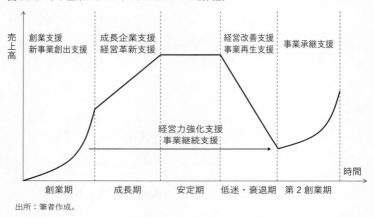

出所：筆者作成。

（2013年6月閣議決定）」で掲げた。この目標は後まで継続していくが，一向に実現する可能性が見出せていない。

　1999年の中小企業基本法の改正後，中小企業政策では「中小企業の経営革新（イノベーション）」すなわち「ベンチャー・ビジネス」の支援に重点を置いた。バブル崩壊後の平成不況において，イノベーションを実現するハイリスク・ハイリターン型の成長企業「ベンチャー・ビジネス」を数多く輩出することが日本の経済成長と雇用創出に資すると考えられたからである。そこで政府はベンチャー・キャピタルやエンジェルの支援，未公開株式市場の整備などリスクマネー供給の施策を矢継ぎ早に講じてきた。しかしながら，日本ではベンチャー・ビジネスに挑戦する起業家があまり輩出せず，新規開業率も低いままとなった。支援サイドのみが盛り上がり，肝心のベンチャー企業があまり生まれてこないので，当時は「ベンチャー支援ブーム」と揶揄された。

日本では，1990年代半ばから現在に至るまで，創業支援とベンチャー支援を一体的にした中小企業施策が展開されてきた。「創業支援」と「ベンチャー支援」を混同した状態が約30年ものあいだ長らく続いた。このため，起業とは，ベンチャー・ビジネスを起業することと同義であるとの認識が定着した。起業とはベンチャー・ビジネス創出と同様であるから，非連続的・破壊的なプロダクト・イノベーションにより新しい市場創造が求められる。「1000の起業のうち3つしか成功しない」との説が流布された。こうして日本の場合，起業家への道はハイリスクの無謀な冒険であるという見方がなされ，起業のハードルがすっかり高くなってしまったのである。

　潮目がやや変わったのは，「産業競争力強化法」（2014年）に基づく「創業支援事業計画」開始時であろう。ここから基礎自治体（市区町村）による創業支援ネットワーク体制が整備されていき，地域ぐるみの創業支援が展開されていく。

▷ 経営改善支援，事業承継支援

　中小企業の経営改善・再生支援は，第9章でみてきたように，不良債権処理の一環として，おもに地域金融機関が2000年代に実施してきた支援メニューである。中小企業の再生支援では，リレーションシップ・バンキング政策の流れもあって，地域ぐるみの体制整備が進んだ。地域金融機関を中心に，中小企業再生支援協議会，信用保証協会，中小企業診断士，税理士等の再生支援ネットワークが構築されていった。

　中小企業のライフサイクルを動態的にみれば，事業承継支援は，現在，最もニーズの高い施策メニューといえる。**事業承継**の問題は，『日本経済新聞』（2018年8月）が「大廃業時代」をテーマに特集を

組んでから世間一般にも知られるようになった。そこでは中小企業庁のデータを引用し，「2025年までに，70歳（平均引退年齢）を超える中小企業・小規模事業者の経営者は約245万人となり，うち約半数の127万（日本企業全体の約1/3）が後継者未定の状態にある。現状を放置すると，廃業の急増により，2025年までの累計で約650万人の雇用，約22兆円のGDPが失われる可能性がある」と警鐘を鳴らした。かつては不況による業績不振で廃業するというのが一般的であったが，2014〜20年までのデータでは一貫して，休廃業企業の過半数は業績が悪いわけではなく黒字であった。日本の中小企業経営者の平均年齢は上がり続け，2020年には62.5才に達し，後継者不在率は65.1%と高水準の状況にある（中小企業庁編[2022a]）。後継者不在・事業承継問題の解決がなければ，大廃業時代は現実のものとなる。

　最優先の施策は，後継者の育成である。そして，現経営者から後継者への円滑なバトンタッチ，すなわち事業承継である。事業承継のパターンは，①親族内承継，②社内従業員承継，③社外の第三者への引き継ぎ（M&A）がある。これまでは親族内承継が一般的であったが，近年，従業員承継やM&Aが増えており，2022年には親族以外の承継が6割超とこちらにシフトしてきている。事業承継のキーワードは「伝統」と「革新」であり，その矛盾を越えて「第2創業」といわれる新事業の創出にチャレンジしていくことが後継者には求められる。実際，事業承継を契機とした後継者の新しい取り組みが売上アップなど企業のパフォーマンスを向上させている企業が多く存在する（中小企業庁編[2023a]）。

　近年，事業承継の問題も，地域の問題ととらえられるようになり，地域金融機関をはじめ事業承継・引継ぎ支援センターなど地域ぐる

みの支援ネットワークが整備されてきている。コロナ禍を経て，2022年の休廃業・解散件数は4万9625件といっそう多くなり，事業承継問題はさらに深刻化している。事業承継・引継ぎ支援センターへの相談件数・成約件数も2021年度には過去最高となった。ここでは，事業承継時の税制（贈与税や相続税の納税を猶予する制度の活用等）や，経営者保証（金融機関が融資する際に徴求した経営者保証の解除や経営者保証を不要とする新たな信用保証制度の活用等）に関する相談等に対応している。

　コロナ禍の厳しい現実を直視すれば，大廃業時代への流れはもはや止まらない。そこで，いまでは，廃業の円滑化を支援する施策の重要性が高まっている。廃業時には，「廃業後の生活確保」や「廃業コスト（設備廃棄等）の負担」といった課題がある。M&Aを含む事業承継が難しければ，こうした廃業時のショックを緩和する社会的な政策も必要になってこよう。

3　国家主導によるイノベーションを軸にした中小企業政策と地域政策の接合

▷　中小企業政策と地域政策の接合

　2000年代以降の中小企業政策のもう1つの特徴は，地域政策との接合が進んだ点である。地域政策では，これまで「全国総合開発計画」に基づく「国土の均衡ある発展」の理念のもと，「地域間の格差是正」を目的に国土開発・地域開発が進められてきた。ただ，その実態は，中小企業政策と同様，国家の産業政策に軸足を置く産業立地政策であった。平成不況さなかの1990年代後半，地域政策と中小企業政策はいずれも共通の理念にあった「格差是正」の看板

を同時に下ろす。代わって，「競争とイノベーション」という概念が導入された。地域政策においては，1998年，「新たな全国総合開発計画（五全総）」として「21世紀の国土のグランドデザイン――地域の自立と美しい国土の創造」が閣議決定された。五全総においては，「多軸型国土構造形成」が掲げられ，「地域の自立促進・イノベーション促進」が主題となり，地域特性を踏まえた産業地域の多様な構成員のイニシアチブによる「内発的発展」をめざすものとなった。

国の産業政策としては，1990年代後半からの流れを加速させ，イノベーションを柱とした国際的産業競争戦略と地域活性化戦略の好循環による経済成長がめざされた（2004年の産業構造審議会「新産業創造戦略」，2006年の「新経済成長戦略」）。中小企業問題と地域問題においても同様の認識を持ち，その課題を統合的に解決するため，先端分野の新産業を多極的に創造する地域産業政策が進展していった。その象徴的な政策が「産業クラスター政策」である。2001年から，経済産業省の「地域再生産業集積計画（産業クラスター計画）事業」が展開され，「日本版シリコンバレー・モデル」の創出がめざされた。「大学発ベンチャー1000社計画」（平沼プラン）や文部科学省の「知的クラスター創生事業」も同様の文脈で進められた。

▷ **国家主導による地域産業政策「産業クラスター計画事業」**

産業クラスター計画事業は，イノベーションを軸に置く中小企業政策と地域政策とを接合した地域産業政策の典型事例といえる。同事業では，「公共事業や企業誘致に依存しない真の空洞化対策のため，世界に通用する新事業を創出する産業クラスターを各地で形成し，地域経済の牽引役となる」ことを基本的な目標に置いた。第Ⅰ

期の産業クラスター計画（2001～05 年度）における全 19 プロジェクトの対象分野は，IT，バイオ，環境・エネルギー分野，ものづくりの大きく 4 分野に分けられる。第Ⅱ期の産業クラスター計画（2006～10 年度）では全 17 プロジェクトの対象分野があげられているが，いずれも国の産業政策・イノベーション政策のターゲットに対応したものであった。

　産業クラスター計画事業では，こうした国の産業政策に即して，地域における産学官連携やベンチャー支援策を講じ，新産業を創出していく。国が企画立案した産業政策を地域で実行するというスキームとなっていた。そこでの地域の単位は，全国各地にある国（経済産業省）の出先機関「経済産業局」が管轄する超広域エリア（道州制に近い地域ブロック）となっていた。国と地方の分業関係，構想と実行の分離がそこにみてとれる。国に忖度して，地域の特性や既存資源を無視し，親和性やシナジーのないハイテク分野に傾斜したならば，これまでの国家主導型地域産業政策・産業立地政策にみられた「外来型開発」と何ら変わらない。

▷ **地域イノベーション，スタートアップ・エコシステム拠点形成戦略**

　産業クラスター計画事業は，2010 年に「事業仕分け」で廃止され，政策用語としての「産業クラスター」は賞味期限切れとなった。その後，国主導の地域産業政策としては，「産業クラスター」に代わって，「地域イノベーション」という名称を用いた各種施策・事業が実施されるようになった。地域の科学技術振興として，2011年から文部科学省が中心になって進めた「地域イノベーション戦略支援プログラム」がその典型である。

現在は，「地方創生」（2014年）を継承する「デジタル田園都市国家構想」（2021年）のもと，「スタートアップ・エコシステム拠点形成戦略」（2019年）が展開されている。スタートアップ・エコシステム拠点形成戦略は，大学を核に産学官連携とオープン・イノベーションを進め，ベンチャー創業の環境を整備する点において，かつての産業クラスター・知的クラスターと類似したコンセプトといえる。ただ，バイオなど特定分野の新産業創出を狙った産業政策の性格は弱い。それよりも，デジタル田園都市のモデルとして「起業家の聖地」をめざす都市政策・地域政策の性格が強い。また，何よりも世界との競争を強く意識し，選定地域を少数に絞り込んで，集中的な国家的支援をするスキームとなっている。

　なお，ここでいう「スタートアップ」とは，起業してからまもない創業期の企業という意味ではない。また，ベンチャー・ビジネスとまったく同義というものでもなく，より急速に成長し，より拡大志向があり，そのゴールは「ユニコーン企業」（評価額10億ドル以上，設立10年以内の非上場のベンチャー企業）にある。さらにその先には，GAFAMのようなグローバルなビッグテック企業を日本発で生み出すことがある。そのような夢を国に託されたスタートアップ・エコシステム拠点都市の顔ぶれをみると，「グローバル拠点都市」としては東京，大阪・京都・神戸，福岡であり，「推進拠点都市」としては札幌，仙台，広島などがあがっている。「地方創生」政策では，地方の拠点都市に対し，地方から東京への人の流出を留める「人口のダム機能」を求めていた。こうした拠点都市においては，スタートアップの創出とまちづくり・都市開発を総合的に展開する方向性にある。

4 自治体による小規模事業者支援と地域共生社会形成

▷ 中小企業憲章──中小企業の経済的・社会的役割

　今後の中小企業政策のありようとしては，1つとして，国と地方自治体の違いを踏まえた役割分担・補完関係についての検討がある。もう1つは，中小企業を中規模企業と小規模事業者とに区分したうえで，それぞれの存在意義・存立条件に基づく政策介入の検討だろう。本節では，とくに後者の小規模事業者支援に焦点を当て，基礎自治体（市区町村）主導による「ウェルビーイング」を軸とした地域政策と中小企業政策の接合モデルを示していく。まずは，中小企業の経済的・社会的役割を明示した「中小企業憲章」に立ち返りたい。

　「中小企業憲章」が閣議決定された 2010 年は，リーマンショック（2008 年）後という世界的に不安定な状況下で新自由主義批判が起きていた（三井 [2011]）。第 8 章で取り上げたウェルビーイング（well-being）が注目されてきた時期とも重なる。GDP のような経済成長を前提とする指標だけでは「真の豊かさ」は図れないとして，ジョセフ・スティグリッツが委員長を務める報告書（2010 年）や OECD による「幸福度指標」の報告書（11 年）などが刊行されている。モノの豊かさから「心の豊かさ」へという時代の要請は，資本主義における市場経済と際限なく経済成長を求める経済システムに対する批判やアンチテーゼから寄せられる。この世界的な転換点を前に，日本の中小企業政策においても，新中小企業基本法（1999年）の根底にある新自由主義的な考え方への批判はあったであろう。

こうした時代背景のもと，「中小企業憲章」は，「欧州小企業憲章」に学び，中小企業家同友会などの草の根からの運動もあって，民主党政権（2009～12年）のもとで作られた。

　「中小企業憲章」の基本理念では，「中小企業は，経済やくらしを支え，牽引する」とし，中小企業の普遍的な存在意義を示す。さらに，「中小企業は，社会の主役として地域社会と住民生活に貢献し，伝統技能や文化の継承に重要な機能を果たす。小規模企業の多くは家族経営形態を採り，地域社会の安定をもたらす」とし，国家の財産ともいうべき存在と位置づけた。中小企業の経済的・社会的役割に対する考えをあらわし，わけても，小規模企業における地域社会での存在意義を示した点は特徴的である。

　「憲章」には中小企業政策の基本原則も示されているが，そこでも「小規模企業への配意」が記されている。また，「起業を増やす」ことも原則に入っている。起業は，「人々が潜在力と意欲を，組織の枠にとらわれず発揮することを可能にし，雇用を増やす」とその意義を強調している。また，中小企業の「地域への貢献を始め社会的課題に取り組むこと」を高く評価している。そして，「地方自治体との連携」および「地域経済団体，取引先企業，民間金融機関，教育・研究機関や産業支援人材などの更なる理解と協力」について触れ，マルチステークホルダーの視点から地域ぐるみで中小企業政策を進めていくべきことを原則に掲げた。「憲章」には，「中小企業の声を聴き，どんな問題も中小企業の立場で考えて政策につなげる」といった「行動指針」も明記されている。

▷ 政策対象として再設定される小規模企業

　「中小企業憲章」に基づく中小企業政策の潮流の変化は，2012年

の中小企業庁による「"ちいさな企業"未来会議」の設置で加速する。この会議の最終取りまとめでは、「小規模事業者に光を当てた中小企業政策の再構築」が示され、「小規模企業に関する基本理念の明確化」が強調された。この流れを受けて、小規模企業の事業活動の活性化のための中小企業基本法の一部を改正する法律として、「小規模企業活性化法」（略称、2013年）が施行された。1999年の新中小企業基本法ではベンチャー・ビジネスなど上層部の中小企業支援に重点があり、小規模企業対策は後退した感があった。それが同法により、「地域経済社会の安定と地域住民の生活の向上・交流の促進に寄与する」といった点から小規模事業者を重視する政策への流れが確かなものとなった。

　2014年には、「小規模企業振興基本法」が施行される。同法は、小規模事業者、国、地方公共団体、支援機関など、さまざまな関係者の責務や努力を規定し行動を促していくための仕組みとして制定された。中小企業基本法の理念である「成長発展」のみならず、経営者や家族等の生活を安定的に支える「事業の持続的発展」を振興の基本原則に位置づけた。こうして、小規模企業は、中規模企業と明確に区分され、年次報告書（法定白書）においても、これまでの『中小企業白書』とは別に『小規模企業白書』が公刊されるようになった。同法では、地方公共団体の責務が規定されているが、そこには「区域の自然的経済的社会的諸条件に応じた」小規模企業施策を策定し実施することが掲げられている。自治体の政策対象としての小規模企業観は、地域社会にとって「ウェルビーイング」の観点から発展性のある存在として再認識・再設定された感がある。

地域ぐるみの小規模企業振興，地域づくりの主体形成支援

　「中小企業憲章」の基本理念と原則を踏まえた政策の実践にあたっては，「サステナビリティ」（●第7章）と「ウェルビーイング」（●第8章）を最上位の大テーマに据える。そして，省庁横断の多様な課題を総合的に「ジブン事」としてとらえられる地域という現場に置いた。「憲章」と「小規模企業振興基本法」を機に，市区町村の基礎自治体主導による地域産業政策が本格的に動き出す。具体的には，小規模企業と地域経済の振興をめざした「**中小企業・小規模企業振興条例**」の制定が各地で進んだ。現在，47 都道府県および 669 市区町村（385 市，17 区，230 町，37 村）で制定されている（中小企業家同友会全国協議会調査，2023 年 1 月 27 日時点）。条例の多くは，中小企業・小規模事業者が地域社会の一員として地域と共生する姿を描いている。

　さらには，この流れで地域づくりの主体形成支援ともいえる基礎自治体（市区町村）単位での「創業支援事業」が始まる。前掲した「産業競争力強化法」（2014 年）に基づく「創業支援事業」であり，基礎自治体が認定支援機関，経済団体，金融機関等と連携して創業支援体制を構築する。こうした基礎自治体単位による地域ぐるみの創業支援は，国家主導のベンチャー・ビジネス支援，スタートアップ支援との棲み分け・役割分担を意識しなければならない。とくに，基礎自治体において重視すべきは「創業機運醸成事業」である。

　これまでの創業支援策は「起業準備者」（起業に向けて具体的な準備をしている者）向けの施策であった。中小企業政策では，ライフサイクルに応じたステージ別のきめ細かい施策が充実しているが，「起業無関心者」向けの支援は空白状態であった。日本の場合，「起業無関心者」の割合が 7 割程度と一貫して高水準で推移しており

（➡第2章クイズ），国際比較でみて起業意識が相対的に低いといえる（中小企業庁編［2019］）。そこで政府は，2018年，「産業競争力強化法」を改正し，同年から起業無関心者に対する創業普及啓発事業として「創業機運醸成事業」を始めた。現時点では，同事業に手をあげた自治体は約2割程度にとどまるが，構造的，慢性的な人材不足のもと，地域づくりの担い手（アントレプレナー）を増やす基盤形成支援の観点から積極的に取り組むことが求められよう。

　自治体にとって，起業とは第一義に起業家（アントレプレナー）の誕生であろうが，実は，そうした人材を地域内で輩出し，地域外から呼び込むことが地域活性化・地域づくりの担い手を増やすことにつながる。基礎自治体主導の地域産業政策においては，地域イノベーションを促進するベンチャー・ビジネスやスタートアップよりもむしろ，地域社会の多様な課題を解決する「コミュニティ・ビジネス」や「小さな起業家（マイクロ・アントレプレナー）」に期待するところが大きい。地域社会の多様な課題を解決する主体（アントレプレナー）形成は，基礎自治体単位での地域ぐるみの面的な支援がよい。何よりも，地域社会の課題（ニーズ）は，衣食住の生活，子育て，教育，医療，介護福祉，防災，環境，観光，文化芸術，スポーツ，食，まちづくりなど住民の身近な「くらし」の場に拠るため，基礎自治体単位で解決すべきことである。地域の範囲を基礎自治体区分の狭域なローカルからコミュニティ・エリアのものととらえていくと，地域問題と中小企業問題とがよりいっそう複合化されるが，「中小企業憲章」の解像度も高まり，憲章の「言葉」の重みを実感できる。憲章に基づく中小企業政策の統一的な理解をもってすれば，今後の基礎自治体主導の地域産業政策における小規模事業者や「小さな起業家（マイクロ・アントレプレナー）」に対する支援施策の意義

も増すことだろう。

▷ 漂流する国の中小企業政策，地域をつなげる中小企業政策

　最後に，改めて，中小企業政策の歴史的変遷のサマリーとして，各時代に横たわる中小企業観をみていき，そこでの鍵となる政策課題について抽出してみる（図 10-2）。

　中小企業観とは，中小企業という存在の見方なので，何らかの比較軸が暗に設定されている。戦後以来，政策対象としての中小企業は，大企業との比較において，生産性の格差という点で問題性のある存在としてみられてきた。1990 年代後半以降，改正基本法のもと，イノベーションという点で創業，ベンチャー・ビジネスに政策対象の重心が移るが，それは発展性をみる積極的な中小企業観に拠るものであった。その後，問題性と発展性の統一物として中小企業をみることが学術的には広がっていくが，むろんそれは大企業との比較においてである。政策現場では，2010 年代以降，サステナビリティとウェルビーイングという大テーマのもと，企業規模に基づく比較軸に加えて，地域社会とのつながり・地域共生の軸が加わってくる。こうした中小企業観の拡がりのもと，前項で示した「憲章」「条例」による小規模事業者や小さな起業への重視は，基礎自治体の地域づくり・地域政策のなかで確かなものとなった。

　さて，近年の国の中小企業政策はどうだろうか。2010 年代にみられた「憲章」「条例」に基づく中小企業観はそこにはみることができない。国は生産性とイノベーションという点で，中堅企業やスタートアップ企業に政策対象の重心を移している。日本は 2008 年をピークに人口減少へ転じ，縮小の時代に入った。国家としては，それでも経済成長をめざすので，これまで以上に生産性向上やイノ

図 10-2　中小企業観とその比較軸の変化

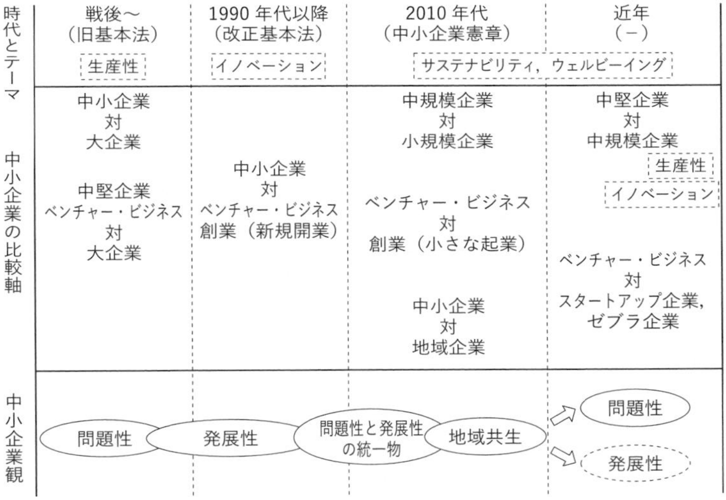

時代とテーマ	戦後〜 （旧基本法） 生産性	1990 年代以降 （改正基本法） イノベーション	2010 年代 （中小企業憲章） サステナビリティ, ウェルビーイング	近年 （−）
中小企業の比較軸	中小企業 対 大企業		中規模企業 対 小規模企業	中堅企業 対 中規模企業 生産性
	中堅企業 ベンチャー・ビジネス 対 大企業	中小企業 対 ベンチャー・ビジネス 創業（新規開業）	ベンチャー・ビジネス 対 創業（小さな起業）	イノベーション
			中小企業 対 地域企業	ベンチャー・ビジネス 対 スタートアップ企業, ゼブラ企業
中小企業観	問題性　発展性	問題性と発展性 の統一物　地域共生		問題性 発展性

出所：黒瀬 [2022] などを参考に筆者作成。

ベーション促進を重視することになる。中小企業を中規模企業と小規模企業とに分けて政策を検討することは 2010 年代からもあったが，近年は中規模企業に傾斜し，生産性向上と規模拡大による中堅企業化への道へと促す。小規模事業者には M&A による統廃合や円滑な廃業を社会的に受容する。いずれにおいても，問題性のある中小企業観に基づく集約化政策がみてとれる。近代化政策を展開した戦後以来の中小企業観へと時代が巻き戻った感がある。

　サステナビリティとウェルビーイングという大テーマは，「ゼブラ企業」（社会性と経済性を両立するスタートアップ企業）に託される。2023 年 6 月に閣議決定された「骨太方針（「経済財政運営と改革の基本方針 2023」）」をみると，「社会課題の解決に向けた取組それ自体

を成長のエンジンに変える」という「新しい資本主義」の実現にむけて，インパクトのある社会的起業家と「ゼブラ企業」への創出支援が強調されている。地域社会の課題を解決する地域密着型の「コミュニティ・ビジネス」（● 第6章）や小さな起業に対する記述はそこにみられない。国家目線での中小企業政策は，2010年代にみられた「地域との共生」路線，"ちいさな企業"に未来を託するといった，積極的な期待感は明らかにトーンダウンしている。

　一方，基礎自治体単位では，草の根の運動として「中小企業・小規模企業振興条例」制定の動きが広がっている。そこでは，サステナビリティとウェルビーイング視点に基づく地域づくりの動きが確実に進んでいる。なかには，「憲章」に基づき小規模事業者を軸にした地域づくりもある。この温度差は，国と自治体との政策の役割分担からくるものなのだろうか。それにしても今の国の中小企業政策は漂流している。やはり，「小規模企業振興基本法」制定の際，小規模企業支援を中小企業政策体系から別建てにするべきではなかった（和田［2016］）。今では，別建てにした小規模企業支援が「大廃業時代」を前に諦められ軽視されていき，一方の中規模企業へと政策対象が絞り込まれ，結果的に中小企業政策体系がリストラされた格好となっている。新時代に相応しい中小企業政策とは何か，本当に必要な中小企業政策とは何か，「中小企業憲章」にいま一度立ち返ったうえで，地域の草の根レベルからの国民的議論として検討すべきだろう。

*** *Report assignment* **レポート課題** //////////////////////////////////////

10.1 1999年の中小企業基本法の改正ポイントを整理したうえで，いまの

国の中小企業政策の評価について，批判的に考えてみよう。

10.2　「産業クラスター政策」の特徴を整理したうえで，なぜ，日本ではうまくいかなかったのか，考えてみよう。

10.3　市区町村（基礎自治体）が実施すべき地域・中小企業政策について，国や都道府県との役割分担を意識して，考えてみよう。

中小企業論を学んで
フィールドに出かけよう

ゼミナール学生による工場見
学・インタビューのひとこま
（筆者撮影）

Keywords キーワード

経済複雑性指標，中小企業論のレンズ，企業調査，ヒアリング，半構造
化インタビュー，取材，質問構想力，仮説構築力，対話能力

1 　中小企業論のレンズを通して社会経済・地域をみる

▷　国際競争力ランキングの低下

　日本の経済社会は人口減少，超高齢社会のもとでの少子化，地方経済の縮小，所得格差の拡大，東アジアの地政学的不安定化など，多くの課題を抱えている。20世紀後半に東アジアの経済発展を牽引し，分厚い中間層を擁した過去の日本もユニークな存在であった。現在の日本も「課題先進国」ともいわれるように，別の形のユニークさに姿を変えて今日に至っている。

　国の国際競争力やビジネス環境の世界ランキング結果で，日本の順位が振るわないニュースがしばしば話題になる。著名なのはスイスの国際経営開発研究所（IMD）による世界競争力ランキングで，2023年版で日本は過去最低の35位を記録した。確かに結果についてはがっかりする向きもあるが，何が評価の基準になっているかは現在の世界経済環境を踏まえた日本の課題を考えるきっかけとして参考にすべきものといえるだろう。

▷　経済複雑性指標は日本が世界トップ

　他方で，あまり知られていないが，日本が有名な国際指標でランクを下げ続けているなか，20年にわたって1位に君臨し続けている国際ランキングがある。アメリカのハーバード大学が公表している「経済複雑性指標（ECI：Economic Complexity Index）」がそれである（表補-1）。経済複雑性指標は，その国における輸出品目構成の多様性や複雑性に基づいて算出される。多様な製品の生産に関す

表補-1 経済複雑性指標（ECI）ランキング上位10カ国（2011〜21年の変化）──

順位	国 名	ECI	10年の変化
1位	日 本	2.26	不 変
2位	スイス	2.14	不 変
3位	韓 国	2.04	5ランクアップ
4位	ドイツ	1.94	1ランクダウン
5位	シンガポール	1.83	1ランクダウン
6位	チェコ	1.75	不 変
7位	オーストリア	1.68	不 変
8位	イギリス	1.61	3ランクアップ
9位	スロベニア	1.59	4ランクアップ
10位	スウェーデン	1.54	5ランクダウン

注：ECIは2021年の集計結果。
出所：ハーバード大学ケネディ・スクールGROWTH LABのデータより筆者作成。

るノウハウ，とくに複雑で専門的なノウハウを有する国は，多様で高度な製品を生産することができるとしている。

　新興国や途上国にとっては，輸出品目の複雑さがその国の所得水準を上回る状態になれば，将来的な経済成長につながる指標として参照される。成熟した先進国の日本としては，新興諸国のように量的な拡大を求める経済成長ではなく，多様で高度な製品群を産出する国であること，そのノウハウ・専門性といった知的資産の厚みがその背景にあること，20年にわたり経済複雑性指標で世界トップであり続けていることの意味を読み解くことが重要といえる。

　消費者によく知られる商品よりも，素材や部品，機械といった中間財や資本財の輸出比率が高いという日本の貿易構造と経済複雑性指標の順位は整合的といえる。経済のサービス化はデジタル技術の進化と普及でますます進んでいるが，日本やドイツはGDPに占め

る製造業比率の高さが知られる。経済複雑性の度合いが高いということは，製造業に従事する人生のキャリア設計や選択肢をより広げ，多様な雇用機会とライフスタイルを提供する（◯第3章，第4章）。

　その担い手の一部である，全国各地のグローバル・ニッチトップ（GNT）と称される中堅・中小企業の多様性・多数性もそれを裏づけている（細谷［2017］）。そこでは，さまざまな産業のサプライチェーンに組み込まれている下請企業や100〜200年の歴史をもつ長寿企業などの新規事業や業種転換が，さまざまな分野でGNT企業を創出する苗床にもなっている（◯第5章）。

▷　中小企業論のレンズを通して日本を理解する

　グローバル化とデジタル化で目まぐるしくスピーディに変化する現代社会は，情報が多すぎたり入手経路が偏在したりしがちである。信頼できる情報源を複数で確保し，理論や歴史といった教養を基盤に，社会を見通す切り口・フレームワークとして中小企業論というレンズが有益ではないだろうか。その1つの例として取り上げたのが，先のIMD国際競争力ランキングと経済複雑性指標にみる日本の順位結果である。

　結果に一喜一憂したり，単なる情報として消費したりするだけでなく，その結果を導く指標やそこから浮かび上がる経済社会の構造を考える素材として，そのようなランキングを活用したい。国際比較は個人や組織にとって，学習の機会や認識の相対化をうながすきっかけとして活用しやすい。

　一般的に市場経済社会の競争と分業は大企業と中小企業によって担われており，メディア露出機会の多い大企業ばかりでなく，中小企業サイドの観点からも経済社会・地域をみわたすことで全体像を

より深く理解することが可能となる。この中小企業論というレンズを通して社会を読み解くにあたっては，本書全10章で学んだ概念や論理が大いに役に立つはずである。そこでは経済学と経営学のエッセンスと中小企業研究の成果を踏まえた学習を可能にしている。学生のみならず，一般市民，経営者，労働者，金融機関従事者，自治体職員にとっても人生やキャリア，仕事と社会のつながりを考える際に役立ててもらえればと考えている。

2　中小企業を自分で調べてみる

▷　テキストを読むだけではとらえきれない

　本書はおもに大学のテキストとして活用されることを想定しているので，新鮮味や特徴を織り込みつつも，中小企業のおかれた現状，歴史，存在意義，社会性，問題性と可能性をある程度カバーしている。ゆえに，前節で示したように，みずから関心をもったり新しく知りえたりしたことについて，**中小企業論のレンズ**を通して経済と社会の仕組みや構造を理解できる力を修得したはずである。しかし，中小企業を取り巻く現実の経済はもっと複雑で奥深い。本書の文章や章末で浮かんだ疑問や批判については，参考図書や学術論文，公的機関の統計などで検証する作業を行うべきだろう。

　とはいえ，中小企業の一般性と特殊性をより深く理解するためには，本書を手にもって現実社会に飛び込むことを推奨する。つまり，事前にアポイントメントを取って中小企業を訪問し，直接当事者に話を聞く（インタビューする）機会をもつといいだろう。「書を捨てて町に出る」のではなく，「本書を持って中小企業の現場にいく」

のである。この活動を**企業調査**とか**ヒアリング**，フィールドワークなどと呼ぶこともある（関 [2002]，藤本ほか [2005]，佐藤 [2006] 三井 [2016]）。そこで得られた現場の生の声は，活字になっていなかったりウェブにも掲載されていないような貴重な情報で，それらを1次情報という。ちなみに，すでに誰かが書いた文章やレポート，説明のためにデータから創り上げられた図表などは2次情報と呼ばれる。1次情報は調査の現場，フィールドにある。

▷ **事前の準備：徒手空拳で臨まない**

とはいえ，準備もなしに企業を訪問することは先方に失礼だし，そもそも得るものが少なすぎる結果に終わる。まずは，以下のようなことをやり終えてから，企業へのアポイントメントを始めたい。

・訪問したい中小企業のホームページを閲覧・熟読する。

・その会社の経営者や特徴的経営を取り上げた記事を読む。

・その会社の属する業界情報や業界団体サイトで現状を押さえる。

・『中小企業白書』でおおまかな経済社会環境を押さえておく。

・CiNii で適切なキーワード検索をして，関連した論文を読む。

・とくに，以下の媒体に掲載されているものは読んでおこう。

　『日本中小企業学会論集』日本中小企業学会

　『日本ベンチャー学会誌』日本ベンチャー学会

　『企業家研究』企業家研究フォーラム

　『中小企業季報』大阪経済大学中小企業・経営研究所

　『商工金融』商工総合研究所

　『日本政策金融公庫論集』日本政策金融公庫総合研究所

・上記論文の統計データを更新して自作する。

このくらいの準備で臨めば，企業インタビューは実り多いものと

なるだろう。大事なのは，ここで読んだ内容を確認するのではなく，そこに書かれていない背景や論理，疑問に基づく仮説検証のための対話を行うことである。

▷ 学生の取材にやさしい日本の中小企業

一般に，日本の中小企業経営者は日頃の多忙さにもかかわらず，学生の研究活動・取材に対して協力的な対応をしてくださることが非常に多い。研究目的と暫定的な仮説を考え，ウェブサイトや経営者インタビュー記事などで不明な点や疑問に関する質問項目を整理して訪問許可の打診をメールや電話で行ってみよう。もちろん，経営者はさまざまな案件整理と対応，意思決定に忙しいため，取材を断られることもあるだろう。くじけずに，勇気を出して依頼を出そう。

取材の許可をもらったら，ゆめゆめ，弛緩した学生気質で臨んではいけない。前述した入念な下調べと準備，事前連絡，清潔な身なり，授業以上の集中力でのノートテイク（メモ取り），先方からの注意・指示の遵守，終了後のお礼状送付など，社会一般のルールとマナーに基づくのは基本である。コロナ禍を経てオンラインによるインタビューも一般化したが，協力いただく相手に対する敬意と感謝の姿勢で臨むのは，対面のそれと何ら変わらない。

経営の実践と組織の運営は表面的な仕組みや成果，わかりやすいストーリーばかりで構成されているわけではない。そこには経営者の考え方や理念，独自な経営資源の動員，失敗や成功など表に出てこない情報が多い。取材ゆえに話してもらえた情報と仮説実証の整合性・論理性を考え，より深く中小企業と経済社会の関係を理解できると，認知の視野・次元が一気に広がる。点と点が線に，線と線

が面に，面が多層的に連結していくおもしろさを味わってほしい。

▷ **インタビューのコツ**

　ここでのインタビューの技法は，**半構造化インタビュー**を想定している。研究テーマ・目的にそって，質問項目を予め用意して**取材**に臨むが，そのやりとりのなかで深く追求すべきポイントが出現したら，柔軟にそこを掘り下げてヒアリングしていく方法である。

　インタビューを始める前に，先方に承諾を得て，IC レコーダやスマートフォンのボイスメモに録音するとよい。事後の整理に役立つ。その際，研究目的以外に使用しないことを約束しよう。

　取材中はノートテイクしつつ，しっかりアイコンタクトをとったり相槌を打ちながら興味津々で傾聴することで，先方も気持ちよく話す気分になる。ノートへの筆記は手書きを推奨する。ノート PC やスマートフォンでメモ取りするのは避けるべきだろう。手書きの方が自由度が高く，工場や売り場，倉庫，デザインルームなどへ移動しても品物の形状やレイアウトなどを縦横無尽に書くことができるからである。

　学生の場合，長い時間を確保したインタビューは難しいだろうが，生産や販売の現場に出たときこそ，重要な情報を話してもらえる可能性が高まる。なぜなら，そこが付加価値を生む現場だからである。材料，部品，機械，作業者，製品，在庫，管理ボードなど，各社各様に創意工夫の詰まった場所なので，具体的な対象を前にして質疑ができ，応接室では出てこなかった珠玉の話を聞く機会が非常に多い。

　取材する側とされる側では，当然，情報の非対称性が大きい。取材される側には当たり前のことでも，する側はほぼ素人である。し

たがって，ある特定の事実を深く聞く際は，5W1H を埋めていくような聞き方を意識するとよいだろう。ひとまとまりの説明を聞くことができたら，自分で整理した内容を相手に伝えて正しく理解できたかどうか確認しよう。事前の準備で示した媒体に掲載された論文には重要なことが図解されていたりするので，それを持参して経営者にその信憑性や正当性を尋ねてみることも有効である。

　会社の活動やその背景を理解するだけでも簡単ではないが，企業活動とともに，企業のおかれた市場や競争環境などを意識した理解も欠かせない。個別の事象を経済全体のなかで，どのように位置づけられるかをイメージしながら質問を続けよう。

　話し手の情報が客観的な事実なのか，その人の期待や希望・予測なのかの判断には注意を要する。取材時に判断するのは難しいだろうが，後でメモを見返しながらきちんと整理・確認するようにしたい。

　真に重要なことほどネット上には出ていないし，生成 AI（人工知能）からも情報は引き出せない。知識と教養と同じくらいに，こうした**質問構想力，仮説構築力，対話能力**は実社会のさまざまな場面で活用できるスキルである。失敗などの不安は脇において，本書を片手に挑戦していただきたい。

▷　**最後に**

　なお，本書で取り上げられなかった中小企業論の切り口や論点，項目は少なくない。それは筆者らの力量不足によるもので，そこは他の優れた教科書や専門書で補っていただきたい。

　本書が意図した中小企業論というレンズを通して経済・社会の実態をとらえ，現場に足を運び，自分の頭で考え，画一的で短絡的な

論説に左右されない複眼的思考法を身につける 1 つの手引き書と
していただければ，望外の喜びである。

引用・参考文献

●日本語文献

青野寿彦［1980］「地場産業と地域振興」『地域開発』第 190 号，1～6 頁

アトキンソン，D.［2020］『日本企業の勝算——人材確保×生産性×企業成長』東洋経済新報社

家森信善［2007］「リレーションシップバンキング機能は強化されたか——関西地域企業アンケートに基づく分析」筒井義郎・植村修一編『リレーションシップバンキングと地域金融』日本経済新聞出版社，47～80 頁

池田潔［2022］『地域・社会と共生する中小企業』ミネルヴァ書房

石原武政・渡辺達朗編著［2018］『小売業起点のまちづくり』碩学舎

稲葉陽二［2011］『ソーシャル・キャピタル入門——孤立から絆へ』中央公論新社（中公新書）

岩崎邦彦［2004］『スモールビジネス・マーケティング——小規模を強みに変えるマーケティング・プログラム』中央経済社

岩崎邦彦［2012］『小が大を超えるマーケティングの法則』日本経済新聞出版社

植杉威一郎［2022］『中小企業金融の経済学——金融機関の役割・政府の役割』日本経済新聞出版

植田浩史［2004］『現代日本の中小企業』岩波書店

植田浩史［2014］「中小企業・ベンチャー企業論を学ぶ——中小企業・ベンチャー企業を考える視角について」植田浩史・桑原武志・本多哲夫・義永忠一・関智宏・田中幹大・林幸治『中小企業・ベンチャー企業論——グローバルと地域のはざまで（新版）』有斐閣

植田浩史・桑原武志・本多哲夫・義永忠一・関智宏・田中幹大・林幸治［2014］『中小企業・ベンチャー企業論——グローバルと地域のはざまで（新版）』有斐閣

上野和彦［2007］『地場産業産地の革新』古今書院

ウェーバー，A.（篠原泰三訳）［1986］『工業立地論』大明堂，原著 1922 年

内田浩史［2007］「リレーションシップバンキングの経済学」筒井義郎・植村修一編『リレーションシップバンキングと地域金融』日本経済新聞出版社，13～46 頁

内田浩史［2008］「リレーションシップバンキングは中小企業金融の万能薬か」渡辺努・植杉威一郎編著『検証 中小企業金融——「根拠なき通説」の実証分析』日本経済新聞出版社，109～136 頁

枝廣淳子［2018］『地元経済を創りなおす——分析・診断・対策』岩波書店

大野晃［2008］『限界集落と地域再生』北海道新聞社

岡田知弘・川瀬光義・鈴木誠・富樫幸一［2016］『国際化時代の地域経済学（第 4 版）』有斐閣

小川雅人［2017］『商店街機能とまちづくり——地域社会の持続ある発展に向けて』創風社

小川正博［2022］「中小企業の金融」渡辺幸男・小川正博・黒瀬直宏・向山雅夫『21世紀中小企業論——多様性と可能性を探る（第4版）』有斐閣

小野有人［2008］「担保や保証人に依存した貸し出しはやめるべきか」渡辺努・植杉威一郎編著『検証 中小企業金融——「根拠なき通説」の実証分析』日本経済新聞出版社，137～167頁

オライリー，C. A. = M. L. タッシュマン［2022］入山章栄監修『両利きの経営（増補改訂版）』東洋経済新報社，原著2016年

カーズナー，I. M.（田島義博監訳）［1985］『競争と企業家精神——ベンチャーの経済理論』千倉書房，原著1973年

加藤雅俊［2022］『スタートアップの経済学——新しい企業の誕生と成長プロセスを学ぶ』有斐閣

苅谷剛彦［2002］『知的複眼思考法——誰でも持っている創造力のスイッチ』講談社

ガルブレイス，J. K.（斎藤精一郎訳）［1984］『新しい産業国家（上・下）』講談社，原著1968年

神林龍［2017］『正規の世界・非正規の世界——現代日本労働経済学の基本問題』慶應義塾大学出版会

清成忠男［1976］『現代中小企業論——経営の再生を求めて』日本経済新聞社

清成忠男［1980］「地場産業の現代的意義」『地域開発』第192号，43～50頁

清成忠男［1996］『ベンチャー・中小企業優位の時代——新産業を創出する企業家資本主義』東洋経済新報社

清成忠男・中村秀一郎・平尾光司［1971］『ベンチャー・ビジネス——頭脳を売る小さな大企業』日本経済新聞社

グラットン，L.（吉田晋治訳）［2014］『未来企業——レジリエンスの経営とリーダーシップ』プレジデント社，原著2014年

クリステンセン，C. M.（玉田俊平太監修，伊豆原弓訳）［2001］『イノベーションのジレンマ（増補改訂版）』翔泳社，原著1997年

黒瀬直宏［2018］『複眼的中小企業論——中小企業は発展性と問題性の統一物（改訂版）』同友館

黒瀬直宏［2022］「戦後日本の中小企業政策の変遷」渡辺幸男・小川正博・黒瀬直宏・向山雅夫『21世紀中小企業論——多様性と可能性を探る（第4版）』有斐閣

経済企画庁編［1957］『経済白書——速すぎた拡大とその反省』至誠堂

公正取引委員会［2021］『下請代金支払遅延等防止法ガイドブック 知って守って下請法——豊富な事例で実務に役立つ』中小企業庁

コース，R. H.（宮澤健一・後藤晃・藤垣芳文訳）［2020］『企業・市場・法』筑摩書房（ちくま学芸文庫），原著1988年

駒崎弘樹［2022］『政策起業家——「普通のあなた」が社会のルールを変える方法』筑摩書房（ちくま新書）

坂本光司［2008］『日本でいちばん大切にしたい会社 1』あさ出版

佐々木利廣・横山恵子・後藤祐一編著［2022］『日本のコレクティブ・インパクト

――協働から次のステップへ』中央経済社

サッセン, S. (伊豫谷登士翁監訳, 大井由紀・高橋華生子訳) [2008] 『グローバル・シティ』筑摩書房, 原著 2001 年

佐藤郁哉 [2006] 『フィールドワーク――書を持って街に出よう』新曜社

佐藤尚之 [2018] 『ファンベース――支持され, 愛され, 長く売れ続けるために』筑摩書房 (ちくま新書)

佐無田光 [2008] 「地方都市の内発的発展――金沢モデルの意義と展開」中村剛治郎編『基本ケースで学ぶ地域経済学』有斐閣, 17〜39 頁

佐無田光 [2020] 「『地域の価値』の地域政策論試論」『地域経済学研究』第 38 号, 43〜59 頁

ジェイコブズ, J. (山形浩生訳) [2010] 『アメリカ大都市の死と生 (新版)』鹿島出版会, 原著 1961 年

島津明人 [2022] 『新版 ワーク・エンゲイジメント――ポジティブ・メンタルヘルスで活力ある毎日を』労働調査会

下平尾勲 [1996] 『地場産業――地域から見た戦後日本経済分析』新評論

出家健治 [2022] 「ダイバーシティ経営の登場の背景と構造的な諸問題――ビジネス (経済的価値) と人権 (社会的価値) の狭間で」日本中小企業学会編『ダイバーシティ経営と個性ある中小企業――持続可能社会形成を目指す中小企業の役割向上について』(日本中小企業学会論集 41) 同友館, 3〜16 頁

シュンペーター, J. A. (清成忠男編訳) [1998] 『企業家とは何か』東洋経済新報社

シュンペーター, J. A. (大野一訳) [2016] 『資本主義, 社会主義, 民主主義 I』日経 BP 社, 原著 1942 年

シュンペーター, J. A. (八木紀一郎・荒木詳二訳) [2020] 『経済発展の理論』日経 BP 社, 原著 1912 年

杉田聡 [2008] 『買物難民――もうひとつの高齢者問題』大月書店

鈴木誠 [2019] 『戦後日本の地域政策と新たな潮流――分権と自治が拓く包摂社会』自治体研究社

スタインドル, J. (米田清貴・加藤誠一訳) [1956] 『小企業と大企業――企業規模の経済的諸問題』巌松堂出版, 原著 1947 年

関満博 [2002] 『現場主義の知的生産法』筑摩書房 (ちくま新書)

高橋徳行・大驛潤・大月博司 [2023] 『アントレプレナーシップの原理と展開――企業の誕生プロセスに関する研究』千倉書房

田口一成 [2021] 『9 割の社会問題はビジネスで解決できる』PHP 研究所

田中道雄 [2014] 『中小企業マーケティング』中央経済社

谷本寛治 [2020] 『企業と社会――サステナビリティ時代の経営学』中央経済社

谷本寛治編 [2006] 『ソーシャル・エンタープライズ――社会的企業の台頭』中央経済社

丹下英明・新家彰 [2022] 「中小企業の『サステナビリティ経営』――取り組みプロセスと従業員の意識変化」『イノベーション・マネジメント』第 19 号, 49〜70 頁

中小企業庁 [2005] 『全国の産地――平成 16 年度産地概況調査結果』全国中小企業

　　団体中央会

中小企業庁［2006］『全国の産地——平成 17 年度産地概況調査結果』全国中小企業
　　団体中央会

中小企業庁［2016］『全国の産地——平成 27 年度産地概況調査結果』日本総合研究
　　所

中小企業庁編［1999］『中小企業政策の新たな展開——中小企業政策研究会最終報告
　　より』同友館

中小企業庁編［2000］『新中小企業基本法——改正の概要と逐条解説』同友館

辻井啓作［2013］『なぜ繁栄している商店街は 1% しかないのか』阪急コミュニケー
　　ションズ

ディクソン‐デクレーブ，S.＝O. ガフニー＝J. ゴーシュ＝J. ランダース＝J. ロック
　　ストローム＝P. E. ストックネス（武内和彦監訳）［2022］『Earth for All 万人の
　　ための地球——「成長の限界」から 50 年 ローマクラブ新レポート』丸善出版

ティモンズ，J. A.（千本倖生・金井信次訳）［1997］『ベンチャー創造の理論と戦略
　　——起業機会探索から資金調達までの実践的方法論』ダイヤモンド社，原著
　　1994 年

寺岡寛［2002］『中小企業の社会学——もうひとつの日本社会論』信山社

遠山恭司［2019］「中小企業の『本業』が社会を変える——持続可能な開発目標
　　（SDGs）を踏まえて」『中小企業研究センター年報 2019』，20〜34 頁

遠山恭司［2021a］「国内外生産乖離期における大手自動車部品サプライヤーのグル
　　ープ強化——デンソー子会社・系列 2 次サプライヤーの無形資産形成」『経済学
　　論纂』（中央大学）第 61 巻第 3・4 合併号，207〜233 頁

遠山恭司［2021b］「『時間軸（領域限界）』の悲劇を回避できるか　特集　日本企業
　　は SDGs とどう向き合うか」『オムニ・マネジメント』2021 年 11 月号，4〜11
　　頁

遠山恭司・清晌一郎・菊池航・自動車サプライヤーシステム研究会［2015］「中小自
　　動車部品サプライヤーの階層別特徴——全国 900 社アンケート調査結果から」
　　『立教経済学研究』第 68 巻第 3 号，195〜210 頁

ドラッカー，P. F.（上田惇生訳）［2007］『イノベーションと企業家精神』（ドラッカ
　　ー名著集 5），ダイヤモンド社，原著 1985 年

中村剛治郎［2004］『地域政治経済学』有斐閣

中村秀一郎［1964］『中堅企業論』東洋経済新報社

中山健［2020］「【評論】中小企業の人手不足とダイバーシティ・マネジメント」『中
　　小企業支援研究』第 7 巻，2〜7 頁

長山宗広［2020］「地域経済論と中小企業論——統合的発展的な学習に向けて」長山
　　宗広編著『先進事例で学ぶ 地域経済論×中小企業論』ミネルヴァ書房

長山宗広［2021］「アントレプレナーシップを促す地域プラットフォーム——「創業
　　機運醸成事業」の実践にあたって」日本政策金融公庫総合研究所『日本政策金融
　　公庫論集』第 53 号，21〜53 頁

長山宗広［2022a］「協同労働と地域プラットフォーム——中小企業研究再考にむけ
　　て」『商工金融』第 72 巻第 6 号，5〜35 頁

長山宗広［2022b］「コロナ禍におけるリレーションシップバンキングの機能」『企業環境研究年報』第 27 号，29～43 頁

長山宗広編著［2020］『先進事例で学ぶ　地域経済論×中小企業論』ミネルヴァ書房

野地秩嘉［2021］『トヨタ物語』新潮社（新潮文庫）

野中郁次郎・竹内弘高（梅本勝博訳）［1996］『知識創造企業』東洋経済新報社，原著 1995 年

働く環境づくりプロジェクトチーム（中小企業家同友会全国協議会監修）［2021］『中小輝業への道──就業規則と「働く環境づくりで成長する」』日本法令

ピオリ，M. J. ＝ C. F. セーブル（山之内靖・永易浩一・石田あつみ訳）［1993］『第二の産業分水嶺』筑摩書房，原著 1984 年

久繁哲之介［2013］『商店街再生の罠──売りたいモノから，顧客がしたいコトへ』筑摩書房（ちくま新書）

広井良典［2021］「いま再び『幸福』が社会的テーマになっている理由──『自己実現』のさらにその先にある『自己超越』東洋経済 ONLINE（2021 年 9 月 29 日）（https://toyokeizai.net/articles/-/455642）

フーヴァー，E. M.（西岡久雄訳）［1975］『経済立地論』大明堂，原著 1968 年

福嶋路・宇田忠司［2023］「なぜ今，中小企業・スタートアップなのか」加藤厚海・福嶋路・宇田忠司『中小企業・スタートアップを読み解く──伝統と革新，地域と世界』有斐閣

藤本隆宏［2004］『日本のもの造り哲学』日経 BP 社

藤本隆宏・高橋伸夫・新宅純二郎・阿部誠・粕谷誠［2005］『リサーチ・マインド経営学研究法』有斐閣

フリードマン，J.［1997］「世界都市仮説」P. L. ノックス ＝ P. J. テイラー編（藤田直晴訳編）『世界都市の論理』鹿島出版会，原著 1986 年

フロリダ，R.（井口典夫訳）［2008］『クリエイティブ資本論──新たな経済階級（クリエイティブ・クラス）の台頭』ダイヤモンド社，原著 2002 年

ポーター，M. E. ＝ M. R. クラマー［2011］「共通価値の戦略──経済的価値と社会的価値を同時実現する」『Diamond ハーバード・ビジネス・レビュー』第 36 巻第 6 号，8～31 頁

細内信孝［2010］『新版　コミュニティ・ビジネス』学芸出版社

細谷祐二［2017］『地域の力を引き出す企業──グローバル・ニッチトップ企業が示す未来』筑摩書房（ちくま新書）

本多哲夫［2014］「中小企業と金融」植田浩史・桑原武志・本多哲夫・義永忠一・関智宏・田中幹大・林幸治『中小企業・ベンチャー企業論──グローバルと地域のはざまで（新版）』有斐閣

前田正名［1884］『興業意見』農商務省

前野隆司・前野マドカ［2022］『ウェルビーイング』日本経済新聞出版

マーシャル，A.（馬場啓之助訳）［1966］『経済学原理Ⅱ』東洋経済新報社，原著 1890 年

マーシャル，A.（永沢越郎訳）［1986］『産業と商業』岩波ブックセンター信山社，原著 1923 年

増田寛也編著［2014］『地方消滅——東京一極集中が招く人口急減』中央公論新社

松田修一［2014］『ベンチャー企業（第4版）』日本経済新聞出版社

松丸和夫［2020］「中小企業の『生産性革命』と公正取引実現——デービッド・アトキンソンの主張によせて」『経済』第297号，7〜17頁

水口剛・高田英樹編著［2023］『サステナブルファイナンス最前線』金融財政事情研究会

三井逸友［1991］『現代経済と中小企業——理論・構造・実態・政策』青木書店

三井逸友［2011］『中小企業政策と「中小企業憲章」——日欧比較の21世紀』花伝社

三井逸友［2016］「中小企業研究の課題と方法——公益社団法人中小企業研究センター50年の歴史に寄せて」『中小企業研究センター年報 2016』，3〜19頁

満薗勇［2015］『商店街はいま必要なのか——「日本型流通」の近現代史』講談社（講談社現代新書）

港徹雄［2011］『日本のものづくり——競争力基盤の変遷』日本経済新聞出版

港徹雄［2021］「中小企業は経済成長の足かせか？——アトキンソン『説』の考察」『商工金融』第71巻第1号，7〜17頁

宮川努・滝澤美帆・金榮愨［2010］「無形資産の経済学——生産性向上への役割を中心として」日本銀行ワーキングペーパーシリーズ No-J-10-8

宮本憲一［1982］『現代の都市と農村——地域経済の再生を求めて』日本放送出版協会

宮本憲一［1989］『環境経済学』岩波書店

村本孜［2005］『リレーションシップ・バンキングと金融システム』東洋経済新報社

山崎充［1977］『日本の地場産業』ダイヤモンド社

山中篤太郎［1948］『中小工業の本質と展開——國民經濟構造矛盾の研究』有斐閣

ユヌス，M.（岡田昌治監訳・千葉敏生訳）［2010］『ソーシャル・ビジネス革命——世界の課題を解決する新たな経済システム』早川書房

ロスリング，H.＝O. ロスリング＝A. ロスリング［2019］（上杉周作・関美和訳）『FACTFULNESS——10の思い込みを乗り越え，データを基に世界を正しく見る習慣』日経BP社

ロビンソン，E. A. G.（黒松巌訳）［1958］『産業構造の基礎理論』有斐閣，原著1931年

和田耕治［2016］「小規模企業振興基本法の制定過程に関する考察」『企業環境研究年報』第20号，101〜109頁

渡辺幸男［1997］『日本機械工業の社会的分業構造——階層構造・産業集積からの下請制把握』有斐閣

渡辺幸男［2022］「中小企業で働くこと」渡辺幸男・小川正博・黒瀬直宏・向山雅夫『21世紀中小企業論——多様性と可能性を探る（第4版）』有斐閣

渡辺幸男・小川正博・黒瀬直宏・向山雅夫［2022］『21世紀中小企業論——多様性と可能性を探る（第4版）』有斐閣

●欧文文献

Birch, D., A. Haggerty and W. Parsons [1995] *Who's Creating Jobs?*, Cognetics.

Edmondson, A. [1999] "Psychological Safety and Learning Behavior in Work Teams," *Administrative Science Quarterly*, Vol. 44, No. 2, pp. 350-383.

Seligman, M. E. P. [2011] *Flourish: A Visionary New Understanding of Happiness and Well-being*, Free Press.

●資　料

今治タオル工業会ウェブサイト（https://itia.or.jp/）（2023 年 10 月 10 日閲覧）

経済産業省「ダイバーシティ経営の推進」（https://www.meti.go.jp/policy/economy/jinzai/diversity/index.html）（2023 年 9 月 21 日閲覧）

厚生労働省 [2019]『平成 30 年版厚生労働白書――障害や病気などと向き合い，全ての人が活躍できる社会に』（https://www.mhlw.go.jp/wp/hakusyo/kousei/18/dl/all.pdf）

CNN グループ [2022]『令和 3 年度　商店街実態調査報告書』中小企業庁

全国中小企業団体中央会 [2021]『令和 3 年版 中小企業組合白書』

中小企業庁編 [2002]『中小企業白書 2002 年版』ぎょうせい

中小企業庁編 [2004]『中小企業白書 2004 年版』ぎょうせい

中小企業庁編 [2016]『中小企業白書 2016 年版』日経印刷

中小企業庁編 [2019]『中小企業白書 2019 年版』日経印刷

中小企業庁編 [2020a]『中小企業白書　小規模企業白書 2020 年版　上』日経印刷

中小企業庁編 [2020b]『中小企業白書　小規模企業白書 2020 年版　下』日経印刷

中小企業庁編 [2021a]『中小企業白書　小規模企業白書 2021 年版　上』日経印刷

中小企業庁編 [2021b]『中小企業白書　小規模企業白書 2021 年版　下』日経印刷

中小企業庁編 [2022a]『中小企業白書　小規模企業白書 2022 年版　上』日経印刷

中小企業庁編 [2022b]『中小企業白書　小規模企業白書 2022 年版　下』日経印刷

中小企業庁編 [2023a]『中小企業白書　小規模企業白書 2023 年版　上』日経印刷

中小企業庁編 [2023b]『中小企業白書　小規模企業白書 2023 年版　下』日経印刷

中小企業庁編『中小企業白書』各年版

通商産業省 [1999]「商工業実態基本調査」

東京商工リサーチ「令和 4 年度産業技術調査事業　大学発ベンチャーの実態等に関する調査」2023 年 6 月（https://www.meti.go.jp/policy/innovation_corp/start-ups/reiwa4_vb_cyousakekka_houkokusyo.pdf）

富山市 [2022]「富山市都市整備事業の概要」

富山市活力都市創造部活力都市推進課 [2021]「富山市コンパクトシティデータ集」

日本創成会議・人口減少問題検討分科会「成長を続ける 21 世紀のために『ストップ少子化・地方元気戦略』」2014 年 5 月（http://www.policycouncil.jp/pdf/prop03/prop03.pdf）

索 引

事　項

人　名

.

【y-knot】

地域とつながる中小企業論

Small and Medium-sized Enterprises Connected with Local Communities

2024 年 2 月 25 日 初版第 1 刷発行

著　者　　長山宗広・遠山恭司・山本篤民・許伸江

発行者　　江草貞治

発行所　　株式会社有斐閣

　　　　　〒101-0051 東京都千代田区神田神保町 2-17

　　　　　https://www.yuhikaku.co.jp/

装　丁　　高野美緒子

印　刷　　大日本法令印刷株式会社

製　本　　牧製本印刷株式会社

装丁印刷　株式会社亨有堂印刷所

落丁・乱丁本はお取替えいたします。定価はカバーに表示してあります。
©2024, M. Nagayama, K. Toyama, A. Yamamoto, N. Kyo.
Printed in Japan. ISBN 978-4-641-20009-8